白水iクラシックス

ルソー・コレクション

起源

ジャン＝ジャック・ルソー
川出良枝 選
原 好男・竹内成明 訳

白水社

ルソー・コレクション　起源

Jean-Jacques Rousseau
Discours sur l'origine et les fondements de l'inégalité parmi les hommes
Essai sur l'origine des langues
Prononciation

目次

凡例

一、ルソー・コレクションは、小社刊『ルソー全集』に改訳を加えたものである。使用されるテキストは、とくに指示されているものをのぞいて、*JEAN-JACQUES ROUSSEAU; ŒUVRES COMPLÈTES*, Bibliothèque de la Pléiade, N. R. F., édition publiée sous la direction de Bernard Gagnebin et Marcel Raymond である。なお、異稿については訳注で言及する。ただし、『人間不平等起源論』では本文中に〔 〕（一七八二年版）の要領で示す。

一、原注は原則として（1）（2）……のアラビア数字で示し、段落ごとに掲げる。『人間不平等起源論』の原注は著者の指示に従い、（Ⅰ）（Ⅱ）……のローマ数字で示し、作品の末尾に一括して掲げる。

一、訳注は（一）（二）……の漢数字で示し、末尾に一括して掲げる。

起源

川出良枝

　歯止めのない私有財産制度がうみだす貧富の差、強き者・持てる者たちによる巧妙な圧制、憎しみと暴力がもたらす分裂と無秩序、安楽と引き替えに隷属状態に甘んじる文明人の精神の荒廃。かつて平和に生活していたはずの人類が直面するこうした数々の悲惨は、いつ、いかなる経緯で生じたのか。専制と不平等の起源を問う『人間不平等起源論』は、ルソーの政治的著作のなかでも最も旗幟鮮明な、力のみなぎる傑作である。自然人の無垢と文明社会に生きる人間の堕落の対比を極限までおし進め、ヴォルテールから「あなたの著作を読むと四本の足で歩きたくなります」と揶揄されもしたが、抑圧や差別や排除の問題を考える上で、今なお尽きることのない着想の源泉である。

　同じく起源を問うという形をとりながら、『言語起源論』は、標題だけとれば政治とは無縁の作品にみえる。言語の起源への関心は十八世紀フランスにおける一つの流行で、言語神授説、言語自然起源説など諸説入り交じって論争が展開し、そこにルソーも参戦した。だが、言語とはすぐれて政治的な問題である。人間が他者と関係し、意思疎通する際に言語がその中心的な手段となる以上、言語の起源を問うことは、人間にとって社会や政治共同体がいかなる意味をもつかを問うことに直結する。『人間不平等起源論』で、自足して生活する自然人は孤立の中にあり、言語をもたなかったと述べたルソーは、『言語起源論』においては、言語によって積極的に他者との関わりを深める人間像を提示する。果たして両者は矛盾しているのか。それとも、両者をつなぐ論理があるとみるべきか。起源をめぐる二つの作品を合わせ読むことによって、ルソーの政治観の全貌が明らかになる。

人間不平等起源論（一）

原　好男　訳

堕落した人間ではなく、自然に従っている人々のなかに、自然とはなにかを捜そうではないか。

アリストテレス『政治学』第五篇第二章（二）

ジュネーヴ共和国へ(一)

高潔にして、畏敬すべき、至高の権限を持つ諸卿へ

祖国に対して祖国が認めうる敬意を表明するのは、有徳の国民のみが行なえると確信し、この三十年、私は公然たる讃辞をささげうるようになろうと努めています。さらにこの好機に、努力してもなしえなかったことを一部補えますので、ここで私を鼓舞してくれる熱意に従うことが、認められるはずの権利に従う以上に許されると思いました。幸運にもあなたがたのあいだで生まれましたので、自然が人間のあいだに置いた平等と人間が制定した不平等について瞑想するにあたって、両者がこの国家では仕合わせにも結びつき、自然法にもっとも近く社会と公の秩序と私人の幸福の維持に対してもっとも有利なように、協力している深い知恵を、どうして考えないでいられましょう。政府の構成について、良識が認めうる最上の格率を探求しているとき、あなたがたの政府においてそのすべてが実行されているのを見ておおいに驚きました。したがって、あなたがたの国の城壁のなかで生まれなくても、この人間社会の絵巻を、あらゆる人民のうちで人間社会のもっとも大きな長所を所有し、もっとも巧みにその弊害を避けてきたように思われる人民にささげざるをえないと思ったでありましょう。

もし出生地を選ばなければならなかったら、人間の能力の限界に応じた、すなわちよく統治される

という可能性の限界に応じた大きさで、各人が自分の仕事を十分に果たせ、だれも自分に任された任務を他人に任せなくてもよい社会を、個人がみなおたがいに知りあっているので、悪徳の人知れぬ策動と徳のつつましさを公衆がかならず眼にし、判断を下し、おたがいが顔を会わせ知りあうというあの心地よい習慣が、祖国愛を郷土への愛よりもむしろ国民への愛とするような国家を選んだでありましょう。

主権者と人民が唯一の同じ利害のみを持っていて、国家の機構のあらゆる動きが、みんなの幸福のみをつねにめざすような国に生まれたかったでありましょう。これは、人民と主権者が同一の人でなければ行なわれえないのですから、賢明にも穏健な、民主主義の政府のもとに生まれたかったでありましょう。

自由に、すなわち、私もふくめてだれもが法律に服従するあまり、法律の尊敬すべき拘束を揺るがすことができないで、生きかつ死ぬことを望んだでありましょう。というのも、この健全で快い拘束は、もっとも誇り高い人々でも、他のいかなる拘束を受けないように法律がつくられているのですから、ますます従順にそれを受けるのです。

したがって、国家のなかではだれも、自分が法律よりも上だといえず、国家の外にいるだれからも、国家が認めざるをえなくなるような法律を強制されないようにと望んだでありましょう。なぜなら、政府の構成がどのようなものであれ、法律に従わない人が一人でもいると、ほかの人はみな必然的にその人の意のままになるからです（I）。国民の首長が一人ともう一人別に国外の首長（二）がいると、両者が権威の分割をどのようになしえようとも、両者の考えがよく聞き入れられ、国家がよく統治されることは不可能です。

　新たに設立された共和国がいかによい法律をそなえうるとしても、そこには住みたくはなかったでありましょう。というのは、さしあたって必要とされるのとはおそらく異なるように構成された政府は新たな国民に適さないか、それとも国民が新たな政府に適さず、国家はほぼ誕生とともに、危機にさらされ、破壊されてしまうおそれがあります。なぜなら、自由というものは、あの実質があり栄養豊かな食物もしくはあの芳醇なぶどう酒のようなもので、それに慣れている丈夫な体質を養い強めるには適していますが、それに向いていない弱くて繊細な体質を弱らせそこなわせ酔わせてしまいます。人民は一度支配者に慣れますと、もう支配者なしですませないのです。人民が拘束を振り捨てようとすると、ますます自由から遠ざかることになり、自由とは正反対の抑制のない放縦を自由と思い、人民の革命はその鉄鎖をさらに重くするだけの煽動者にほとんどいつも人民をゆだねてしまいます。あの自由な人民の模範である、ローマの人民自身、タルクイニウス家(三)の圧制を脱したとき、みずからを統治することができませんでした。タルクイニウス家によって強制された奴隷状態と屈辱的な労役によって堕落させられ、まず、もっとも偉大な英知によって配慮を加えられ統治されなければならない愚衆でした。それで、少しずつ自由という健全な大気を呼吸することに慣れ、圧制のもとで気力を失った、いやむしろ獣になった魂を持ったこうした人々が次第にあの厳しい習俗とあの誇り高い勇気を獲得し、最後にはあらゆる人民のなかでもっとも尊敬すべき人民になったのです。したがって、祖国としては、その古さがほとんど年代の闇のなかに失われており、攻撃を受けたとしても住民が勇気と祖国愛を表明し、それを確固たるものにするだけで、国民ははるか以前から賢明な独立に慣れ、ただ自由であるのみならず、自由であるにふさわしいような幸福で落ち着いた共和国を探したでありましょう。

幸いにして無力なために残酷な征服欲から免れ、さらに地の利に恵まれ、他の国家の征服の対象となるおそれから免れた祖国、いくつかの国民のあいだに位置し、いかなる国民も侵略しようという関心もなく、いかなる国民も他の国民自身に侵略させないという関心を抱いている自由な都市、要するに、隣人たちの野望を誘わず、必要な場合にはその援助を正当にも期待できる共和国を選びたかったでありましょう。その結果、あまりにも地の利に恵まれ、その共和国は自国以外に心配すべきことはなにもなく、国民が武器の操作の経験を積んでいるとしても、それは、自分たちの自衛にそなえる必要からというよりは、むしろ自由というものにあまりにふさわしく、自由への好みを養うあの戦闘的な熱意とあの誇り高い勇気を維持するためであったでありましょう。

立法権が国民全員に共有されている国を探したでありましょう。なぜなら、どのような条件のもとで同一の社会にともに生活するのがふさわしいか、国民以上にだれがよく知りうるでしょうか。しかし、ローマ人の人民投票に似たものは認めなかったでありましょう。国家の首長や国家の保全にもっとも関心を持つ人が国家の安寧がしばしば左右される討議から排除され、不条理な矛盾によって、為政者はたんなる国民が享受している権利を奪われているからです。

反対に、結局アテナイ人を滅亡させた、利害がらみの着想の悪い計画や危険な革新を中止させられるように、各人勝手気ままに新たな法律を提案する力を持たず、この権利はただ為政者のみに属し、為政者は大いに慎重にその権利を行使さえし、人民のほうはその法律に承認を与えるのにかなり慎重であること、法律の公布は大いに厳粛でなければ行なわれないこと、国家の構成が危機にさらされるまえに、法律を神聖かつ尊敬すべきものとしているのはとくに法律の非常な古さによるのですから、人民は法律が日々変わるのを見て、法律をやがて軽蔑し、改善するのを理由にして古い習慣を無視することに慣れ、最小の悪を直すために、しばしば大きな悪を導入するようになるのだと確信するゆとりがあることを望んだでありましょう。

国民が為政者はいなくてもよい、あるいは、為政者にあやふやな権威のみを与えるだけでよいと思って、政務の執行と自分たちの法律の施行を軽率にも自分たち自身で行なう共和国は、必然的によく統治されていないものとして避けたでありましょう。このようなものが、自然状態から脱したばかりの最初の政府の荒けずりな構成であったはずですし、このようなものがまたアテナイの共和国を滅ぼした悪の一つであったのです。

しかし、個人個人が法律に承認を与え、もっとも重要な公事について全員で首長の報告にもとづいて決定を下すのみで、尊重される法廷を設立し、注意深くそれをさまざまな部門に分け、毎年同胞国民のなかでもっとも有能で廉直な人を選んで、裁判を司らせ国家を統治させ、このようにして為政者の徳は人民の英知の証となり、おたがいが相互に尊敬しあうような共和国を選んだでありましょう。したがって、不吉な誤解によって公共の和平が乱されることになっても、無分別と誤解のこの時期そのものに、寛容と相互の尊敬と法律への共通の敬意の証が現われたでありましょう。これこそ誠意あふれる永遠の和解の前触れであり保証なのであります。

これが、高潔にして、畏敬すべき、至高の権限を持つ諸卿よ、私が選ぶ祖国に求めたであろう長所なのです。神がさらに魅力的な地勢、温和な気候、肥沃な土地、天の下でもっとも心地よい風景を与えてくだされば、自分の幸福をかなえるために、この幸福な祖国のなかでこうした恵みを享受することだけを望み、同胞国民との楽しい交際のうちに心静かに生活し、同胞国民に向かって、また彼らを手本として、人間愛、友情、あらゆる徳を発揮し、死後には善良な人間であり誠実にして徳高き愛国者という名誉ある名声を残したでありましょう。

それほど幸福でもなく、あるいは賢明になるのがあまりに遅きに失した私は、青春の軽はずみによって奪われた休息と平和を虚しくなつかしみながら、病気で弱々しい一生を他国で終えるようなことになれば、少なくとも、わが国にいれば役に立てられたであろうその同じ気持を魂のなかにつちかうべきであったでしょうし、遠く離れている同胞国民へ、優しい無私無欲の愛情を抱き、心の底からおよそ次のように呼びかけたでありましょう。

わが親愛なる同胞国民、いやむしろわが兄弟よ、血縁が、法律と同じように、われわれほとんど全員を結びつけているのですから、あなたがたのことを思い出すと、あなたがたが享受しているすべての幸福を同時に思い出してしまいます。心地よいとはいえ、あなたがたのだれも、そうした幸福を失ってしまった私ほどにはその価値を、おそらく感じてはいないのです。あなたがたの公私にわたる状況を考えれば考えるほど、人間にかかわることの本性からして、さらにすぐれた状況が許されるとは思われなくなります。他のあらゆる政府は、国家の最大の幸福を確保することが問題となると、いつもすべては、机上の計画とか、せいぜいのところたんなる可能性に限られてしまいます。あなたがたにとっては、幸福はすべてできあがっており、それを享受するだけでよく、完全に幸福になるためには、もはや幸福であるのに満足するすべを知ることよりほかには必要ないのです。あなたがたの主権は、剣に訴えて獲得されたかあるいは取り戻され、二世紀(四)にわたって勇気と知恵によって保持され、ついに完全に広く認められています。名誉ある条約があなたがたの国境を定め、権利を保証し、安寧を確固たるものにしています。あなたがたの国家の構成はすぐれ、もっとも崇高な理性によって命じられ、友邦であり尊敬すべき列強によって保証されています。あなたがたの状態は平穏で、心配すべき戦争もなく征服者もいません。あなたがたが選んだ廉直な為政者によって執行される、あなたがたが制定した賢明な法律以外に支配者はいません。あまりにも金持であるため、怠慢から無力になったり、虚しい快楽におぼれて真の幸福と確固たる徳の味を忘れてしまうこともなく、あまりにも貧乏であるため、あなたがたの勤勉さによってえられる以上の外国からの援助を必要としていません。大きな国にあっては途方もない税金によってのみ維持されるあの貴重な自由が、あなたがたにとっては、保持するためにはほとんどいかなる労力も要しないのです。

　国民の幸福と他国民の手本となるために、これほど賢明にこれほど仕合わせに構成された共和国が永久につづきますように。これが、あなたがたが抱くべき残されたただ一つの願いでありますし、あなたがたが取るべき残されたただ一つの配慮であります。今後、あなたがたのみで自分たちの幸福をつくりだすのではなく、祖先がその労を省いてくれていますので、幸福を善用する知恵を用いて幸福が永続するようにすべきなのです。あなたがたの永久の団結と法律への服従と法律の執行者への尊敬に、あなたがたの保全がかかっているのです。あなたがたのあいだに、とげとげしさや不信の種が少しでも残っているのでしたら、遅かれ早かれあなたがたの不幸と国家の破滅が生じる不吉な酵母としていそいで破壊してください。どうかあなたがたがすべて自分の心のなかへたち戻り、良心のひそかな声にたずねてくださるようお願いします。この世であなたがたの為政者の集団よりも廉直で、見識高く、尊敬すべき集団を、あなたがたのだれがご存じでしょうか。その構成員はみな中庸と習俗の単純さと法律への尊敬ともっとも誠実な和解の模範を示してくれているのではないでしょうか。ですから、これほど賢明な首長たちに理性が徳に対して払うべきあの健全な信頼をためらうことなく寄せてください。彼らはあなたがたが選んだものであり、その選択の正しさを示し、あなたがたが高い地位に任命した人々が受けるべき名誉はかならずあなたがた自身へ戻ってくると考えてください。法律の効力とその擁護者の権威がなくなるところでは、だれにとっても安全や自由はありえないということを知らないほどに見識のない人は、あなたがたのなかにはだれもいません。ですから、真の関心から、義務から、道理から、心から正当な信頼を寄せて、なすべきことをなす以外に、あなたがたのあいだではどんなことが問題となるでありましょうか。国家の構成の維持に対する罪深く不吉な無関心から、あなたがたのなかでもっとも見識がありもっとも熱心な人々の賢明な意見を、必要な場合に無視しないようにしてください。しかし、公正さ、中庸、もっとも謙虚な確固たる精神が、あなたがたの行動のすべてを規制し、栄光も自由も失うまいと気づかう、誇り高くつつましい人民の手本を全世界に示しつづけてください。とりわけ、これは私の最後の忠告ですが、悪意を含んだ解釈や毒を含んだ話に耳をかさないよう、とくに注意してください。そのひめられた動機は、その目的である行動よりも危険なことが多いのです。盗人が近づいたときだけ吠える立派で忠実な番犬の最初の吠え声に対しては、家族全員が目を覚まし警戒しますが、たえずみんなの安息を乱すあの騒がしい動物たちの不愉快さは憎まれ、その絶え間ない場違いの警告は、それが必要なときに聞き入れてさえもらえなくなるのです。

さらに、あなたがた高潔にして畏敬すべき諸卿、自由な人民の威厳ある尊敬すべき為政者たちよ、とくに私の讃辞をささげ、義務を果たすことをお許しください。世の中にその地位を占めている人々を顕彰するにふさわしい地位があるとすれば、それはおそらく才能と徳によって与えられた地位、あなたがた自身が自分をそれにふさわしくし、同胞国民があなたがたを推挙してくれた地位であります。同胞国民自身の長所があなたがたの長所にさらに新たな輝きを加え、実際には他の人々を統治する能力のある人々を統治するために選ばれているあなたがたを、他の為政者よりもすぐれていると私が思うのは、自由な人民、とくにあなたがたが光栄にも導いている人民が、その知識の光と理性において、他の国家の愚衆よりもすぐれているからであります。

よりよい印象を残すにちがいない、いつも私の心から去らない一つの例をあげることをお許しください。私が生を受け、私の少年時代にあなたがたへ払うべき敬意をしばしば忘れないようにしてくれた徳高い一国民の思い出は、もっとも心地よい感動なしでは思い出せないのです。自分の手による労働で生活し、自分の魂をもっとも崇高な真理で養っているその市民がいまだに眼に浮かぶのです。仕事用の道具とともにその人のまえにあるタキトゥスやプルタルコスやグロチウスが眼に浮かびます。その人のかたわらには、父親のなかの最上の父親から愛情のこもった教えを受けても、あまりに成果を得られない愛する息子が眼に浮かびます。しかし、狂おしい青春時代の迷いのため、私はしばらくのあいだかくも賢明な教えを忘れてしまったのですが、いかに悪に向かう傾向があっても、心のこもった教育が永久に失われてしまうのは困難だと、ついに私は幸福にも感じているのです。

このような人が、高潔にして畏敬すべき諸卿よ、あなたがたが統治している国家に生まれた国民やたんなる居住民でさえあるのです。このような人があの教育があり思慮分別のある人々です。しかし、職人や民衆という名のもとに、ほかの国では、あまりにも卑しく、間違って考えられているのです。喜んで認めますが、私の父は同胞国民のなかで抜きん出てはいませんでしたし、みんなと同じにすぎず、あるがままでありましたが、父との交際が、もっとも誠実な人々によって求められ、深められ、豊かな実りさえもたらさなかった土地はありません。このような気質の人々があなたがたから期待できる尊敬について語ることは、私のなすべきことでありませんし、ありがたいことにそうする必要もありません。教育においても、自然のそして生まれながらの権利においてもあなたがたと対等の人でありますが、その人の意志によって、つまり、あなたがたがすぐれているがゆえに選択しなければならず、選択をし、そうしてあなたがたのほうでも一種の感謝をしなければならない選択によって、あなたがたより地位が低いのであります。あなたがたがいかに優しくへりくだって、法の執行者にふさわしい威厳をそうした人々に対して和らげているかを知り、あなたがたへの服従と尊敬に対して、いかに敬意と配慮を払って報いているかを知って、私は強い満足を覚えました。これは、正義と知恵にあふれる、二度と眼にしないように忘れてしまうべき不幸な事件(五)の記憶をしだいに遠ざけるにふさわしい行為であります。この公正で心寛き国民は自分の義務を果たし、当然のこととしてあなたがたを喜んで尊敬し、自分たちの権利を維持しようとするにもっとも熱心な人々はあなたがたの権利をもっとも尊重するのですから、これは、それだけにますます正当な行為なのです。

政治社会の首長たちが社会の栄光と幸福を愛するのは驚くにあたりませんが、自分をより神聖でより崇高な祖国の為政者、いやむしろ支配者とみなしている人々が、自分たちを養ってくれている地上の祖国にいくばくかの愛を示すことは、人々の安息のためというにしては、あまりに驚くべきことです。われわれのためにごくまれな例外を設け、法律によって認められた神聖な教義を託されたあの熱心な人々、あの尊敬すべき魂の牧人たちを、われわれのもっともすぐれた国民と同列におけることは快いことです。彼らの力強く快い雄弁は、彼ら自身率先して福音の格率を実践していますから、ますますそれは人々の心に受け入れられるのです。説教の偉大な技術がジュネーヴでどれほどの成功を収め磨かれてきたかを、みんな知っています。語られることと行なわれることとの相違をあまりにも見慣れすぎていて、キリスト教の精神、習俗の神聖さ、自己に対する厳しさ、他人に対する優しさが、どれほどまでわが牧師団に行きわたっているかを、ほとんどの人が知りません。おそらく、神学者と文学者の組織のあいだでかくも完璧に団結している有益な手本を示すのは、ジュネーヴの町のみができることであります。国家の永久の平穏への願いを、大部分の牧師たちのよく知られた知恵と中庸に、そして国家の繁栄に対する彼らの熱意に、私はかけています。歴史が一つならず前例を与え、いわゆる神の権利すなわち私利私欲を主張するために自分たちの血がいつも尊重されると思いあがって、ますます人間の血を流すことを惜しまなかった、あの神聖で野蛮な人々の恐るべき格率を、いかにこれらの牧師たちが恐れているかを、驚きと尊敬の入り交じった喜びを抱いて注目いたしております。

共和国民の半分の人たちの幸福を生みだし、優しさと知恵によって平和とよき習俗を維持している、あの貴重な他の半分の人たちを忘れられるでしょうか。愛すべき、徳高い女性国民よ、あなたがた女性の運命は、いつもわれわれ男性の舵を取ることです。夫婦の結びつきにおいてのみ発揮されるあなたがたの純潔の力が、国家の栄光と公共の幸福のためにのみ感じられるときは、幸福です。このようにして女性はスパルタで命令を下していましたし、このようにしてあなたがたはジュネーヴで命令を下すのにふさわしいのです。どんな野蛮な男であれ、妻の優しい口からもれる名誉と理性の声に逆らえるでしょうか。あなたがたの簡素でつつましい装いが、あなたがたのおかげで得られる輝きによって、美しさにとってもっとも好ましいと思われるのを見て、だれが虚しい贅沢を軽蔑しないことがありましょうか。あなたがたの愛すべき汚れなき影響力とあなたがたの人をそらさぬ才知によって、国家には法律への愛を、国民のあいだには和平をいつも維持し、幸福な結婚によって離反した家族を結びつけ、あなたがたの説得力のある優しい教訓と慎しい優雅な話によって、わが国の若い人々が外国で身につけることになる悪癖を直すようにするのはあなたがたのなすべきことです。若者は、外国から利用できる多くの有益なものの代わりに、堕落した女のあいだで子供っぽい口調と滑稽な態度を身につけ、屈従に対するくだらぬ埋め合わせにすぎず、厳しい自由とはけっして同等のものでありえない、得体の知れないいわゆる偉大なものへの称讃のみを持ち帰るのです。ですから、あなたがたはいまのまま、習俗の純潔な守護者であり、平和の快い絆であるとともに、あらゆる機会に、義務と徳のために心情と自然の権利を強調しつづけてください。

このような保証を基にして、すべての国民の幸福と共和国の栄光を願っていますので、それがなにかの事件によって裏切られることはあるまいとひそかに期待しています。こうした有利な点をすべて持っていましても、共和国は、多くの人の眼をくらますあの華々しさで輝くことはあるまいと思いますし、そうした華々しさへの子供っぽい不吉な好みは幸福と自由にとって、もっとも致命的な敵であります。だらしない青年は、安易な快楽と長い後悔を他国へ求めに行けばよいのです。いわゆる趣味人はほかの土地で、宮殿の壮大さ、供回りの立派さ、みごとな家具、芝居の華麗さ、遊惰と贅沢さによって洗練されたものすべてを称讃すればよいのです。ジュネーヴでは、人間だけしか見あたらなくとも、このような光景は十分にその価値があり、そうした光景を求める人々は、ほかのものを称讃する人々に十分に匹敵するでありましょう。

高潔にして、畏敬すべき、至高の権限を持つ諸卿よ、どうかあなたがた皆々様の繁栄に関心を持つ私の敬意の表明を、あなたがた全員が同じように好意を持って受けてくださるようにお願いします。私の心の限りの思いをこのように激しく表明するにあたって、興奮のあまりなにか失礼なことを不幸にして犯してしまうことがあれば、真の愛国者が抱く優しい愛情に免じて、あなたがた全員が、幸福であるのを眼にする幸福以外には、自分のためにさらに大きな幸福があろうとは予期していない人間の熱烈で正当な情熱に免じて、許してくださるようお願いいたします。

このうえなく深い敬意をこめて、
高潔にして、畏敬すべき、至高の権限を持つ諸卿よ
あなたがたのきわめて卑しく従順な下僕であり同胞国民である

ジャン＝ジャック・ルソー

シャンベリーにて、一七五四年六月十二日

序文

人間のあらゆる知識のなかでもっとも有益であるが、もっとも進んでいないものは、人間についての知識であるように思われる（Ⅱ）。あえて申せば、デルポイの神殿の銘文（一）だけでも、モラリストのどのような大きな本よりも重要でむずかしい教えを含んでいた。したがって、私は本論の主題を、哲学が提起可能なもっとも興味ある問題の一つと、またわれわれにとって不幸なことには、哲学者たちが解決しうるもっともめんどうな問題の一つとみなす。なぜなら、人間の不平等の源を、人間自身を知ることからはじめないなら、どのようにして知ることができようか。また、時間と事態の継起が人間の根源の構成に生みだしたにちがいないあらゆる変化を通して、人間は、自然が形成したままの自分の姿をどのようにすれば眼にし、状況と人間の進歩が人間の原初の状態につけ加えたり変化を与えたりしたものから人間自身の本質に由来するものをどのようにすれば区別するようになれるのであろうか。時と海と嵐によってあまりにも姿を変えられてしまい、神というよりも野獣に似ていたグラウコスの彫像（二）に似て、人間の魂は、たえず再生してくる多くの原因により、多数の知識や誤りの獲得により、身体の構成に起こった変化により、情念のたえざる衝突により社会のなかで変えられ、いわばほとんど誤解してしまうほどに外見が変わってしまった。確実で変わることのない原理によってたえず行動する存在の代わりに、人間の創造主が人間に刻みこんだあの神々しい荘重な単純さの代わりに、理性を働かせていると思い込んでいる情念と錯乱した理解力の異様な対立しかもう見つからない。

さらに残酷なことは、人類のあらゆる進歩は、人類をたえずその原初の状態から遠ざけ、われわれが新たな知識を蓄積すればするほど、あらゆる知識のなかでもっとも重要な知識を得る手段が奪われていて、ある意味では、あまりにも人間を研究するために、人間を知りえなくなっている。

容易にわかるのであるが、人間の構成に次々と起こるこうした変化のなかに、人々を区別する差異の最初の起源を求めなければならず、われわれが気づいている多様性が、いくつかの種にさまざまな物理的な原因によって導入されるまえには、それぞれの種の動物が平等であるのと同じように、人間が本来おたがいに平等であることは一般に認められている。実際、こうした最初の変化が、どんな方法で起こったにせよ、まったく同時に同じように種のすべての個体を変化させたとは考えられないが、あるものはよくなったり悪くなったりして、その本性〔自然〕に固有のものではなかったさまざまの善悪いずれかの性質を獲得し、ほかのものはもっと長くその根源の状態にとどまっていた。こうしたことが、人間のなかでの不平等の最初の源であったので、このように一般的に証明するほうが、その本当の原因を正確に決めるよりも容易である。

したがって、理解するのがあまりに困難にみえることを私が理解したとうぬぼれているなどと、読者は想像しないでもらいたい。私が、いくつかの推論をはじめ、いくつかの推測を大胆に行なったのも、問題を解決しようと望むよりは、問題を明解にし、その真の状態に戻そうとする意図があったからである。ほかの人々は同じ道を通って、さらに遠くまで容易に行けるであろうが、だれも容易に目的地へ到達できないであろう。なぜなら、人間の現在の自然〔本性〕のなかに、最初からあるものと人為によるものを区別し、もはや存在せず、おそらく存在しなかったし、たぶん今後も存在することはけっしてなく、しかしながらわれわれの現在の状態を正しく判断するためには正しい考えを持つ必要のある一つの状態を十分によく知ることは、軽々しい企てではないからである。この主題について、確固たる観察をするためにいかなる用心をすべきかを正確に決めようとする人には、考えられる以上の哲学さえ必要であろうし、次の問題、「自然人(三)を知るためにはどんな実験が必要であり、そうした実験を社会のなかで行なう方法はどのようなものか」を立派に解決することは、われわれの時代のアリストテレスやプリニウス(四)にふさわしくなくはないように私には思われる。私にはこの問題の解決を試みることはできないが、この主題について十分に瞑想したと思っているので、まえもってあえて答えられることは、今後もっとも偉大な哲学者たちがそうした実験を指導し、もっとも大きな権力を持つ君主たちがそれを行なうには、両者ともあまりにも適任ではないであろう。両者の協力を、とくに双方から成功を収めるために必要な忍耐を、いやむしろ知識の光と善意の継続をともなった協力を期待することは、ほとんどできないからである。

　実行がそれほど困難で、これまでほとんど考えられなかったこの探究が、しかしながら、人間社会の実際の基礎の認識をわれわれから奪っている多数の困難を取り除くための残された唯一の手段である。こうした人間の本性〔自然〕についての無知が、自然権の真の定義にあれほどの不確実さと難解さをひき起こしているのは、権利という考え、さらには自然権という考えが、明らかに人間の本性にかかわる考えであるからだと、ビュルラマキ氏は語っている(五)。したがって、その人間の本性そのものから、その構成から、その状態から、この学問の原理を導きださなければならないと、彼はさらにつづけて語っている。

　この重要な主題を論じた数人の著者のあいだでその点についてほとんど合意がないのに気づくとき、私は驚きや憤慨を禁じえないのである。もっとも重要な作家のうち、その点で意見を同じくするのは、わずか二人しか見出せない。おたがいにもっとも基本的な原理について矛盾したことを言いあうのが務めであったと思われる古代の哲学者たちは言うまでもなく、ローマの法学者たちが、人間と他の動物を無差別に同一の自然法に従わせるのは、この名称のもとで、自然が命ずる法よりも、むしろ自然が自然自身に課する法のことを考察したからである。いやむしろこの場合、特殊な意味を与えていたためであり、それによるとこうした法学者たちは、法という単語をあらゆる生物のあいだでその全体の保存のために自然によって確立された一般的な関係の表現としてのみ解釈していたように思われる。近代人は法という名のもとに、精神（道徳・社会）的な、すなわち、知性があり、自由で、他の存在との関係で考察された存在に課された規則としてのみ認め、したがって、理性をそなえた唯一の動物、すなわち人間に自然法の及ぶ権限を限っているのであるが、この法を各人自分なりに定義して、それをあまりにも空虚な原理にもとづいて確立したため、われわれのあいだでさえ、その原理を理解できる人はほとんどなく、自分で発見できるどころではない。したがって、こうした学者の定義はみな、そのうえたえず矛盾しあうが、ただ、次の点、すなわち、非常に偉大な理屈屋や深遠な形而上学者でなければ自然法を理解できず、したがってそれに従えないという点で一致している。このことは、まさしく、社会の設立のためには、社会そのもののなかで大いに苦労をしてのみ非常に少数の人々にのみ発達する知識の光を使わなければならなかったことを意味している。

自然をほとんど知らず、法という単語の意味についてすらうまく一致していないのであるから、自然法の正しい定義について合意するのは大いに困難であろう。したがって、書物のなかに見られる定義はすべて、一致していないという欠点のほかに、人間が本来は持っていない若干の知識と、自然状態から出たあとにはじめて考えついたかもしれない利点からそれが得られたという欠点をさらに持っているのである。まず、みんなに役立つために、人々がおたがいに合意するのにふさわしい規則を探究することからはじめ、ついでこうした規則の集合に自然法という名称を与えるが、その証拠はみんながそれを実践して得られると思う善以外にないのである。これは、たしかに、ほとんど勝手な都合により定義を作りあげ、事態の本性〔自然〕を説明するというにはあまりにも安易な方法である。

しかし、われわれが自然人を知らないかぎり、自然人が受け取った法もしくは自然人の構成にもっともふさわしい法を定義しようとしても無駄である。われわれがこの法についてきわめて明白にわかることは、それが法であるためには、その法を課される人の意志が、その法を知ったうえで従わなければならないばかりか、その法が自然のものであるためには、その法はさらに自然の声によって直接に語りかけなければならない。

だから、あらゆる学術書はみな、われわれに人間をできあがった姿で見せるから捨ててしまい、人間の魂の最初のもっとも単純な働きを瞑想するとき、理性に先立つ二つの原理が認められるように思われる。一つはわれわれの安楽と自己保存に対して強い関心を抱かせ、もう一つは、感情を持ったあらゆる存在、主にわれわれの同類が死んだり苦しんだりするのを見ることに対して自然な嫌悪感をかき立てるのである。われわれの精神がこの二つの原理を競合させたり組み合わせたりできることによって、社会性㈥の原理を導入する必然性もなしで、自然権のあらゆる規則が生じてくるように私には思われる。のちにこの規則は、理性が次々に発展して自然を押し殺すにいたったときに、別の根拠によって確立せざるをえない。

このようにして、哲学者を人間にするまえに人間を哲学者にする必要はなく、人間の他人に対する義務は、遅れて現われる知恵の教訓によってのみ命ぜられているのではないし、同情という内面の衝動にさからわないかぎり、自己保存がかかわり、自分を優先せざるをえない正当な場合をのぞいては、ほかの人間や、感情のあるどんな存在にもけっして害を与えないであろう。この方法によって、また、自然法に動物が関与しているかどうかというむかしからの論争にも結着がつく。なぜなら、動物は知識の光も自由もないので、この法を法として認識できないのは明らかであるが、動物が与えられている感受性によって、われわれの本性となんらかの点でかかわりがあるので、動物もまた自然権㈦にかかわらざるをえず、人間は動物に対してなんらかの種類の義務を負っていると、判断することになるからである。実際、私が同胞にいかなる害も加えてならないのであれば、それは、同胞が理性を持った存在であるというよりも、感受性を持った存在であると思われるからで、この性質は動物にも人間にも共通なものであり、少なくとも動物に対して、人間によって無益に虐待されてはならないという権利を与えているにちがいない。

根源の人間とその真の欲求とその義務の基本的な原理についてのこれと同じような研究は、精神(道徳・社会)的に許容される不平等の起源や政治組織の真の根拠やその構成員相互の義務や、重要ではあるがまだよく解明されていない多くの同様なほかの問題についてあらわれるあの多数の難点をのぞくために使えるなお唯一の有効な手段である。

落ち着いた無私無欲の眼で人間社会を考察すると、まず、強者の暴力と弱者の迫害のみが示されているように思われ、精神は、強者の冷酷さに反撥し、弱者の盲目さを嘆きたくなり、そうして、英知よりも偶然がつくりだすことが多い、弱さとか強さ、富とか貧困と呼ばれているあのうわべの関係ほど、人間のあいだで不安定なものはないので、人間の設立したものは、一見すると流砂の上に立っているように見えるが、近くから検討して、その建物のまわりのほこりや砂を取り除いてはじめて、そのそびえている揺るぎない基盤に気づき、その土台を尊敬するようになる。ところで、人間とその自然の能力と、そのあいつぐ発達をまじめに研究しなくては、こうした区別をし、事態の現在の構成のなかに、神の意志がつくったものを人間の術が生みだしたと称するものから分離できるようにはけっしてならないであろう。私が検討する重要な問題を機会にして起こる政治的精神（道徳・社会）的探究は、したがって、とにかく有益なものであり、さまざまな政府の仮説的な歴史は、人間にとってあらゆる点で有益な教訓である。われわれは、自分たちだけで捨てておかれていたらどうなっていただろうかと考察し、慈悲深い手でわれわれの制度を改め、それに揺るぎない基盤を与え、その結果生ずるにちがいなかった無秩序を妨げ、われわれにこのうえない悲惨をもたらすにちがいないと思われた手段によってわれわれの幸福を生みだしてくれた者を祝福することを学ばなければならない。

神が汝にいかになれと望み、人間の世界での汝の地位がどのようなものかを学ぶがよい（八）。

注についての注意

行きあたりばったりに仕事をするという怠惰な習慣にしたがって、この作品にいくつかの注を加えた。この注は、ときには主題から相当にはずれており、本文といっしょに読むには適さないほどである。したがって、本論の終わりに送って、本論では、まっすぐな道を進めるように、できるかぎりのことをしたつもりである。再読する勇気のある人は、二度目には、楽しんで獲物を求めて、注に眼を通す気になるかもしれないが、ほかの人々が注をまったく読まなくても、ほとんど不都合はないであろう。

ディジョンのアカデミーによって提出された問題

人間の不平等の起源はいかなるものであり、またそれは自然法によって認められるか。

人間の不平等の起源と根拠についての論文

私が語らなければならないのは人間についてであり、この問題を検討する場合に、当然人間へ語りかけることになるのがわかる。真理をたたえるのを恐れるときには、このような問題は提起されないからである。したがって、私にそうするようにと招いてくれる賢者たちをまえにして、人類の大義を信頼をこめて擁護するつもりである。そして、私が主題と審査員にふさわしいものになれるとすれば、自分に不満を抱くことはないであろう。

私は人類に二種類の不平等を考えており、その一つを自然的あるいは肉体的と呼ぶのは、それが自然によって確立され、年齢、健康、体力、精神あるいは魂の質の相違によるからであり、もう一つが、精神（道徳・社会）的あるいは政治的不平等と呼ばれうるのは、それが一種の合意によるものであり、人々の同意によって確立されるか、または少なくとも認められているからである。この不平等は種々の特権からなり、ある人々は、他人を犠牲にして、他人よりも金持になり、尊敬され、権力を持ち、またはそのおかげで自分に他人を従わせるというような特権を享受しているのである。

自然の不平等の源がなにであるかを問うことができないのは、答えがその言葉の単純な定義のなかに言いあらわされているからである。ましてやこの二つの不平等のあいだになんらかの本質的な関係がないかどうかは探究できない。というのは、別の言葉で言えば、命令を下している人々は、従っている人々よりも必然的に価値があるかどうかを、体力もしくは精神力、知恵もしくは徳が、権力や富と比例して、同じ個人のなかにいつもあるものかどうかをたずねることになるからであろう。こうした問いは、おそらく支配者たちによって理解してもらえる奴隷のあいだで検討するにはふさわしいが、理性を持ち自由で、真理を求める人々にはふさわしくないのである。

それではいったいこの論文では正確になにが問題であろうか。事態の進展のなかに、権利が暴力にとって代わり、自然が法律に従うことになった瞬間を指摘し、いかなる奇蹟の連鎖によって、強者が弱者に奉仕し、民衆が現実の幸福を代償にして虚しい安息をあがなうのを決心したかを説明することである。

社会の根拠を検討した哲学者はみな、自然状態にまでさかのぼることとの必要性を感じたのであるが、そのうちのだれもそこに到達しなかった。ある人々（一）は、その状態の人間に、正義と不正の観念をためらわずに想定したが、その状態の人間がその観念を持っているにちがいないことも、その観念がその状態の人間に有益であることさえ証明しようとはしなかった。ほかの人々（二）は、自分の所有するものを保持するという、各人が持っている自然権について語ったが、所有するということをどう解しているのかを説明しなかった。また別の人々（三）はまず強者に弱者に対する権威を与えて、すぐに政府を発生させ、権威とか政府という言葉が人間のあいだに存在できるようになるまえに、経過したにちがいなかった時間を考えなかった。結局、みんな、たえず欲求や貪欲や迫害や欲望や傲慢について語って、社会のなかで得られた考えを自然状態へ持ちこみ、野生の人について語っているにもかかわらず、社会人を描いていたのであった。当世の哲学者たちは、自然状態が存在したことを疑おうとは思いつきさえしなかったが、聖書を読むと明らかなように、最初の人間は神から直接に知識の光と掟を受け取ったのだから、彼自身その状態にはいたことがなく、そうしてキリスト教徒の哲学者がみなそうすべきである、モーゼの著作に信を置くならば、洪水以前でさえも、人間が純粋な自然状態にいたことは、なにか異常な出来事でまたそこへ舞い戻らなかったとすれば、否定しなければならない。この逆説は擁護するにはまったくやっかいで、証明するのはまったく不可能である。

したがって、まずあらゆる事実をしりぞけよう。なぜなら事実は問題の核心に触れないからである。この主題について行なえる探究は、歴史的な真実ではなく、ただ仮説的で条件的な推論であると考えなければならず、この推論は、真の起源を証明するよりも、事態の本性を解明するのにふさわしく、わが自然学者が日々、世界の形成について行なっている推論に似ているのである。神自身が人間を自然状態からひき離し、人間が不平等であるように望んだから不平等なのであると信じよと宗教はわれわれに命じてはいるが、人類が人類だけにまかせられたままであれば、どうなりえたかについて、人間の自然〔本性〕と人間を取り巻くもろもろの存在の自然〔本性〕だけからえられる推測をつくりあげることを宗教はわれわれに禁じてはいない。これこそ、私に求められていることであり、私が本論文で検討しようとすることである。私の主題は人間一般にかかわることであるので、すべての国民にふさわしい語り方を選ぶようにするつもりである、いやむしろ、時代とか場所とかを忘れて、私が語りかける人間のことのみを考えて、自分はアテナイの学園で、先生たちの教えを繰り返し、プラトンやクセノクラテス(四)のような人たちを審査員にし、人類を聴衆にしていると想定するつもりである。

おお人間よ、いかなる地域の人であれ、意見がどうあれ、聞いてくれ。これから述べることが、嘘つきであるお前の同胞の書いた書物のなかではなく、けっして嘘をつくことのない自然のなかに、私が読みとったと思われるお前の歴史なのだ。自然から由来するものはすべて真実であり、偽りがあるとすれば、私が思わず自分のものを混入させてしまったからであろう。私が語ろうとする時代は、はるか遠くむかしのことであり、なんとお前はむかしのお前から変わってしまったことか。いわば、お前の種の一生を、お前が受け取り、教育や習慣が堕落させることはできたが、破壊しえなかった特質を基にして、お前に描いてみせようとするのだ。個体としての人間がとどまっていたいと望むような時代があるだろうと私には感じられるので、お前の種がとどまっていたらとお前が望むような時代を探してくれ。お前が現状に不満なので、さまざまな理由から不幸な後世の人々にはさらに大きな不満をもたらすのがわかっているから、おそらくむかしに戻ることができたらと望むのであろうが、この気持は、お前の最初の祖先への称讃、同時代人への批判、不幸にもお前のあとで生きる人々の恐怖を生み出すにちがいないのだ。

人間の自然状態を正しく判断するためには、人間をその起源から考察し、人間を、いわば、種の最初の胎児の状態において検討することがいかに重要であるとはいえ、人間の身体の構造を、そのあいつぐ発展を通して追って行くつもりはない。結局、人間が現在あるものになるためには、最初はどうありえたかを、動物の体系のなかに求めて立ち止まるつもりもなく、アリストテレスが考えているように、人間の長くのびた爪は最初は鉤形の猛獣の爪でなかったかどうか、熊のように毛でおおわれていたかどうか、四足で歩き（Ⅲ）、視線は大地へ向かい、地平は数歩のところに限られているので、性格も思考の限界も同時に決まっていなかったかどうかを検討するつもりもない。この主題については、漠然として、ほとんど想像による推測しかつくりあげられないであろう。比較解剖学はまだあまりにも進歩しておらず、博物学者の観察はまだあまりにも不確実で、このような基礎の上に、確固たる推論の基盤を確立することはできない。したがって、この点でわれわれが持っている超自然的な知識には頼らず、人間が四肢の新たな使い方をしたり、新たな食物を食べるようになるにつれて、内面でも外面でもその形態に起こったにちがいない変化を考慮せずに、いつの時代も、いま私が見ているような形態であり、二本足で歩き、われわれがそうしているようにその手を使い、視線をあらゆる自然へ向け、眼で広大な空の広がりを計っていたと想定するつもりである。

このように構成されたこの存在から、受け取ったかもしれない超自然的なあらゆる賜物と長い進歩によってのみ獲得されえたあらゆる人為的な能力を取り除き、要するに、自然の手を離れたままであるにちがいないような人間を考察すると、ある動物よりは強くなく、他の動物よりは敏捷ではないが、結局すべての動物のなかでもっとも有利に形成された一匹の動物が眼に浮かぶ。樫の木の下で腹いっぱい食べ、出会いしだい小川で渇きをいやし、食事を与えてくれた木と同じ木の下に寝場所を見出す状景が眼に浮かんでくるが、これで欲求は満たされている。

大地は自然〔本来〕の豊かさのままに放置され（Ⅳ）、いまだ斧が入ったことのない広大な森林におおわれ、一歩歩くごとに、あらゆる種類の動物に食料の倉庫と隠れ家を提供している。人間は、動物のあいだに散らばり、動物の器用さを観察し、模倣し、そうすることで獣の本能にまで上昇するが、それぞれの種はそれ固有の本能しか持たないのに、人間は自分に属する本能はおそらくまったく持たず、もろもろの本能をすべて自分のものにし、他の動物たちが分けあっているさまざまな食物の大部分を（Ⅴ）すべて自分の食料とし、したがって、どの動物もが行なえる以上に容易に自分の糧を見つけるという、あの利点をともなっている。

人間は、幼い頃から、天候の不順と季節の厳しさに慣れ、疲労に耐える訓練をし、裸で武器もなく、自分の生命と獲物を他の野獣から守るか走って逃げなければならないので、頑強でほとんど変わることのない体質をつくりあげ、子供は、その父親のすぐれた体質を持って生まれ、その体質を生みだしたのと同じ訓練によって強化され、かくして、人類が可能なあらゆる力強さを獲得する。自然は子供に対して、まさしくスパルタの法律がその国民の子供に対するように働きかけ、自然は立派な体質の人々を強く丈夫にし、ほかのすべての人々を滅ぼしてしまい、自然はその点でわれわれの社会と異なっている。われわれの社会では、国家が子供を父親にとって重荷となるものにして、生まれるまえに無差別に殺してしまっている。

身体は野生の人が知っている唯一の道具であるので、さまざまな使い方をされる。現在のわれわれの身体は、訓練されていないので、そうはできず、われわれの器用さが、野生の人がかならず獲得せざるをえなくなる力や敏捷さをわれわれから奪ってしまっている。野生の人が斧を持っていたら、手であれほど太い枝を折るであろうか。石投げ器を持っていたら、あれほど力いっぱいに石を手で投げるであろうか。梯子を持っていたら、あれほど軽々と木に登るであろうか。馬を持っていたら、あんなに速く走るであろうか。文明人に自分のまわりにある、こうした機械をすべて集める時間を与えれば、容易に野生の人を圧倒するのは疑いえないが、さらに優劣のはっきりした戦いを見たいのなら、裸にして、おたがいに武器を持たないようにしてしまえば、たえず自分の力を自由に使い、いつもあらゆる出来事にそなえており、いわばいつもすべてを身につけているという有利さがどんなものか、すぐにわかるであろう（Ⅵ）。

ホッブズの主張するところでは、人間は本来大胆で、攻撃し、戦うことしか求めない。ある有名な哲学者[一]は、逆に考えているし、カムバーランド[二]やプーフェンドルフもまた同じことを断言し、自然状態の人間ほど臆病なものはなく、いつも震えており、少しの物音が不意に聞こえても、少しの動きに気づいても逃げ出そうとしているという。自然状態における人間が経験しない対象についてはそうであるかもしれず、眼のまえにあらわれるすべての新しい光景から予期すべき肉体的快不快を区別できず、自分が冒すことになる危険と自分の力を比較できないときはいつも脅えているのを私は疑わないが、こうした事態は自然状態においてはまれで、自然状態ではすべてのことがあまりにも一様に進行し、地球の表面は、集まった人々の情念や無節操が原因となる、突然の絶え間ないあの変動をなかなか受けないのである。しかし、野生の人は動物のあいだに散らばって生き、早くから動物と力を競う機会があるので、すぐに比較をし、力においてよりも器用さの点で動物にまさっていると感じて、もう恐れないようになる。熊や狼を、未開人がみんなそうであるように頑強で、敏捷で、勇敢であり、石と丈夫な棒を武器にした一人の未開人と戦わせると、少なくとも危険はたがいに同等で、このような経験をなんどかしたあとでは、おたがいに攻撃しあうことを好まない野獣たちは、人間も自分たちと同じくらいに狂暴であることがわかり、人間に進んで攻撃をしてくることはほとんどないことがわかるであろう。人間の巧妙さを越えた力を現実に持っている動物については、人間はそうした動物に対してもっと弱いが、ともかく生存しているほかの種の動物と同じ立場にいるのである。人間は、そうした動物に劣らず走るのが速く、木の上にほぼ安全な避難所が見つかるので、出会った場合、取るか捨てるかはどこでも自由であり、逃げるか戦うかを選べるという、あの有利さがある。さらには、どんな動物も、自衛や極端に飢えている場合をのぞいて、本来人間に戦いをいどまないし、一つの種がほかの種の食物になるように自然によって定められていることを教えていると思われるあの激しい反感を、人間に対して示すとは思われないのである。〔黒人や未開人が森で出会うかもしれない野獣をほとんど心配しない理由がおそらくここにあるのである。ヴェネズエラのカライブ人たちは、とりわけこの点で、このうえなく安全でなんの不都合もなしに生きている。フランソワ・コレアル（三）の言うところによれば、ほとんど裸であるとはいえ、ただ弓と矢で武装して、森のなかに大胆にはいりこむが、だれも獣に食われたという話を聞いたことがまったくない。」（一七八二年版）

ほかのもっと恐るべき敵で、人間がそれから身を守るのに同じ手段を持たないのは、自然〔本性〕の弱さ、すなわち幼少期と老年期とあらゆる種類の病気である。これがわれわれの弱さの悲しいしるしであり、その最初の二つはあらゆる動物に共通しており、最後のものは社会に生きている人間に主に属するものである。幼少期については、母親はいたる所へいっしょに自分の子供を連れて行くので、若干の動物の雌よりも子供を養うのがはるかに容易で、動物の雌は、一方ではその食物を捜すため、他方では子供たちに乳をやったり養ったりするために、たえず行ったり来たりしなければならず、非常に疲れるということさえ、私は指摘しておく。なるほど母親が死ぬことになれば、子供もいっしょに死ぬおそれは大いにあるが、この危険は、多くのほかの種にも共通であるのは、その子供は長いあいだ自分で食物を捜しに行くことができないからである。幼少期はわれわれのほうがより長いとしても、一生も同じようにより長いのであるから、この点ではまだすべてほぼ平等であり（Ⅶ）、幼児の時代の長さと子供の数については（Ⅷ）、ほかの規則があるとはいえ、その規則については私の主題ではない。老人にあっては、動くことも汗をかくこともほとんどせず、食物への欲求もそれを供給する能力とともに衰えるし、野生の生活は痛風やリューマチにかかりにくくするとともに、老いはあらゆる苦しみのなかで人間の助けによってもっとも慰められない苦しみなので、老人は、存在しなくなるのを気づかれず、ほとんど自分でも気づかずに、ついには消えてゆく。

病気については、大部分の健康な人々が医学に反対して行なっている虚偽の宣言を、私は繰り返すつもりはないが、この技術がもっとも無視されている国のほうが、人間の平均寿命は、もっとも注意深く研究されている国よりも短いと結論を出せるようななにか確固たる観察があるのかどうか、医学がわれわれに提供できる治療法よりさらに多くの病気にかかっているとすれば、どうしてそんなことがありうるのだろうかと私はたずねたい。生活様式の極端な不平等、ある人々は極端に無為であり、ほかの人々は極端に働くこと、われわれの食欲と情欲を容易に刺激し満足させること、富める人々に身体のあたたまる栄養価の高いものを与え、消化不良で苦しませることになる凝りすぎた食物、貧しい人々がしばしばこと欠き、そのために機会があれば貪欲に胃につめこみすぎることになるひどい食料、夜ふかし、あらゆる種類の行き過ぎ、あらゆる情念の節度のない熱狂、疲労と精神の消耗、あらゆる身分に感じられ、魂がたえずむしばまれる無数の悲しみと苦しみ、これこそ、われわれの病苦の大部分はわれわれ自身がつくりだしたものであり、われわれが自然から命じられた、単純で、一様で、孤独な生活様式を守っていればほとんどすべて避けられたであろうということの不吉な証なのである。自然がわれわれを健康であるように運命づけていたなら、私はほぼ断言してもよいのだが、熟慮の状態は自然に反する状態であり、瞑想する人間は堕落した動物なのである。未開人の、少なくとも強い酒でわれわれが破滅させてしまうことのなかった未開人の立派な体質を考え、未開人が怪我と老い以外のほかの病気をほとんど知らないことがわかると、政治社会の歴史を追いながら、人間の病気の歴史が容易に書けると思いたくなる。それは少なくともプラトンの意見であり、トロイアの攻囲でポダレイリオスとマカオンによって使われまた認められた若干の治療法について、この治療法がもたらすにちがいないさまざまな病気はその当時まだ人々のあいだで知られていなかったと判断している。(四)

〔そして、ケルススは、(五)食養生が、今日あれほど必要となっているが、ヒッポクラテスによって発明されたにすぎないと述べている。〕(一七八二年版)

病苦の源がほとんどなく、したがって、自然状態における人間には薬の必要がほとんどなく、医者をさらに必要としない。人類はこの点においてもほかのすべての種よりも悪い条件に置かれているわけでなく、狩人が狩猟のとき、多くの弱った動物を見つけるかどうかは、狩人から容易に教えてもらえる。かなりの怪我をしたのに非常にうまく傷がふさがり、骨や手足さえも折ったのに、時間の経過にまかせる以外に外科医にかからず、日常生活を送る以外に養生もせず、にもかかわらず、切開によって苦しめられ、薬品で中毒をおこし、絶食で衰弱することもないために、完全に治っている若干の動物を、狩人は見出すのである。結局、立派に行なわれる医学はわれわれのあいだでは有益であるとはいえ、見捨てられた病気の未開人は自然に頼るほかにはなにも期待できないとしても、逆に、自分の病気以外なにも恐れなくてよいのは、いつもたしかであり、このために、しばしばその状況はわれわれの状況より好ましいものになる。

したがって、野生の人をわれわれの眼のまえにいる人間と混同しないように注意しよう。自然は自然の手に任された動物を優遇している。これは自然がいかにこの権利に気を配っているかを示しているようである。馬や猫や雄牛やロバでさえ、われわれの家にいるより森にいるほうが、多くは身体が大きく、もっと頑強な体質を持ち、元気で力も強く勇気があるのに、家畜になるとこうした長所の大半を失う。こうした動物を大切に扱い、飼育しようとするわれわれの世話はすべて、その動物を退化させるだけになってしまうようである。人間自身も同じであり、社会的で奴隷になると、弱く臆病で卑屈になり、柔弱で女性化した生活様式は力と勇気を同時に弱めてしまう。さらに、野生の状態と飼育された状態のあいだで、人間と人間との相違のほうが獣と獣との相違よりもさらに大きいにちがいない。なぜなら、動物と人間は自然によって平等に扱われていたので、人間が、飼い慣らした動物以上に自分に与える便利なもののすべてが、それだけに、人間をもっとはっきりと堕落させる特別な原因になる。

したがって、裸であるとか住居がないとか、われわれがあれほど必要だと思っているあの無用のもののすべてが欠けているのは、こうした最初の人間にとってそれほど大きな不幸ではなく、とくにその自己保存に対してそれほど大きな障害でもない。毛深い皮膚をしていないとしても、暑い国ではまったくそんなものを必要とせず、寒い国では、打ち敗かした獣の皮を自分のものにするのをやがて学ぶし、走るのに二本の足しかないにしても、自分を守ったり欲求を満たすためには二本の腕があり、子供はおそらく歩きはじめるのが遅く、なかなかうまく歩けないが、母親が楽々と子供を運ぶ。この利点はほかの種の動物には欠けており、母親が追われると、子供を捨てざるをえなくなるか、子供の歩みに歩調を合わせざるをえなくなる。〔これには若干の例外があるかもしれない。たとえば、ニカラグワ地方の、狐に似て、人間の手のような足を持ち、コレアルによれば、逃げなければならないときに母親が子供を入れる袋を腹の下に持っているあの動物がそれにあたる。メキシコでトラカツァンと呼ばれているのは、おそらく同じ動物で、ラエ[六]は、その雌に同じ用途の同様の袋があるとしている。〕（一七八二年版）結局、次に語る、けっして起こらなかったかもしれない状況のあの奇妙で偶然の競合を想定しなければ、衣服もしくは住居をつくった最初の人は、それまでそんなものはなしですませていた、子供のときから耐えていた生活様式を、大人になってなぜ耐えられなくなったかわからないから、その点ではほとんど不必要なものを手に入れたことは、とにかく明白である。

一人で、なにもせず、危険と隣あわせで、ほとんどものを考えず、いわば考えていないときはいつも眠っている動物と同じように、野生の人は眠るのが好きだが、その眠りは浅いにちがいない。自分自身の自己保存がほとんど唯一の心配事となり、もっとも訓練された能力は、獲物を捕えたり、他の動物の獲物とならないよう身を守るための、攻撃と防禦を主たる目的としているにちがいない。反対に、柔弱さと官能によってのみ完成する器官は、粗野な状態にとどまっているにちがいなく、そのために野生の人にはあらゆる種類の繊細さが欠けており、感覚はこの点で二つに分かれ、触覚と味覚はきわめて粗雑で、視覚、聴覚、嗅覚は大いに鋭いものとなってしまうであろう。これは一般に動物の状態であり、旅行者たちの報告によれば、大部分の未開民族の状態でもある。だから、希望峰のホッテントットが、オランダ人が望遠鏡で見るほど遠くから沖の船を肉眼で発見したり、アメリカの未開人が、最良の犬ならそうできたであろうように、スペイン人の足跡を嗅ぎつけたり、あのもろもろの野蛮な国民が裸に苦もなく耐え、唐辛子によってその味覚を鋭くし、ヨーロッパの強い酒を水のように飲むからといって、驚いてはならない。

これまで私は人間の肉体のみを考察してきたが、いまや形而上学的および精神（道徳・社会）的な面から眺めるように努めよう。

すべての動物に精巧な機械だけを私は見ており、自然はこの機械に、自分でねじをまき、それを破壊したり調子を狂わせたりしそうなものすべてから、ある程度まで身を守れるようにと、感覚を与えたのであった。人間という機械もまさしく同じことだと気づくが、自然のみが獣の活動においてはすべてをなしたのに、人間は、自由な行為者として、自然の活動に協力するというあの相違がある。一方は本能により、他方は自由の行為により取捨選択し、このことによって、獣は、命じられた規則から逸脱することは、そうするのが有利なときでさえできないのに、人間はしばしば損になっても逸脱することになる。こうして、鳩は最上の肉を盛った鉢のそばで、猫は果物や穀物の山の上で、どちらも食べようと思いつけば、無視しているその食物で十分に身を養うことができたのに、飢え死にしてしまうであろう。このようにして、放埒な人間は不節制にふけり、熱を出したり死んだりするのも、知能が感覚を麻痺させ、自然が黙っているときに、意志がまだ語っているからである。

あらゆる動物には感覚があるから、観念を持っていて、ある程度まで自分の観念を組み合わせるし、人間はこの点では獣と程度の違いがあるだけである。ある人間とある獣よりも、ある人間とある人間の差のほうが大きいと、若干の哲学者たちが主張さえした。したがって、動物のあいだで人間をことさら区別しているのは理解力ではなくて、自由な行為者という人間の性質である。自然はあらゆる動物に命令を下し、獣は従う。人間は同じ印象を受けるが、同意するかさからうかは自由であると自認しており、とくにこの自由の意識のなかに、人間の魂の霊性があらわれる。なぜならば、自然学は感覚の機能と観念の形成をとにかく説明するが、意欲するという力、いやむしろ選ぶという力とこの力の自覚のなかには、力学の法則によってはなにも説明のつかない純粋に霊的な行為だけが見出せるからである。

しかし、こうした問題すべてを取り巻いている困難が、人間と動物のこの違いについていくらか議論の余地を残しているとしても、両者を区別して、異議のありえないようなきわめて固有の、もう一つの特質があり、それは自己を完成する能力である。この能力は環境の助けを借りて、次々とあらゆる別の能力を発達させ、われわれのなかでは種のなかにも個体のなかにも存在しているのに、一匹の動物は、数か月たつと、一生変わらず、動物の種は、千年たっても、この千年間の最初の年と同じである。なぜ人間のみが愚かになりやすいのであろうか。人間はこのようにしてその原初の状態に戻り、獣はなにも獲得せず失うものもなにもないから、いつもその本能とともにとどまっているのに、人間はその「完成能力」によって得られたものすべてを、老いやほかの事故によってまた失い、こうして獣そのものよりもさらに下へと落ちるのではなかろうか。われわれにとって悲しいのは、この特殊な、ほとんど無制限の能力が、人間のあらゆる不幸の源であり、静かで無邪気な日々が流れていたであろうあの最初の状態から、時の力によって、人間をひきだすのもこの能力であり、人間の知識の光と誤謬、悪徳と美徳を幾世紀の時の流れとともに花咲かせ、ついには人間を自分自身と自然の圧制者にするのもこの能力である(Ⅸ)と認めざるをえないことだ。オリノコ河の流域の住民が子供の両こめかみに板をあてがい、少なくとも子供の愚かさと根源の幸福の一部を保証してくれるあの板の使用を最初に勧めた人を恩人としてたたえなければならないのは恐ろしいことであろう。

野生の人は、自然によって本能だけにゆだねられているか、いやむしろ、おそらく野生の人に欠けている本能を、まずそれに代わりうる能力と、ついで野生の人を自然よりもはるかに高めうる能力によって埋め合わせを受けているのであるから、はじめは純粋に動物的な機能からはじめることになる(Ⅹ)。知覚することと感じることがその最初の状態であり、それは野生の人にとってすべての動物と共通していることになる。意欲することと意欲しないこと、欲することと恐れることは、新しい環境が新たな発達の原因となるまでは、野生の人の魂の、最初で、ほとんど唯一の働きである。

モラリストたち(七)がなんと言おうと、人間の理解力は情念に多くのものを負っており、一般に認められているように、情念はまた人間の理解力に多くのものを負っている。われわれの理性が完成するのは情念の活動によるのであり、われわれが知ろうとするのは、楽しみたいと望むからにすぎず、欲望も恐れもないような人がなぜわざわざ理性を働かせるかは考えられないのである。情念は情念で、その起源はわれわれの欲求に、その進歩はわれわれの知識にある。事物を欲したり恐れたりできるのは、それについて抱くことのできる考えにもとづくか、自然のたんなる衝動によるかである。そうして野生の人は、あらゆる種類の知識の光がないから、この後の種類の情念しか体験せず、その欲望は、肉体的な欲求を越えない(XI)。世界で知っている幸福は、食物と雌と休息だけであり、恐れている不幸は、苦痛と飢えだけである。私が苦痛と言って、死と言わないのは、動物は死とはなにかをけっして知らないであろうからで、死とその恐怖の認識は、人間が動物的な条件から離れるときに、最初に獲得したものの一つである。

必要とあれば、この意見を事実によって裏づけ、世界のあらゆる国民において、精神の進歩は、人々が自然から受け取ったか、または、環境によって強いられた欲求に、したがって、そうした欲求を満たさせようとする情念に、まさしく比例していることをわかってもらうのは、私にとって容易であろう。エジプトで、ナイル河の氾濫とともに、さまざまな技術が生まれ、広がってゆくのを示すであろうし、エウロタス川の肥沃な岸辺で根づくことができなかったのに、アッティカの砂と岩のあいだで芽を出し、成長し、天まで伸びるのが見られたギリシア人の技術の進歩をたどるであろうし、一般に北方の民族は、南方の民族よりも勤勉であるのは、そうすることで、あたかも自然が大地に与えるのを拒んでいる肥沃さを精神に与え、事態を平等にしようとしているかのように、北方の民族はいっそう勤勉でないわけにはいかないからと、指摘するであろう。

しかし、歴史の不確実な証言の助けを借りなくても、野生の人でなくなる誘惑や手段を、すべてのことが野生の人から遠ざけているように思われるのは、だれもがわかるのではないであろうか。野生の人の想像力はなにも描きだしてはくれず、心はなにも求めないのである。わずかな必要物は手近にあまりにも容易に見つかり、さらに高度な知識を獲得したいと望むのに必要な知識水準からはあまりにもかけ離れていて、先を見通す力も好奇心も持てない。自然の光景が、見慣れたものとなり、興味のないものとなる。いつも同じ秩序であり、いつも同じ循環であり、このうえなく大きな驚異にも驚く精神を持たず、毎日眼にしていたことを一度で観察できるようになるために、人間が必要としている哲学を野生の人に求めてはならない。魂は、なにものによっても動かされず、ただ現在の自分の生存感にのみ身をゆだね、いかに近いことであろうと、未来については考えず、計画は視野と同じく限られて、その日の終わりにまで及ぶのがやっとである。このようなものが、今日でもまだ、カライブ人の先を見通す力の程度であり、夜必要になることを予見できなくて、朝自分の蒲団を売り、夕方には泣く泣く買い戻しに来る。

この主題について瞑想すればするほど、純粋な感覚印象から単純な認識までの距離は、われわれの眼にはますます大きくなっていき、一人の人間が自分だけの力で、意志の疎通という助けも借りず、必要に迫られるという刺激もなしに、こんなに大きな隔たりをどうして越えられたかを考えられないのである。人間が空の火以外の火を見るようになるまでに、おそらくどれほどの世紀が流れたのであろうか。この基本元素（八）のもっともありふれた使用法を知るには、どれほどのさまざまな偶然が必要だったか。火を再生させる技術を獲得するまでには、なんど火を消えないようにしたことか。おそらくこうした技術のどれも、それを発見した人とともに、なんどとなく消滅してしまったのではなかったか。われわれは農業についてどのように語れるであろうか。この技術は、じつに多くの労働と先を見通す力を要し、ほかのいろいろな技術と関連があり、少なくとも社会がはじまっていてこそ、実践できるというのはきわめて明白で、そんなものがなくても立派に大地が供給してくれるであろう食物を大地から得ることよりも、もっともわれわれの味覚にあった好物を産出するように大地に強いるのに役立つものなのである。しかし、人間があまりに多くなり、自然の生産物では人間を養うにはもう十分でなくなったと想定しよう。この想定は、ついでに言っておくと、こうした生活様式で生きる人類にとって大いに有利であることを示すであろう。鍛冶場も仕事場もなく、耕作の道具が空から未開人の手に落ちてきて、この人間たちがみんな絶え間ない労働に対して抱く激しい憎悪を克服し、自分たちの欲求を非常に遠くから予見することを学び、いかにして大地を耕し、種をまき、木を植えなければならないかを推理し、麦を挽きぶどうを発酵させる技術を見出したと想定しよう。こうしたことすべては、いかにして自分で学んだか考えられないから、神々から教えられたにちがいなく、そうなったら、人間でも獣でもかまわないが、それを収穫するのが好都合だと思う最初にやってきたものによって荒らされてしまう畑の耕作に心を悩ますほどばかな人間とは、どのような人間であろうか。各人は、苦しい労働の代償が必要であればあるだけ、手にはいらないのがますます確実なのに、一生をそうした労働で過ごそうと、どうして決心できるであろうか。要するに、大地が人間のあいだで分配されていないかぎり、いいかえれば、自然状態が消滅していないかぎり、こうした状況にあって、どうして大地を耕す気になれるであろうか。

哲学者たちがわれわれのためにそうしているのと同じような、考える技術において巧みな一人の野生の人を、われわれが想定しようとするとき、哲学者にならって、その野生の人を一人の哲学者にし、一人でもっとも崇高な真理を発見し、秩序一般への愛もしくは秩序の創造者の周知の意志から得られた正義と道理の格率を、非常に抽象的な推論の結果、自分のものにするとしたとき、要するに、野生の人の知能のなかに、野生の人が持っているはずで、実際に見出されている鈍重さや愚かさと同じだけの知性と知識の光があると想定してみると、こうした形而上学すべては、人に伝えられることもなく、それを発明した個体とともに滅んでしまうのであるから、種としてどのような有用性を得られるのであろうか。動物にまじって森のなかに散在する人類はどんな進歩をなしうるのであろう。定まった住居もなく、おたがいをまったく必要とせず、おそらく一生にやっと二度ほど出会うほどで、知り合いになることも、話し合うこともない人間たちが、どの程度まで自己を改善し、相互に啓発しあうことができるのであろう。

どれほどの考えをわれわれは言葉の使用によってえているか、文法がいかに精神の働きを訓練し、容易にするかに思いをこらし、言語の最初の発明に際してかかったであろう想像もできない苦労と無限の時間を考え、これらの考察にこれまでの考察を加えてもらいたい。そうすれば、人間の知能のなかで、知能がなしえる働きを次々と発達させるためには、数千世紀が必要であったと判断されるであろう。

しばらく言語の起源にかかわる当惑を考察することを、許していただきたい。コンディヤック師(九)が、この件で行なった研究をここで引用するか繰り返すだけでよいかもしれない。そのすべてが私の意見を完全に強固にし、おそらく私にその最初の考えを与えてくれた。しかし、この哲学者自身が制定された記号の起源について抱いている諸難点を解決する仕方は、私が問題としていること、すなわち言語活動の発明者たちのあいだですでに確立された一種の社会を想定していたことを示しているので、彼の考察を参照しながらも、同じ難点を私の主題にふさわしい光をあてるために、私の考察をそれにつけ加えなければならないと思っている。あらわれてくる最初の難点は、言語がどうして必要になりえたかを想像することである。なぜなら、人間はおたがいの連絡もまったくないし、そうする必要もまったくないので、この発明が必要不可欠なものでないならば、発明の必然性も可能性も考えられないからである。言語が父親と母親と子供の家庭での交流のなかで生まれたと、ほかの多くの人々と同じように、私もいえるものならいうであろうが、それは反論を解決しないどころか、自然状態について推論しながら、社会のなかで得た観念をそこに持ちこみ、つねに家族は同じ住居に集まっていて、その構成員は、多くの共通の利害によって結びつけられているわれわれの場合と同じように、親密で永続的な結びつきをおたがいに保っているとみなす人々の犯した誤りを犯すことになるであろう。ところが、この原初の状態では、家も小屋もいかなる種類の私有もなく、各人は、偶然に、しばしばたった一晩の宿りのために住居を定め、雄と雌は出会いと機会があれば欲望のままに偶然に結びつき、言葉はおたがいに語らなければならないことを伝えるためにあまり必要な媒介ではなかった。同じように容易に別れ（XII）、母親はまず自分自身の欲求のため、その子供たちに授乳し、その後、習慣により子供がいとおしくなったので、それからは、子供の欲求から子供を養っていたが、子供は自分の食物を捜す力をやがて持つようになると、母親そのものから別れ、ふたたび会う手段としては、見失わないということ以外にはほとんどなかったから、やがておたがいにだれだかわからなくなるほどであった。さらに注目すべきは、子供は自分の欲求をすべて説明しなければならず、したがって、母親が子供に語る以上に母親に語るべきことがたくさんあるので、発明の負担がもっともかかるのは当然子供であり、子供が使う言語は大部分子供自身がつくったものになるはずであり、そのため、言語を話す個人と同じだけ言語がふえることになり、さらに、いかなる特有語法にもそれが確定する時間を与えてくれない、ところ定めぬ放浪の生活が力を貸す。なぜならば、あることを母親に要求するために子供が使わなければならない言葉を、母親が子供に口伝えに教えるといったところで、それはすでに形成された言語をいかに教えるかを巧みに示してくれてはいても、いかに形成されるかは教えてくれない。

この第一の難点が克服されたと想定してみて、しばらく、純粋な自然状態と言語使用の欲求とのあいだにあったにちがいない広大な時間を飛び越え、言語が必然的なものだと想定して（XIII）、言語がどのようにして確立されはじめるのかを探究してみよう。これがまえのものよりもさらにひどい新たな難点であるのは、人間が考えることを学ぶのに言葉が必要であったとすれば、言葉の技術を見出すためには、考える術を心得ることがさらに必要であり、声音がいかにしてわれわれの観念の合意のうえに成り立っている媒介として受け取られるようになったかを理解しても、感覚の対象とならず、身振りや声によって指示されえない観念に対して、この合意による媒介がどんなものでありえたかを知ることが、相変わらず残っており、したがって、観念を伝え、精神のあいだの交流を確立するこの技術の誕生について、我慢しうる推測をかろうじて行ないうるからにすぎない。この崇高な技術は、すでにその起源からあまりに遠ざかっており、まだその完成から驚くほどかけ離れていると哲学者は見ているので、時の経過が必然的にもたらす変化が、その完成に都合のよいように停止させられ、偏見がアカデミーから出ていくかアカデミーのまえで沈黙し、アカデミーが中断なく数世紀ものあいだこの難題に専心できるときに完成の域に達すると、大胆にも断言できるほどの人はいない。

人間の最初の言語活動、もっとも普遍的でもっとも力強い言語活動、集まった人々を説得しなければならなくなるまえに、人間が必要とした唯一の言語活動は、自然の叫び声である。この叫び声は、切迫した場合に一種の本能によって、大きな危険には援助を、激しい苦痛にはその軽減を頼むためにとっさに出たものにすぎず、もっと穏やかな感情が支配している生活のありふれた流れのなかで頻繁に使われるものではなかった。人間のさまざまな観念が拡大し、ふえはじめ、おたがいのあいだでもっと緊密な交流が確立したとき、さらに多くの記号とさらに拡大した言語活動を求めたのだ。声の抑揚をふやし、それに身振りを加えたが、身振りというものは、その本性からして、より表現力があり、その意味はそれまでに決められていた意味に左右されることが少ないのである。したがって、眼に見え動く対象は身振りにより、聴覚に訴えられる対象は模倣音によって表現されたが、身振りは、眼のまえにある事物か描写しやすい事物、それに眼に見える動き以外はほとんど示さないし、暗かったり、物体にさえぎられると役に立たなくなるから、一般的に使われず、注意力をかきたてるというよりも注意力を要求するものなので、ついにはその代わりに声を分節化することを思いついた。しかしこの分節化された音は、ある種の観念に対して同じ関係を持っていないので、制定された記号として、観念をすべてあらわすにはより適しているのである。この置き換えは、共通の合意によってのみ行なわれ、粗野な器官がまだいかなる訓練も受けていなかった人々にとってはかなり実行しにくく、その全員一致の同意には動機がなければならず、言葉の使用を確立するためには、言葉が大いに必要であったと思われるから、それ自体として、考えつくのがさらに困難な方法によってのみ行なわれえた。

人々が使った最初の単語は、人々の精神のなかで、すでに形成されている言語で使われている単語よりもはるかに広い意味作用を持っていたし、言説をその構成部分に分割することを知らないので、まず各単語に一つの文章全体の意味を与えたと、判断しなければならない。主辞と属辞、動詞と名詞を区別しはじめたとき、これはありふれた天才的な努力の賜物ではなかったのであるが、まず名詞は固有名詞の数だけしかなく、不定詞〔の現在〕〔一七八二年版〕が動詞の唯一の時であり、形容詞については、その観念が発達するのは非常に困難であったにちがいない。というのは、あらゆる形容詞は抽象的な単語であり、抽象作用とは労多くしてほとんど自然な作用ではないからである。

それぞれの対象がまず、類や種にかかわりなく、個別の名前をもらったのは、こうした最初の設定者たちがそれを区別できなかったからであり、あらゆる個体は、自然の絵巻のなかでそうであるように孤立して、彼らの知能にはあらわれたのである。一本の樫の木がAと呼ばれれば、もう一本の樫の木はBと呼ばれているのは、〔二つのものからえられる最初の観念は、両者が同じものではないということであり、両者の持つ共通点を観察するには、しばしば多くの時間を必要とし」（一七八二年版）、したがって、知識が限られていればいるほど、辞書は大きなものになった。こうした命名法全体の不便が容易に取り除かれなかったのは、さまざまな存在を共通の種による命名法のもとに配列するのに、その特性と違いを知らなければならず、観察と定義、すなわちその時代の人々が持ちえたよりもはるかに多くの博物学と形而上学を必要としたからであった。

そのうえ、普遍的な観念は、単語の助けを借りてはじめて頭のなかにはいれるし、理解力はそれを文章によってはじめて把握するものである。これが、動物はこのような観念を形成できず、それに依存する完成能力をけっして獲得できない理由の一つである。一匹の猿が、ためらわずに一つの胡桃からもう一つの胡桃へ移るとき、猿がこの種の果実についての普遍的な観念を持っており、その原型とこの二つの個体を比較すると考えられるであろうか。きっとそんなことはなく、この胡桃の一つを見たことで、もう一つの胡桃から受けた感覚印象を自分の記憶に呼び覚まし、眼はいくらか変容し、これから受け取ることになる変容を自分の味覚に伝える。普遍的観念すべては純粋に知的なものであるが、少しでも想像がまじると、その観念はすぐに特殊なものになる。木一般のイメージを描いてみてほしい。けっしてそれができずに、思わず、小さいか大きいか、葉が少ないか繁っているか、色が明るいか暗いかが眼に浮かぶにちがいなく、あらゆる木にそなわっているものだけを見ることは、意のままになるとしても、そのイメージはもはや一本の木とは似ていないであろう。純粋に抽象的な存在は、同じように眼に浮かぶか、言説によってのみ考えられる。三角形の定義のみがその真の観念を与えてくれるので、頭のなかで一つの三角形を描くとすぐに、それはある一つの三角形で、他の三角形ではなくなり、その線をはっきりさせたり、面に色をつけたりせざるをえなくなる。したがって、普遍的な観念を持つには、文章で述べなければならず、話さなければならなくなる。想像が働かなくなるとすぐに、頭は言説の助けを借りてのみ前へ進むからである。したがって、最初の発明者たちが、すでに持っているもろもろの考えにのみ名称を与えられたとすると、その結果、最初の名詞は固有名詞以外ではけっしてありえなかったということになる。

しかし、私が考えつかない方法によって、新しくあらわれた文法学者たちが、自分の観念を広げ、単語を普遍化しはじめたとき、この発明者たちの無知によって、その方法は非常に狭い領域に限られたにちがいない。まず、文法学者たちが、類とか種というものを知らないので、個体の名前をあまりにふやしすぎたのと同じように、次にはさまざまな存在をそのあらゆる違いによって考察しなかったので、類や種をあまりに少なくしてしまった。区分をさらに押し進めるためには、持ちえた以上の経験と知識の光が必要であり、利用しようと思った以上の研究と仕事が必要だったであろう。ところで、今日でさえ、われわれのあらゆる観察からいままで免れていた新しい種が毎日発見されているとすれば、事物を最初の一目でしか判断しなかった人々には、どれほどの種が見逃されていたはずであるかを考えてみたほうがよい。もっとも原始的な綱目ともっとも普遍的な概念についても、それがさらに捉えられなかったはずだとつけ加えるまでもない。たとえば、物質、精神、実体、様態、形態、運動といった単語をどのようにして想像したり、理解したりしたのであろうか。というのも、哲学者たちは、ずっと以前からこうした単語を使ってはいるが、自身理解するのに大いに苦労しており、こうした単語に結びついている観念は、純粋に形而上学のものであり、自然のなかにはいかなるその原型も見出せなかったからである。

私はこの最初の数歩で立ちどまり、審査員がここで読むのを中断して、具体的な名詞のみの発明を根拠に、すなわち言語のなかでもっとも見出しやすい部分を根拠にして、人間のあらゆる思考を表現し、一定不変の型をとり、公衆のなかで語られ、社会に影響を及ぼすようになりうるために残されている道程を考察していただきたい。また数や(XIV)抽象語や定過去や動詞のあらゆる時制や小辞や統辞法を見出し、文章や推論を結び合わせ、言説の論理のすべてを形づくるために、いかに時間と知識が必要であったかを熟慮してくださるようにお願いする。私としては、難点がふえてくるのを恐れ、言語が純粋に人間的な手段によって生まれ確立されえなかったということがほぼ証明されたと確信し、言語の制定にとってすでに結合した社会が必要なのか、それとも社会の成立にとってすでに発明された言語が必要なのかという、この困難な問題の議論はそれを企てようとする人に任せておくことにする。

こうした起源がどうであれ、人々を相互の欲求によって近づけ、言葉の使用を容易にするのに、自然がほとんど配慮を払わなかったことからしても、いかに自然が人間の社会性を準備することが少なかったか、人間のあいだの絆を確立するために、人間が行なったすべてのことに、自然がいかに寄与することが少なかったかが少なくともわかる。実際、この原初の状態において、猿や狼がその同類を必要とするよりむしろ、なぜ人間がほかの人間を必要とするのかを想像することはできないし、たとえその必要性を想定しても、いかなる動機で、そのほかの人間の欲求を満たすようにさせるのか、また、この最後の場合に、おたがいにその条件を取り決められるのかさえも想像できない。この状態における人間ほど悲惨なものはなかったと、われわれにたえずくりかえし言われているのを私は知っているが、私が証明したと思っているように、幾世紀もたったあとではじめて、その状態から出る欲望と機会を持てたのが真実であれば、自然を責めるべきで、自然がそのように構成した人間を責めるべきではないであろう。しかし、私がこの「悲惨な」という用語をよく理解しているとすれば、その単語はまったく意味がないか、あるいは苦しい欠乏と身体と魂の苦悩をのみ意味しているのである。ところで、心が平静で身体が健康で自由な存在にとって悲惨さの種類がどんなものでありうるかを、私に説明してほしいのである。社会生活と自然生活のどちらが、それを享受している人々にとって我慢できなくなりやすいかを、私はたずねているのである。われわれのまわりに自分の生存を嘆いている人々ばかりを眼にしていて、自分でできるかぎり、生命を棄てる何人もの人さえいる。そうして神の戒律と人間の法律を合わせても、なかなかこの無秩序をくい止められない。自由な状態にある未開人のだれかが、ただ生活を嘆いて自殺しようと考えたということを、かつて聞いたことがあるのかと私はたずねている。したがって、もっと謙虚に、どちら側に真の悲惨があるかを判断してもらいたいのだ。反対に、知識の光に眼がくらみ、情念に苦しめられ、自分の状態とは違う状態について推論する野生の人ほど悲惨なものはなかったであろう。野生の人が潜在的に持っていた能力は、それを発揮する機会があってはじめて発達し、適当な時期になる前には余分なものであったり、重荷であったり、必要な場合に間に合わなかったり、無駄にならないようにしたのは、ある非常に賢明な摂理によるものであった。野生の人は、ただ本能のなかに自然状態に生きるために必要なものすべてを持っていたが、みがかれた理性のなかには社会で生きるために必要なもののみがある。

まず、この状態にある人々はおたがいにいかなる種類の精神（道徳・社会）的な関係や既知の義務も持っていないので、善良でも悪辣でもありえず、悪徳も美徳も持っていなかったと思われる。しかし、こうした単語を肉体的な意味にとって、個体のなかにある固有の自己保存を損ないかねない性質を悪徳と呼び、それに役立つような性質を美徳と呼ぶならば別である。その場合には、自然のたんなる衝動にもっともさからわない人を、もっとも有徳の人と呼ばなければならないことになるであろうが、普通の意味からはずれずに、このような状況についてわれわれが下せる判断をやめて、われわれの偏見に頼らないほうがよい。それよりも、公平の秤を手に持って、文明人のあいだに悪徳よりも美徳のほうが多いかどうか、あるいは文明人の美徳はその悪徳が有害である以上に有益なのかどうか、あるいは文明人の知識の進歩は、おたがいに行なうべき善を学ぶにつれて、おたがいが行なっている悪の十分な償いとなっているのかどうか、あるいは、結局のところ、普遍的な依存関係に従って、なにも与えてやる義務のない人々からすべてを受け取らなければならないよりは、だれからの悪にも恐れず善にも期待しないほうが、はるかに幸福な状態にあるのではないかを検討しなければならなかった。

とりわけ、ホッブズに賛同して、人間は善についていかなる観念も持っていないから本来邪悪であるとか、美徳を知らないから悪辣であるとか、同胞に対して義務だと思わない奉仕はいつも拒否するとか、必要なものに対して当然の権利があるとして、人間は愚かにも宇宙全体の唯一の所有者であると思い込んでいるといった結論は出さないようにしよう。ホッブズは自然権についての近代のあらゆる定義の欠点を非常によく見きわめたが、自分の定義から得る結果は、彼がやはり自然権を間違った意味に取っていることを示している。この著者は自分が確立した原理にもとづいて推論を行ない、自然状態は、われわれの自己保存への配慮が他人の自己保存にとってもっとも害にならない状態だから、したがってこの状態は平和にもっとも適し、人類にもっともふさわしいといわなければならなかったはずであった。ところがまさしく反対のことを語り、野生の人の自己保存のための配慮のなかに、不当にも、社会の産物であり、そのために法律が必要となった数多くの情念を満足させたいという欲求を入れてしまった。悪人とは頑強な子供であるといういうが、(一〇)野生の人が頑強な子供であるかどうかはわからないままだし、それを認めるとしても、それからどんな結論を出すのであろうか。こうした人間が頑強なときに、弱いときと同じように他人に依存していれば、どんな極端なことでもやりかねない。母親が乳を与えるのが遅すぎれば母親をなぐり、弟の一人から不愉快なめにあわされれば締め殺し、他人の脚がぶつかったり邪魔になったりするとその脚に咬みつくであろう。しかし、頑強であって依存しているのは、自然状態にあっては矛盾した二つの想定であり、人間は依存しているときは弱いものであり、頑強になるまえに解放されているのである。法学者たちが主張しているように、未開人にその理性を使用させないようにしている原因そのものが、ホッブズ自身主張しているように、同時に未開人にその能力を濫用させないようにしているということが、ホッブズにはわからなかった。したがって、未開人は善人とはなにかを知らないから、まさしく悪人ではないといえるであろう。なぜなら、未開人に悪を行なわせないのは、知識の光の発達や法律の拘束によるのではなく、情念が穏やかで悪徳を知らないからであり、「ある人々が悪徳を知らないのは、ほかの人々が美徳を知っているよりも有益である。(一一)」そのうえ、ホッブズが気づかなかったもう一つの原理がある。それは、ある状況において、人間の利己愛の残虐さを和らげるために、あるいは、この利己愛(XV)の発生以前には自己保存の欲望を和らげるために人間に与えられている、同胞の苦しみを見るのを避ける生来の嫌悪感から自分の幸福を追求する熱意を緩和するという原理である。私は、人間の美徳のもっとも極端な中傷者（一二）といえども認めざるをえなかった唯一自然の美徳を人間に与えても、なんら恐れるべき矛盾があるとは思わない。私は憐れみの情について語っているのだが、それはわれわれと同じように弱く、同じように不幸になりやすい存在にはふさわしい素質であり、人間にとって、あらゆる熟考の習慣に先立っているから、ますます普遍的で有益であり、獣さえもときにはその徴候を示すほど自然な美徳である。母親の自分の子供に対する愛情や、子供を危険から守ろうとして冒す危険については言うまでもない。馬が生きた身体を足で踏みつけるのを嫌うのは毎日観察されているし、動物が自分と同じ種の動物の死体のそばを通るときにはかならず不安を感じるし、一種の墓をつくる動物さえもいる。屠殺場へはいって行く家畜の悲しい鳴き声は、家畜が心を打たれる恐ろしい光景から受ける印象を伝えている。『蜂の寓話』の著者が、人間を憐れみ深く感受性のある存在として認め、その例をあげるにあたって、野外で一匹の野獣が一人の子供を母親の胸から奪い取り、か弱い手足をその恐ろしい牙で咬みくだき、爪でその子供のぴくぴく動くはらわたをひき裂くのを見ている囚人の悲痛な姿をわれわれに示すために、自分の冷静で細やかな文体から逸脱するのを見て、うれしく思うのである。まったく個人的な利害にかかわらない出来事を見て、いかなる恐ろしい動揺も感じないでいられるであろうか。この光景を見て、気を失っている母親にも、死にかかっている子供にも、いかなる救いの手もさしのべられなければ、どのような苦悩も覚えないでいられるであろうか。

　これがあらゆる熟慮に先立つ自然の純粋の動きであり、これが自然の憐れみの情の力であり、もっとも堕落した習俗でもまだ容易にこの憐れみの情の力を破壊できないでいる。〔自分のせいではない不幸にあまりに心を動かされやすい、残忍なスルラ[一三]や、もしくは、自分の命令によって毎日殺される多くの市民の叫び声を無感動に聞いているのに、アンドロマコスやプリアモスに同情して嘆く自分を見られるのを恐れ、どのような悲劇の上演にもあえて出席しなかった、あのフェロスのアレクサンドロス[一四]に似て〕暴君の地位につけば、敵の苦痛をますますひどくしかねない人が、不運な人の不幸に同情し涙を流すのが、毎日われわれの劇場で見られるのである。

〔いとも優しき心こそ、
自然より人類に贈られたもの、
涙を与えられたのがその証拠。〕（一七八二年版）

マンデヴィルは、自然が理性の支えとして憐れみの情を人間に与えなかったとすれば、人間はその精神（道徳・社会）性のすべてをもってしても、怪物にすぎなかったであろうとは十分に感じてはいたのだが、このただ一つの特質に、彼が人間に認めようとしない社会的な徳のすべてが由来しているとは気づかなかった。実際、恩恵とか寛大さとか人間愛というものは、弱者や罪人や人類一般に適用された憐れみの情でなければ、なんであろうか。親切や友情さえ、それを正しく理解するなら、特定の対象に向けられた、つねに変わらぬ憐れみの情から生まれたものである。なぜなら、だれかが苦しまないようにと望むのは、その人が幸福であるように望むことにほかならないではないか。同情とは苦しんでいる人の身になる感情、野生の人にあっては漠然としているが激しく、社会人にあっては発達しているが弱い感情にすぎないのがたとえ真実であろうと、こうした考えが、私の語る真実をさらに強力なものにするという以外にどのような重要性があるだろうか。実際、同情は、見ている動物が苦しんでいる動物とより深く一体化すればするほど力強くなるであろう。ところで、この一体化は理性を使う状態より自然状態のほうがはるかに緊密なものであったにちがいないことは明白である。利己愛を生みだすのは理性であり、それを強めるのは熟慮である。人間に自分のことにばかりかかずらわせるのが熟慮であり、人間を妨げ苦しめるものすべてから離れさせるのが熟慮である。すなわち、人間を孤立させるのは哲学であり、苦しんでいる人を見て心ひそかに、滅びたければ滅んでしまえ、私は安全だというのも、哲学のせいである。哲学者の静かな眠りを乱し、ベッドから起きださせるのは、もはや社会全体の危機だけでしかないのだ。哲学者は、自分の家の窓の下で同胞が殺されてもおかまいなしで、自分のなかで反抗する自然が殺される人と自分を一体化させないように、耳に手をあて、少々理屈をこねるだけでよいのだ。野生の人はこのようなずばぬけた才能は持ち合わせず、知恵も理性もないので、いつも人間愛というこの最初の感情に軽率にも身をゆだねがちである。暴動や街の喧嘩に下層民は集まってくるが、慎重な人間は遠ざかる。争う人々を引きわけ、紳士たちがたがいに殺し合いをしないようにするのは下層民であり、市場の女たちである。

したがって、憐れみの情は自然の感情であるのはたしかで、各個人において自己愛の活動を和らげ、種全体の相互保存に協力している。われわれが苦しんでいる人々を見て、よく考えもしないでわれわれを助けに向かわせるのは憐れみの情であり、自然状態において、法律や習俗や美徳の代わりに、だれもがその優しい声にさからう気にならないというあの長所を持っているのも憐れみの情であり、頑強な未開人がみんな、自分の食料はよそで見つけられるのを予期していれば、弱い子供や病弱の老人が苦労して手に入れた食料を奪わないようにするのは、憐れみの情である。「他人からしてもらいたいように他人にもせよ」(二五)という、理性にもとづいた正義から生まれるあの崇高な格率に代わって、「できるだけ他人の不幸を少なくして、自分の幸福をはかれ」という、それほど完全ではないが、先の格率よりおそらくもっと役に立つ、自然の善性から生まれるあのもう一つの格率をすべての人に抱かせるのは、憐れみの情である。要するに、教育により教えられる格率とは関係さえなく、すべての人間が悪を行なうときに感じる嫌悪感の原因を求めなければならないのは、巧妙な議論のなかよりもむしろ、この自然の感情にである。理性によって徳を獲得することは、ソクラテスやそれと同質の人々のすることであっても、人類の存続が、人類を構成する人々の理性の行為にのみ依存するのであれば、ずっと以前に人類はもう存在しなくなっていたであろう。

それほど能動的でない情念と非常に有益な自制力を持って、人間は邪悪というよりも粗野で、他人に危害を加えようとするよりも、自分が受けるかもしれない危害から身を守ることに留意し、非常に危険な争いは行なわなかった。またおたがいにいかなる種類の交渉もなく、したがって、虚栄心も尊重の気持も尊敬の念も軽蔑も知らず、君のものと自分のものという観念は少しもなく、正義についてのいかなる真の考えもなく、受けるかもしれない暴力を、容易に代償をえられる不幸とみなして、罰すべき不正とはみなさず、石を投げつけられると、その石に咬みつく犬のように、おそらく機械的にとっさの場合は別だが、復讐を考えさえしなかったから、喧嘩は、食物よりも強く心を動かされる理由がない場合、血を見る結果になるのはまれであったであろう。しかし、私にはもっと危険な理由が眼に浮かぶから、それについて語らなければならない。

人間の心を動かす情念のなかには、異性をおたがいに必要にさせる、燃えるような激しい情念が一つある。この恐るべき情念は、あらゆる危険をものともせず、あらゆる障害を払いのけ、人類を保存させるためとはいえ、熱狂すると人類を破壊しかねないように思われる。この抑制力のない乱暴な激情に、恥も慎みもなくとらわれて、毎日自分の血を流して愛の争いをするならば、人間はどうなるのであろうか。

まず、情念が激しくなればなるほど、情念を抑えるために法律が必要になるということを認めなければならないが、情念にかられて毎日われわれのあいだでひき起こされている無秩序と犯罪は、その点で法律の不十分さを十分に示しているほかに、この無秩序が法律そのものといっしょに生まれなかったかどうかを、さらに検討するのもよいであろう。なぜなら、その場合、法律がそういう無秩序を抑えられるときには、法律がなければ存在しないような悪を阻むことこそ、法律に要求すべき最小限のことであろうから。

まず恋愛感情のなかで、精神（道徳・社会）的なものを肉体的なものから区別しよう。肉体的なものは、異性を結びつけようとするあの一般的な欲望であり、精神（道徳・社会）的なものは、その欲望を決定し、ひたすら唯一の対象に固定するか、それとも、選ばれたその対象のために、より高度の精力を与えるものである。ところで、恋愛のなかの精神（道徳・社会）的なものは、人為的な感情であるのは容易にわかる。それは社会の慣習から生まれ、女性たちが自分たちの支配力を確立し、服従しなければならない性を支配者にしようとして、女性たちによって大いに巧妙に配慮をこめてほめたたえられている。この感情は未開人が持ちえない長所や美についてのある観念と、未開人が行なえない比較にもとづいているので、未開人にはほとんど存在しないはずである。なぜなら、その知能では均整や釣り合いという抽象的な観念を形成できなかったように、その心もまた感嘆の念や恋愛感情を受け入れがたい。たとえこうした感情は、それに気づかなくとも、こうした観念の適用から生まれるからである。未開人は、自然から受け取った情欲が語ることのみを聞き入れ、獲得できなかった好み〔嫌悪〕（一七八二年版）が語ることは聞き入れず、女性であればだれでもよい。

恋愛の持つ肉体的なものだけに限られ、恋愛感情をいらだたせて、その困難を増大させるあの選り好みを知らないほどに幸福なので、人々は燃えるような情欲をそれほどしばしばまた激しくは感じないはずである。したがって、おたがいに争うこともさらにまれで、残酷さも少ないはずである。われわれにひどい害を及ぼす想像力も、野生の心には少しも語りかけず、各人は静かに自然の衝動を待ち、熱狂するよりは快感を感じながら、選択もせずに身をゆだね、欲求が満たされると、すべての欲望は消える。

したがって、恋愛さえも、ほかのすべての情念と同じように、人間にとってはしばしば恋愛を有害なものにするあの激しい熱情を社会のなかでのみ獲得したということは、議論の余地がない。未開人をその獣性を満足させるためにたえず殺しあっているものとして表現することは、この意見が経験とは正反対であり、カライブ人たちが、現存する諸民族のなかで、現在まで自然状態からもっとも遠ざかることの少ない民族であり、つねにそうした情念へとさらにかり立てると思われる酷熱の気候のもとに生きているにもかかわらず、まさしく恋愛においてはもっとも穏やかであり、もっとも嫉妬にかられることが少ないだけに、ますます滑稽である。

動物のうちいくつもの種で、雌を争って、いつもわれわれの家畜小屋を血まみれにし、春にわれわれの森にその叫び声をひびかせる雄の争いから帰納によって得られる結論については、まず、自然がわれわれとは異なる別の関係をまず両性の相対的な力のあいだにはっきりと確立した種はすべて除かなければならない。だから、雄鶏の闘争は人類にとって一つの帰納によって得られる結論にはならないのである。比率がもっとよく守られている種にあっては、こうした争いの原因となりうるものは、雄の数にくらべて雌が少ないことか、もしくは雌が雄の接近をたえず拒む期間があることだけであり、これも第一の原因と同じになる。雌がそれぞれ一年のうちに二か月だけしか雄を許さないならば、この点では、あたかも雌の数が六分の五だけ少ないのと同じだからである。ところで、この二つの場合のどちらも人類には適用できない。人類は、雌の数が一般に雄の数を上まわり、未開人のあいだでさえ、雌に、ほかの種の雌のように、発情と拒否の期間の存在はけっして観察されたことがない。さらに、こうした若干の動物のなかには、種全体が同時に発情状態にはいるので、すべての熱狂、混乱、無秩序、闘争の恐ろしい瞬間が訪れるが、そうした瞬間は、恋愛にけっして周期がない人類には起こらないのである。したがって、雌を手に入れようとしてある種の動物が行なう争いから、同じことが自然状態の人間に起こると結論を出すことはできない。たとえ結論を出すことができるとしても、こうした紛争はほかの種を滅ぼさないので、われわれ人類にはそれほど害はないと少なくとも考えるべきであるとともに、社会のなかのほうが、とくに、風紀がまだいくらか重んじられ、恋する男の嫉妬や夫の仕返しが、決闘や殺人やさらに兇悪な事件を毎日ひき起こし、永遠の貞節を守るという義務が不実の人をつくるためにしか役立たず、純潔と名誉の掟そのものが必然的に放蕩を広め、堕胎を増加させている国のほうが、さらに害を与えることはきわめて明白である。

結論を下せば、器用でもなく、言葉もなく、住居もなく、戦争もなく、関係も結ばず、同胞を少しも必要とせず、同胞に危害を加えることを少しも望まず、おそらく同胞のだれかを個人的に覚えていることさえなく、森のなかをさまよい歩き、野生の人は情念にかられることはほとんどなく、自分だけで充足しており、その状態に固有の感情と知識の光しか持っておらず、自分の真の欲求だけを感じ、見て利益があると思うものしか眺めず、その知性は虚栄心と同じように発達しなかったということになる。偶然にもなにかの発見をしても、自分の子供さえ覚えていなかったのであるから、それを伝えることはなおさらできなかった。技術は発明者とともに滅び、教育も進歩もなく、世代はむなしく重なっていき、その各世代は同じ点からいつも出発し、幾世紀もが初期のまったく粗野な状態のうちに過ぎ去ってゆき、種はすでに老いているのに、人間は依然として子供のままであった。

私がこの原初の条件を想定するにあたって、これほど長いあいだ詳述したのも、破壊すべき古い誤りと根を張った偏見があり、根本まで掘り返し、不平等は、たとえ自然なものであろうとも、著述家たちが主張するほどには現実性と影響力をこの状態で持ちえないことを、真の自然状態の絵巻のなかで示さなければならないと信じたからである。

実際、人々を区別する相違のうちのいくつかは自然のものとみなされているが、人々が社会のなかで取り入れているさまざまな生活様式と習慣の産物であると容易にわかる。したがって、体質が頑強か虚弱であるか、それによって力が強いか弱いかは、身体の原初の構成によるよりも、しばしば育て方が厳しいか柔弱であるかによるのである。知能についても同じであり、教育は教養のある人々とそうでない人々とのあいだに差をつけるのみならず、教養のある人々においても教養に応じて差を広げるのは、巨人と小人が同じ道を進めば、二人がそれぞれ一歩進むごとに、巨人のほうが新たに有利になるからである。ところで、社会状態のさまざまな階層を支配している教育や生活様式の驚くべき多様性を、みんなが同じ食物を食べ、同じように生き、正確に同じことを行なっている動物的な野生の生活の単純さや画一性と比較すれば、人間相互の相違が、いかに自然状態では社会状態より少ないか、また自然の不平等が、人類においては制度の不平等によって、たしかに増大することが理解されるであろう。

しかし、自然がその贈物を分配するにあたって、たとえ人々が主張しているほどの選り好みをしているとしても、もっともひいきにされた人々が、おたがいのあいだでほとんどいかなる種類の関係も許されない事態のなかでは、他人を犠牲にしてどんな利益が得られるだろうか。恋愛のないところで、美はいかなる役に立つのであろうか。ものを言わない人々にとって才知とはなんであり、取引をしない人々にとって策略とはなんであろうか。もっとも強いものが弱いものを迫害するだろうとよくいわれているのを耳にするが、この迫害という単語がどういう意味なのかを説明してもらいたい。ある人々が暴力で支配すれば、ほかの人々はそのどんな気まぐれにも屈服し、嘆きの声をあげるだろうが、これこそまさしく私がわれわれのあいだで観察していることであり、そのようなことが、野生の人についてどうしていえるのかわからないし、野生の人に服従と支配とがどんなものかを理解させるのは、大いに骨が折れることでさえあろう。ある人間がほかの人間が摘んだ果実や、殺した獲物や、隠れ家となっている洞窟を奪えるであろうが、どうしたらその人間を服従させられるようになるのか、また、なにも所有していない人々のあいだでの従属の鉄鎖とはなんであろうか。私がある木から追われれば、それを捨ててほかの木へ行けばよいし、ある場所で苦しめられれば、ほかの場所へ行くのをだれが妨げるであろうか。私よりも相当に力が強く、さらに、相当堕落しており、相当に怠け者で、相当に狂暴で、自分はなにもしないでいて、私に無理やりにその生活の糧を供給させるような人間がいるであろうか。その人間は、私が逃げたり彼を殺したりしないようにと、片時も私から眼を離さず、眠っているあいだは注意深く私を縛っておく気にならなければならない。すなわち、彼は自分が避けたいと思う苦痛と私に与えている苦痛よりもさらに大きな苦痛に、進んで身をさらさなければならない。結局、警戒が一瞬でもゆるんだり、ふいの物音に顔をそむけたりすればどうなるであろう。私は森のなかへ二十歩も駆け出し、私の鎖は切れ、彼は生涯二度と私に再会することはない。

このような細かなことを無駄に長々と述べなくても、従属の絆というものは、人間の相互依存と人間を結びつける相互の欲求によってのみ形成されるから、一人の人間をあらかじめほかの人間なしではすまされないような事情のもとにおかなければその人間を従属させられないのは、だれでもわかるはずであり、他人なしですまされる状況は自然状態にのみ存在しているのであって、その状態では各人は束縛から自由であり、最強者の法律は実効がなくなっている。

不平等は自然状態ではほとんど感じられず、その影響はそこではほとんどないということを証明したあとでは、その起源と進歩を、人間精神のあいつぐ発達のなかで示すことが残されている。自然人が潜在的に受け取った「完成能力」や社会的な徳やそのほかの能力は、それ自体ではけっして発達できなかったことと、発達するためには、けっして起こらなかったかもしれず、起こらなければ永久に原初の構成のままにとどまっていたであろういくつもの外的な原因の偶然の協力が必要であったことを示したあとでは、種を損なうことによって、人間の理性を完成し、人間を社会的にすることによって邪悪な存在にし、非常に遠くの起点からついにはわれわれがいま見ている点にまで人間と世界をもたらしえたさまざまな偶然を考察し、関連づけることが残されているのである。

打ち明けて言えば、私が記述しなければならない出来事は、いくつもの起こり方がありえたのであるが、私はその選択を推測によってしか決定できない。しかしこうした推測は、事態の本性から得られるもっともありうべきものであり、真理を発見するために用いることのできる唯一の手段であるときは、道理となるばかりではなく、私の推測から導き出そうとする帰結も、そのために推測ではなくなる。というのも、いま確立したばかりの原理にもとづけば、私に同じ結果をもたらさず、同じ結論を得られないようななにか別の体系を形成することはできないからであろう。

以上のことから、真実らしさの少ない出来事を、どのようにして時の経過が埋め合わせるかについて、非常に軽微な原因でもそれがたえず作用すると驚くべき力を発揮することについて、一方では若干の仮説を破壊できないのに、他方ではその仮説に事実と同じ程度の確実性を与えられないことについて、二つの真実が実在のものとして与えられ、未知のまたは未知とみなされている一連の介在的事実によってそれを結びつけなければならないとき、その二つの事実を結びつける事実を提供するのは、歴史というものがあれば歴史の役割であり、歴史がなければ、その二つの事実を結びつけられる類似の事実を決定するのは哲学の役割であることについて、最後に、いろいろな出来事について、比較によって、さまざまな真実を想像される以上にはるかに少数の異なった分類にわけるということについて、私の熟慮の成果を述べなくてもよいであろう。こうした問題を、審査員の方々の考察の対象としてささげれば、それで私には十分であり、一般読者がそれを考察しないですむようにしておけば、私にとって十分である。

第二部

ある土地に囲いをして、「これはおれのものだ」というのを最初に思いつき、それを信じてしまうほど単純な人々を見つけた人こそ、政治社会の真の創立者であった。杭を引き抜き、あるいは溝を埋めながら、こんないかさま師のいうことを聞かないようにしよう、果実は万人のものであり、大地はだれのものでもないということを忘れれば、君たちは身の破滅だと、同胞に向かって叫んだ人は、どれほど多くの犯罪と戦争と殺人とから、どれほど多くの悲惨と恐怖とから人類を免れさせてやれたことであろうか。しかし、そのときすでに事態はかつてのままではもうつづきえないところにまできていたように思われる。なぜなら、この私有という考えは、あいついでしか発生できなかったそれ以前の多くのものの考え方に左右され、人間の知能のなかに一挙に形成されなかったからである。自然状態のこの最後の地点に到達するまでには、多くの進歩をなし、たいへん器用になり多くの知識の光を獲得し、それを時代から時代へと伝達し、増加させなければならなかった。したがって、事態をさらにさかのぼって考えなおし、そのもっとも自然な順序のなかで、そのゆるやかにあいついで起こる出来事と知識の獲得を、ただ一つの観点からまとめるように努めてみよう。

人間の最初の感情は自己生存の感情であり、最初の配慮は自己保存の配慮であった。大地の産物は人間に必要なあらゆる援助を与え、本能によって人間はそれを利用した。飢えやそのほかの欲求によって、さまざまな生き方を次々と経験したが、人間という種を永久に存続させるように促す一つの生き方があり、この盲目の傾向には、心から生ずる感情がまったくなく、純粋に動物的な行為しか生みださなかった。欲求が満たされると、両性はもはやおたがいに相手がだれだかわからず、子供でさえも、母親なしですませるようになると、もう母親にとってなにものでもなかった。

これが、生まれたばかりの人間の条件であったし、これが、最初は純粋な感覚印象に限られ、自然が与えてくれる贈物をほとんど利用せず、自然からなにかを奪い取ろうと考えない動物の生活であった。しかし、やがて困難があらわれ、困難を克服することを学ばなければならなかった。木が高ければ、それは果実に手の届く妨げとなり、その果実で身を養おうとする動物との競争があったり、人間の生命そのものをねらう狂暴な動物がいたり、こうしたことすべてに備えて、身体の訓練に専念しなければならず、敏捷で、走るのが速く、戦うときには強くならなければならなかった。木の枝や石という自然の武器は、やがて人間の手に入った。自然の障害をのり越えたり、必要とあればほかの動物たちと戦ったり、人間そのものを相手にしてまで生活の糧を争ったり、あるいは最強者に譲らなければならなかったものを埋め合わせるにたりうることを学んだ。

人類が拡散してゆくにつれて、人間とともに苦労もその数をました。土地や気候や季節の違いが、いやおうなしに人間の生活様式のなかに相違を持ち込んだのかもしれない。すべてのものを滅ぼしつくす不毛の年、長く厳しい冬、焼けつく夏は、人間に新たな器用さを要求した。海や川の沿岸では、釣糸と釣針を発明し、漁師となり漁猟民族となった。森では、弓と矢をつくり、狩人となり戦士となり、寒い地方では、殺した獣の皮で身をおおい、雷や火山、あるいはなにか幸運な偶然によって火を知り、それが冬の厳しさに対する新たな手段となり、この元素を保存し、ついで再生させるのを学び、最後にはいままで生《なま》でむさぼり食べていた肉を調理するのを学んだ。

さまざまな存在を自分自身のため、またおたがいのために繰り返してこのように利用したために、自然に人間の精神のなかには、ある種の関係についての知覚が生まれたにちがいなかった。大、小、強、弱、遅、速、臆病、大胆、必要に応じて比較されるが、ほとんどそんなことを考えもせずに使われる、そのほかの同じような観念をあらわす単語によってわれわれが表現しているこうした関係は、ついには人間にある種の考察、いやむしろ自分の安全にもっとも必要な配慮を教えてくれる無意識の慎重さを生みだした。

こうした発達の結果生まれる新たな知識の光によって、ほかの動物に対する優越性を知り、その優越性は増大した。動物に罠をかける練習をし、いろいろな方法で動物をだまし、若干の動物は戦うときには力で、走るときには速さで人間よりはまさっているとはいえ、時がたつとともに、人間は自分に役立ちうる動物に対してはその支配者になり、自分に害を与えるかもしれない動物に対してはその災いとなった。このようにして、人間が自分自身に向けた最初の視線は、最初の高慢な心の動きをそこに生みだした。このようにして、まだほとんど序列を区別できないのに、種として自分が第一位であると考えて、個人として早くからその地位を要求しようとそなえていた。

人間とその同胞との関係は、われわれと同胞との関係とは異なり、ほかの動物に対するのと同じように同胞ともほとんど交渉がなかったとはいえ、同胞が観察の対象とならないわけではなかった。時がたつにつれ、同胞のあいだや、異性と自分のあいだに気づきえた一致点によって、いままで気づかなかった一致点について判断し、同胞みんなが同じ状況におかれたならば自分もしたように行動するのを見て、同胞の考え方や感じ方がまったく自分と一致していると結論を下し、この重要な真理は人間の精神のなかにはっきりと確立され、弁証法と同じように確実だがさらにすばやい予感から、自分の利益と安全のため同胞に対して守るのがふさわしい行為についての最良の規則に従った。

安楽への愛が人間の行動の唯一の動機であるということを経験によって学び、利害をともにするために同胞の援助をあてにできるはずのまれな場合と、競争のために同胞を警戒しなければならないさらにまれな場合とを区別できるようになった。最初の場合は、家畜の群れのように同胞と結びつくか、せいぜいなんらかの種類の自由な協同によって結びついた。この協同はだれも拘束せず、またその協同を形成させた一時的な欲求があるあいだしか持続しなかった。第二の場合、それぞれ、そうできると思えば公然と力で、自分が弱いと感ずれば、巧妙さや狡猾さを用いて、自分の利益を得ようとした。

これが、人間が知らず知らずのうちに相互の約束と、それを果たすことの有利さについて、なにか荒削りの考えをいかにして獲得できたかを示しているが、それはたんに眼のまえに見える利益がそれを要求しうる場合にかぎられた。なぜなら、先を見通す力というものは人間にとってなんの意味もないことであり、遠い将来のことを心配するどころか、翌日のことさえ考えなかった。鹿を捕える場合には、各人が自分の持場を忠実に守らなければならないと十分に感じていたが、一匹の兎がだれか一人の手の届くところを通りすぎれば、疑いもなく、その人はなんのためらいもなく兎を追いかけ、獲物を捕えたら、自分の仲間が獲物を取り逃すことなど、ほとんど気にもかけなかった。

このような交流では、ほぼ同じように群れている烏や猿以上にはるかに洗練された言語活動を必要としなかったと、容易に理解できる。分節化されない叫び声、多くの身振り、いくつかの模倣音が長いあいだ普遍的な言語を構成していたにちがいない。この普遍的な言語に、それぞれの地域で、私がすでに述べたように、どうして制定されたか説明するのがあまり容易でないいくつかの分節化された合意による音が加わり、特殊だが粗野で不完全な、おおよそ今日のさまざまな未開の民族が持っているのと同じような言語を持ったのであった。流れゆく時と、私が語るべきことの多さと、初期のほとんど目につかない進歩のために、やむをえず私は多くの世紀を矢のように駆け抜ける。なぜなら、あいついで起こる出来事がゆるやかであればあるほど、その記述は速くなるからである。

こうした最初の進歩によって、ついに人間はよりすみやかに進歩をするようになった。知能が発達すればするほど、器用さはますます完璧になった。やがて、どこでも木の下で眠ったり、洞窟のなかに引きこもったりするのをやめて、堅くてよく切れる石の斧のようなものを見出し、それは木を切ったり、土を掘ったり、木の枝で小屋をつくったりするのに役立だった。ついで小屋を粘土や泥で塗り固めようと思いついた。これが家族の成立とその区別とを形成し、一種の私有を導入した最初の革命の時代であり、私有からはおそらくすでに多くの争いや戦いが生じた。しかしながら、強い者こそ住居をつくっても、それを守れると感じたおそらく最初の人だったのであるから、弱い者は強い人を立ちのかせようとするよりは、そのまねをするほうがより簡単で確実だと思ったと信ずべきであるし、すでに小屋を持っていた者についていえば、どの人間も隣人の小屋を自分のものにしようとはほとんどしなかったにちがいない。というのも、小屋が自分のものでないからではなく、自分に無用のものであり、そこに住んでいる家族と非常に激しい闘争を行なう危険を冒さなければ、それを手に入れられなかったからである。

心情の最初の発達は、共通の住居のなかに夫と妻、父と子とを結びつけた新しい状況の結果であり、いっしょに生活するという習慣から、人間の知っているもっとも優しい感情、夫婦愛、父性愛が生まれた。それぞれの家族は、おたがいの愛着と自由がその唯一の絆であっただけに、さらに緊密な小さな社会となり、そのとき、それまではただ一つの生活様式しか持っていなかった両性の生活様式に、最初の相違が確立したのであった。女性はさらに家にこもりがちになり、小屋と子供たちを守ることに慣れたのに対し、男性はみんなの生活の糧を捜しに行った。両性はまたいままでよりもいくらか柔弱な生活の結果、狂暴さと力強さをいくぶん失いはじめたが、各人ばらばらでは野獣と戦うのにさらにふさわしくなくなったとしても、逆に共同して野獣に抵抗するために集まるのは、より容易になった。

この新しい状態で、簡素で孤独な生活と、非常に限られた欲求と、それを充足するために発明された道具を持つようになって、人間は非常に大きな余暇を楽しみ、父祖には知られていなかったいろいろな種類の便利なものを手に入れるためにその余暇を使ったのだが、それは、人間が気づかずに自分に課した最初の束縛であり、子孫のために準備した不幸の最初の源であった。なぜなら、人間はそのようにして肉体と精神を軟弱にしつづけたばかりか、そうした便利なものが習慣となった結果、その楽しみがほとんどすべて失われ、同時に真の欲求に変質してしまい、それを奪われる苦しみは、それを手に入れることが心地よかっただけに、いっそう残酷なものになったからであり、便利なものを手にしていても幸福ではないのに、それを失えば不幸だった。

ここで、言葉の使用がそれぞれの家族のなかで気づかれないうちに確立され、あるいは、完成したかを、もっとよくかいま見ることになる。さらに、さまざまな特殊な原因により言語活動が拡大され、必須なものとなることによって、さらにいかにしてその進歩を加速しえたのかを、推測できる。大洪水や地震が、人間の住む地域を水や崖で取り囲み、地殻の変動が大陸の一部を切り離して島にした。このようにして近づけられ、共同の生活を余儀なくされた人々のあいだで、大陸の森のなかで自由にさまよっていた人々以上に、一つの共通の方言が形成されるにちがいなかったと、察しがつく。したがって、島の住人が最初の航海を試みたのち、われわれのあいだに言葉の使用をもたらしたということは、大いにありうることであり、社会と言語が島で誕生し、大陸で知られるまえに島で完成したというのは、少なくとも、大いに本当らしく思われる。

すべての様子が変わりはじめる。これまで森のなかをさまよっていた人間は、より固定した安住の地をえたので、次第に近づきあい、結合してさまざまな群れとなり、ついには、規則や法律によるのではなく、同一の種類の生活と食糧や気候による共通の影響を受け、風俗と性格の一致した個別の民族をそれぞれの地域で形成する。たえず隣あっているのだから、異なった家族のあいだに、ついにはなんらかの結びつきが生まれないわけにはゆかない。男女の若者たちが隣あった小屋に住んでいて、自然が要求する一時的な交わりは、やがておたがいにかよいあったために、同じように心地よくて、もっと永続的なもう一つ別の交わりをもたらすのである。さまざまな対象を考察し、比較することに慣れ、選り好みの感情を生みだす長所と美についての観念を気づかないうちに獲得するのである。おたがいに顔を合わせることにより、また顔を合わせずにはもはやいられなくなる。愛情のこもった優しい感情が魂のなかに忍び込み、ほんの少しの反対にあっても、猛烈な熱狂となり、嫉妬心が愛とともにめざめ、不和が勝利をおさめ、もっとも優しい情念までが人間の血によりいけにえを受ける。

観念と感情が次々に起こり、頭と心が働くようになるにつれて、人間はおたがいに親しくなってゆき、結びつきは広がり、絆は緊密になる。小屋のまえや大きな木のまわりに集まることに慣れ、恋愛と余暇から生まれる本当の子供である歌と踊りが、なすこともなく集まった男女の楽しみ、いやむしろ仕事となった。各人が他人を眺め、自分も眺められるのを望むようになりはじめ、みんなの尊敬が一つの価値を持った。もっとも上手に歌ったり踊ったりする人、もっとも美しい人、もっとも強い人、もっとも巧みな人、あるいはもっとも雄弁な人が、もっとも尊重されるようになり、それが不平等への、同時に悪徳への第一歩であり、この最初の選り好みから、一方では虚栄と軽蔑が、他方では恥辱と羨望が生まれ、こうした新しい酵母が原因となって発酵し、ついには、幸福と無邪気さにとっては不吉な合成物が生みだされた。

人間がおたがいに相手を評価しはじめ、尊重という考えが人間の頭のなかに形成されるとすぐに、だれもがその権利を主張し、もはやだれにとってもそれを欠いては、そのままではすまされなくなった。ここから、礼儀作法の最初の義務が、未開人のあいだにさえ生まれた。ここから、いっさいの故意の過失は侮辱となった。というのは、侮辱された者は、その過失から受ける被害とともに、被害そのもの以上にしばしば我慢のならない自分に対する軽蔑をそこに見てとったからである。このようにして、おのおの自分に対して示された軽蔑を、自分自身を尊重する程度に応じて罰したので、復讐は猛烈になり、人間は血を好み、残酷になった。これが、われわれに知られている大部分の未開民族が到達している段階であるが、十分に考えを区別し、こうした民族がすでに最初の自然状態からいかにかけ離れているかに気づかなかったため、何人もの人々が、人間は本来残酷なものであって、それを和らげるためには政治的秩序が必要なのだと性急に結論を下した。ところが、原初の状態にある人間ほど穏やかなものはなく、その場合、人間は、自然によって獣の愚かさと社会人の不幸な知識の光とからひとしくかけ離れた場所におかれ、本能と理性とによってひとしく自分を脅かす害悪から身を守るだけで、自然の憐れみの情によってだれかにみずから危害を加えるのを抑えられ、危害を受けたあとでも危害を加える気にはどうしてもならなかった。なぜなら、賢明なるロックの公理によれば、「私有なきところに不正なし」(一)であるからである。

しかし、社会ができ、人間のあいだの関係がすでに確立されていたため、人間の原初の構成から受け継いでいた性質とは異なった性質が要求され、精神(道徳・社会)性が人間の行動のなかに導入されはじめ、法律ができるまでは、各人が自分の受けた侮辱に対する唯一の裁判官であり復讐者であるので、純粋の自然状態にふさわしい善良さは、もはや生まれたばかりの社会にはふさわしくなく、侮辱の機会がますます頻繁になるに従って、罰がますます厳しくならざるをえず、復讐への恐怖が法律による束縛の代わりになったことに注意しなければならない。このようにして、人間は忍耐力がなくなり、自然の憐れみの情はすでにいくらか変質していたにしても、人間の能力の発達のこの時期は、原初の状態ののんきさと、われわれの利己愛の手に負えない活動とのまさに中間に位置し、もっとも幸福でもっとも永続的な時期だったにちがいなかった。このことを考察すればするほど、この状態はもっとも革命が起こりにくい、人間にとって最良の状態であり(XVI)、共通の利益のためにはけっして起こってはならなかったなにか不幸な偶然によってのみ、人間はこの状態から離れなければならなかったということがわかる。この点で発見されたほとんどすべての未開人の例は、人類が永久にその状態にとどまるようにつくられており、この状態は世界の真の青年期であること、それ以後のすべての進歩は、外見は個体の完成へと向かいながらも、実質は種の老衰へと向かって歩んだということを確認しているように思われる。

人間が粗雑な小屋で満足しているかぎり、毛皮の衣服を魚の棘や骨で縫い、鳥の羽根や貝がらで身を飾り、身体にさまざまな色を塗り、弓矢を改良したり美しく飾ったり、よく切れる石でいくつかの漁業用の小舟や素朴な楽器をつくることにとどまっているかぎり、要するに、人間が一人でできる仕事、数人の人の手の協力を必要としない技術だけに専念しているかぎり、人間の本性によって可能なかぎり自由で、健康で、善良で、幸福に生き、おたがいに独立した状態での交際のたのしさを享受しつづけた。しかし、一人の人間がほかの人間の助けを必要とし、たった一人のために二人分の蓄えを持つことが有益だと気がつくとすぐに、平等は消え去り、私有が導入され、労働が必要となり、広大な森は、人間の汗でうるおさなければならない美しい平野となり、そこにはやがて収穫とともに、奴隷状態と悲惨とが芽ばえ、成長するのが見られた。

冶金と農業は、その発明によってこの大革命を生みだした二つの技術であった。詩人にとっては、金と銀が、哲学者にとっては、鉄と小麦が、人間を文明化し、人類を堕落させたのである。したがって、そのどちらも、アメリカの未開人には知られておらず、そのために、あいかわらず未開のままにとどまっているし、ほかの民族も、この技術の一方を欠いて一つだけを取り入れているかぎりは、野蛮のままでいたように思われる。ヨーロッパが世界のほかの部分よりも、早くとは言わないまでも、少なくともより恒常的に、よりよく政治的秩序がととのった最大の理由の一つは、おそらく、ヨーロッパでは鉄がもっとも豊富であるとともに、小麦にもっとも富んでいることである。

人間がいかにして鉄を知り、使用するようになったかを推測するのは非常に困難である。なぜなら、この物質を鉱山から採掘し、結果がどうなるかわからないのに、それを溶かすために必要な準備をすることを、自分から思いめぐらせたとは信じられないからである。他方、鉱石は、不毛な、木も草もない場所にしか形成されないから、それだけにその発見をなにか偶然の火災のせいにはできず、したがって、自然がこの不吉な秘密をわれわれから隠しておこうとあらかじめ用心をしていたようである。それゆえ、残るのはただ、ある火山が溶解した金属物質を吐きだすという異常な事態だけであり、観察者にこの自然の作用を模倣しようと思いつかせたのであろうということになるし、さらに、観察者が相当に骨の折れる仕事を企て、そこから得られる利益を相当にまえから予期できるには、多くの勇気と先を見通す力を想定しなければならない。こうしたことは、人々が当然あるべきであったよりも、すでにさらに経験をつんでいる人々にのみほぼ似つかわしい。

農業については、それが行なわれるようになるよりもはるか以前に、その原理は知られており、人間は木か草からたえず生活の糧を得るのに忙しかったのだから、自然が植物の繁殖のために用いる方法についてすぐに気がつかなかったということは、ほとんどありえないのであるが、人間の器用さは、おそらく非常に遅くなってはじめてその方面に向かったのであろう。というのは、狩りや釣りと同様に食物を提供してくれていた木は人間の世話を必要としなかったからか、それとも、小麦の利用法を知らなかったからか、それとも、小麦を栽培する道具がなかったからか、それとも、将来必要になることを見通す力がなかったからか、それとも、最後に、他人が自分の労働の産物をわがものにするのを妨げる手段がなかったからである。以前よりも器用になり、小麦の栽培法を知り、大規模な栽培に必要な道具を持つはるか以前に、鋭い石ととがった棒で自分の小屋のまわりにいくらかの野菜もしくは草の根を栽培しはじめたと思われるが、このような仕事に従事して、土地に種をまくようになるには、あとになって多くのものを得るために、最初はいくらか損をする気にならなければならないのは言うまでもないと思われる。すでに述べたように、夕方に必要なものを朝考えるのにも大いに苦労する野生の人の知能の働きには、まったく及びもつかない用心である。

したがって、ほかの技術の発明が、人類を農業の技術に専心させるために必要であった。鉄を溶かし鍛えるために人が必要になるとすぐに、その人たちを養うためにほかの人が必要となった。労働者の数がふえればふえるほど、みんなの生活の糧を供給するために使われる人手は減るが、それを消費する口は減らず、ある人々には、自分の鉄と交換に穀物が必要であったように、ほかの人々は、穀物をふやすために、ついに鉄を使用する秘密を発見した。ここから、一方には耕作と農業が、他方には金属を加工して、その使用をふやす技術が生まれた。

土地の耕作から必然的に土地の分割が起こり、ひとたび私有が認められ、最初の正義の規則が生まれた。各人がその所有物を持てるためには、各人がなにかを所有できなければならないからである。そのうえ、人間は未来に視線を向けはじめ、みんなが失いかねないなんらかの財産を持っていることに気づき、自分が他人に対して行なうかもしれない不正の仕返しを、自分のために心配しないような人はだれもいなかった。この起源は、発生したばかりの私有という考えが、手による仕事以外のところから出てくるとは考えられないだけに、ますます自然である。なぜなら、自分でつくらなかったものを自分の手に入れるために、人間は自分の労働以上のなにをそれに注げるのかわからないからである。耕作者に耕した土地の産物に対する権利を与え、したがって、少なくとも収穫期まで土地に対する権利を与えるのは、ただ労働のみであり、このようにして毎年が過ぎ、継続的に所有することになり、容易に私有に変わるのである。グロチウス(二)によれば、古代人はケレス(三)に立法者という名称を与え、その栄誉をたたえた祭典にテスモフォリア(四)という名前を与えたとき、それによって、土地の分割が新しい種類の権利を生みだしたということを意味させたのである。すなわち、自然法に由来する権利とは異なる私有の権利である。

才能が同じであり、たとえば、鉄の使用と穀物の消費がつねに正確に釣り合っていたら、この状態において事態は同じままにとどまりえたであろうが、釣り合いは、なにものによっても維持されず、やがて破れてしまい、強い者がより多くの仕事をし、器用な者は自分の仕事をより上手に利用し、創意に富む者は労働を簡単にする方法を見出し、耕作者がさらに多くの鉄を必要とするようになるか、鍛冶屋がさらに多くの小麦を必要とするようになるかして、同じように働きながら、一方は大いにかせぐのに、他方はやっと生活していた。このようにして、自然の不平等は工夫の仕方の不平等とともに気づかないうちに拡大し、人間の違いは環境の違いによって大きくなり、その結果においてますます明白になり、永続的になり、それに比例して、個人個人の運命に影響を及ぼしはじめた。

事態がこの点にまでいたれば、あとは容易に想像できる。ほかの技術のあいつぐ発明、言語の進歩、才能がうける試練とその発揮、財産の不平等、富の利用もしくは悪用、こうしたことのあとにつづく細かな点を描くことを、私はしないつもりである。そんなことはだれでも容易に補える。私はただ、事態のこの新しい秩序のなかに置かれた人類を一目見るだけにとどめておこう。

それゆえ、いまやわれわれのあらゆる能力は発達し、記憶力と想像力は働き、利己愛には利害がからみ、理性は能動的になり、知能は可能なかぎりほぼ完成の域にまで達している。いまやあらゆる自然の性質は活動し、各人の地位と運命は、たんに財産の量や人に奉仕をしたり人を傷つけたりする能力にもとづくのみならず、知能、美しさ、力、器用さにもとづいて、長所、才能にもとづいて確立される。こうした性質は、人に重んじられる唯一のものであるから、やがてそれを持っているかあるいは持っているふりをしなければならなかったし、自分の利益のためには、実際にあるがままの姿とは違った自分を示さなければならなかった。本質と外観とはまったく異なる二つのものになり、この区別から、人を威圧する豪華さと人を欺く策略と、それにともなうあらゆる悪徳が出てきた。他方、人間は自由で独立していたのに、いまや無数の新しい欲求によって、いわば自然全体に屈従、とりわけ、同胞の支配者となりながらも、ある意味ではその奴隷となって、同胞たちに屈従し、金持であれば同胞の奉仕が必要であり、貧しければその援助が必要であり、ほどほどであっても同胞なしではすませなくなる。それゆえ、人間は、たえず同胞たちから自分の運命に関心を持ってもらえるように、現実であれ見せかけであれ、自分の利益のために働いてもらうことに同胞に利益を見出してもらえるように努めなければならず、そのために、ある人々に対してはずる賢くなり、ほかの人々に対しては横柄で冷酷になり、自分が必要とするすべての人々から恐れられなかったり、その人々に役に立つように奉仕しても自分の利益にならないときには、どうしても欺かざるをえなくなる。結局、むさぼりつくす野心、真の欲求というよりも他人の上に立ちたいために、自分の相対的な財産をふやそうという熱意は、おたがいに傷つけあうという陰険な傾向と、もっと確実に成功を収めるためにしばしば好意の仮面をつけているだけに、ますます危険なひそかな嫉妬心があらゆる人間に呼びさまされる。要するに、一方では競争と対抗心、他方では利害の対立、そしてつねに他人を犠牲にして自分の利益を得ようという隠された欲望、これらすべての悪は私有の最初の結果であり、生まれたばかりの不平等から切り離すことのできない付随物である。

　富をあらわす記号（五）が発明されるまえ、富は、土地や家畜、人間が所有しうる実在の唯一の財産以外のものから成り立つことはほとんどありえなかった。ところで、遺産が数においても量においてもふえ、地上全体をおおい、おたがいにすべてが相接するようになると、そのあるものはほかのものを犠牲にすることによってのみ拡大できるようになり、弱いかまたは無頓着なために自分で自分の遺産を手に入れられないあぶれた人々が、なにも失わなかったのに貧乏になり、すべてがまわりで変化しているのに、そうした人だけが変わらなかったため、富める者の手からその生活の糧を受け取るか奪うかせざるをえなくなり、そこから、富者と貧者それぞれの異なった性格に応じて、支配と隷属あるいは暴力と略奪が生まれはじめた。富める者は富める者で、支配するという快楽を知るとすぐに、たちまちほかのあらゆる快楽を軽蔑し、新しい奴隷を従えるために古い奴隷を使い、隣人たちを征服し隷属させることのみを考えていた。ひとたび人間の肉を味わってしまうと、ほかのいっさいの食物を嫌い、もはや人間をむさぼり食うことしか望まない、あの飢えた狼に似ていた。

このようにして、もっとも強力な人あるいはもっとも悲惨な人は、その力あるいはその欲求を、他人の財産に対する一種の権利にして、彼らによれば所有権にひとしいものにしたので、平等が破られるとともに、それにつづいてもっとも恐ろしい無秩序が起こった。また、このようにして、富める者の横領と貧しい者の強奪と、万人の抑えのきかない情念が自然の憐れみの情と正義のまだか弱い声を圧殺し、人々を強欲で、野心家で、邪悪なものにした。もっとも強い者の権利と最初に占有した者の権利のあいだに、永久につづく衝突がもちあがり、それは闘争と殺人によって終わるしかなかった(XVII)。誕生間近の社会にもっとも恐るべき戦争状態がとって代わり、堕落して悲嘆にくれた人類は、もはやもと来た道を引き返すこともできず、不幸にしてみずから獲得したものを捨てることもできず、自分の名誉となるいろいろな能力を悪用することによって、ただ自分の恥になるように努めるばかりで、みずから破滅の前夜に臨んだ。

新たなる悪に驚き、富める者も貧しき者も、
富より逃れんことを願い、かつて望みしものを忌み嫌う(六)。

人間が、あれほど悲惨な状態について、自分たちがうちひしがれているさまざまな災害についてついに熟慮しなかったということはありえない。富める者だけがすべての代償を払わなければならず、生命の危険はみんな同じであるが、財産の危険は個別的である永久の戦争がいかに不利であるかを、とくに富める者はたちまち感じたにちがいなかった。そのうえ、その横奪をいかにとりつくろうとも、

その横奪はただあやふやで不当な権利にもとづいてのみ確立され、ただ力によってのみ獲得されたから、力によって奪われたとしても、それに不平をいう理由がないと十分に感じていたのである。ただ器用さによって裕福になった人々さえも自分の私有をもっと立派な理由にもとづいて根拠づけることはほとんどできなかった。この塀を立てたのは私だ、私はこの土地を自分の労働によって手に入れたのだといっても無駄であった。だれが境界線を決めてくれたのか、また、なにによって、われわれが強制をしなかった労働の代価をわれわれの犠牲において要求するのか、無数の兄弟たちは、君たちがありあまるほど持っているものを必要として死んだり苦しんだりしているのを、自分たちの生活の糧以上のものすべてを共通の生活の糧から取って自分のものにするためには、人類の特別で全員一致の同意が必要だったのを知らないのかと、彼らに返答することができた。自分を正当化するための正当な理由もなく、自分の身を守るための十分な力もなく、一個の人間を容易に踏みつぶすけれども、自分自身も盗賊の群れによって踏みつぶされ、万人に対してただ一人で、おたがいに抱く嫉妬心のために、略奪という共通の希望によって団結した敵に対抗して仲間と結びつくこともできず、必要に迫られて、富める者は、人間の頭にこれまでに入りこんだもっとも考え抜かれた計画をついに思いついたのであり、それは自分を攻撃する人たちの力そのものを自分のために使用し、自分の敵を擁護者にし、自然権が自分に不利になるのと同じように自分に有利になる、別の格率を敵に教えこみ、別の制度を敵に与えることであった。

こうした意図のもとに、隣人をみなおたがいに対立させて武装させ、その所有物を欲求と同じようにやっかいなものとし、富のなかにも貧困のなかにもだれも安全を見出せない状況の恐ろしさを隣人に示したあとで、富める者は隣人を自分の目的へと導くためのもっともらしい理由を容易につくりだした。「弱い者たちを迫害から守り、野心家を抑え、各人に属する所有物を各人に保証するために、団結しよう。すべての人が従わなければならず、だれも例外とはならず、強力な人も弱い人もおたがいの義務に従うことによって、とにかく運命の気まぐれを償う、正義と平和の規定を制定しよう。要するに、われわれの力を、われわれ自身に向けないで、賢明な法律によってわれわれを支配し、協同体のすべての成員を保護し、守り、共通の敵をはねのけ、永久の和合のなかにわれわれを維持するような一つの最高の権力に集中しよう」と、富める者は隣人たちに言ったのだ。

粗野で、おだてに乗りやすく、そのうえおたがいのあいだで解決すべき事件があまりにもたくさんあって、仲裁者なしではすまされず、あまりに強欲で野心がありすぎ、長いあいだ支配者なしではすまされなかった人々を引きこむためには、この演説に匹敵するようなものはそれほど必要でなかった。だれもが自分の自由が保証できると思って、自分の鉄鎖のまえに駆けつけた。なぜなら、政治体制の利益を感じとるだけの理性を持っていたが、その危険を見通すだけの経験がなかったからであり、その弊害をもっとも予測できる者は、まさにそれを利用しようと思っている人であり、賢者でさえも、自分の自由の一部をほかの部分の保存のために犠牲にする決心をしなければならないとわかったのである。これは負傷者が腕を切ってもらって、身体のほかの部分を救うようなものである。

これが、社会と法律の起源であったか、あるいはあったにちがいないが、社会と法律は弱い者には新たな拘束を、富める者には新たな力を与え（XVIII）、自然の自由を取り返しのつかないまでに破壊し、私有と不平等の法律を永久に固定し、巧妙な横奪を取り消すことのできない一つの権利として、若干の野心家の利益のために、以後全人類を労働と隷属と悲惨とに屈従させた。ただ一つの社会の成立が、いかにしてほかのすべての社会の成立を必要欠くべからざるものにしたか、団結した力に立ち向かうためには、いかにして自分たちもまた団結しなければならなかったかは、容易にわかる。社会は急速にその数がふえるか広がっていって、やがて地球の表面全体をおおってしまい、世界のどんな片隅でも、束縛から解放されるところは、どの人もたえず自分の頭の上に下がっている剣が見えていながら、しばしばあやまってふるわれる剣から頭をひいて避けられるところは、もうどこにも見出せなくなった。民法はこのようにして国民たちに共通の規則となったので、自然法はもはやさまざまな社会のあいだでしか行なわれなくなり、そこでは、万民法の名のもとに、交流を可能にし、自然の同情を補うために、自然法はいくつかの暗黙の合意によって緩められたし、自然の同情は、人間と人間のあいだで持っていたほとんどすべての力を、社会と社会とのあいだにおいて失ってしまい、もはや諸民族を隔てている想像上の障壁をのり越え、諸民族を創造した至高の存在の例にならって、全人類をその好意のなかに抱き込む、数人の偉大な世界主義者の魂のなかにしかもはや存在しない。

このようにおたがいのあいだでは自然状態にとどまっていた政治的組織はやがて、以前各個人を自然状態から出てゆかざるをえなくしたさまざまな不便を感じ、この状態は、これらの大きな組織のあいだにおいて、その構成員である個人のあいだでかつて不幸をもたらすものであった以上に不幸をもたらすものになった。そこから、自然を戦慄させ、理性を唖然とさせる国民間の戦争、戦闘、殺戮、復讐、人間の血を流すという名誉を美徳と同列におくあの恐ろしい偏見のすべてが生まれたのであった。もっとも誠実な人々も、同胞を殺すという義務を、自分の義務のなかに数えることを学び、ついには人間がなぜなのかもわからず、おたがいに数千人を虐殺しあうのが見られ、自然状態において、数世紀もかかり、地球の全表面で行なわれたよりもさらに多くの殺人がたった一日の戦闘で、さらに多くの恐怖すべきことがたった一つの都市を占領するにあたって行なわれた。このようなことが、人類が異なる社会に分割されたことから予想される結果であった。ここで話をその社会の制度へ戻してみよう。

　数人の人たち[(七)]がもっとも強い者の征服や弱い者の団結のような別の起源を、政治的社会に与えたということを私は知っており、この原因のどれを選んでも、私が確立しようとしていることとは無関係である。しかしながら、私がいま示したばかりの原因は、次のような理由からもっとも自然だと思われるのである。㈠　最初の例の場合、征服の権利は権利ではないので、いかなるほかの権利をも創設できない。征服者と征服された人民は、ふたたび完全に自由にされた国民が進んで征服者をその首長に選ぶのでないかぎり、つねにおたがいに戦争状態にとどまるからである。そのときまでは、どのような降伏をしたとしても、それはただ暴力だけを根拠にしており、したがって、その事実そのものによっても無意味であるから、この仮説のなかには、真の社会も政治的組織も、もっとも強い者の法以外の法もありえない。㈡　第二の場合、「強い」および「弱い」という単語が曖昧であり、私有権あるいは最初の占有者の権利の確立と政治的な支配の確立とのあいだにへだたりがあるので、この用語の意味は「貧しい」および「富んだ」という用語によるほうがうまく表現できる。じつは、人間は法律成立以前に自分と同等のものを服従させるには、相手の財産を攻撃するか、自分の財産をいくらか相手に与えるよりほかに方法がなかった。㈢　貧しい者は、自由のほかに失うべきものはなにもないから、交換してなにも得られないのに、自分に残された唯一の財産を進んで失うというのは、まったくばかげた行為であったであろうし、これに反して、富める者は、いわば、自分の財産のあらゆる部分について敏感で、損害を受けやすく、したがって、それから身を守るためにより多くの用心をしなければならず、最後に、あることがつくりだされるのは、それによって害を受ける人々よりもむしろ得をする人々によってなされたと信ずるほうが理にかなっている。

誕生間際の政府は、不変の一定の形態を持っていなかった。哲学と経験の不足のため、眼のまえの不都合にしか気づかず、ほかの不都合はあらわれるにしたがって直していこうと考えた。もっとも賢明な立法者たちのあらゆる苦労にもかかわらず、政治的な状態はつねに不完全なままであった。それが偶然の産物であり、始まりが悪く、時がたつとともにその欠点があらわになり、対策を示されても、構成の欠陥をけっして直せず、たえず繕ってばかりいたのであり、リュクルゴスがスパルタで行なったように、まず敷地を掃除して古い材料はすべて遠ざけ、それから立派な建物を建てるどころではなかったであろう。社会はまず若干の一般的な合意だけから成り立ち、すべての個人がそれを守ることを約束し、共同体はそのおのおのに対してその合意の保証人になっていた。このような構成がいかに弱かったか、公衆のみがその目撃者でありその裁判官になって裁くはずの過失について、違反者が証拠のがれをし処罰を避けることがいかに容易であったかを、経験によって教わることになったにちがいなく、法律がいろいろな方法でごまかされたにちがいない。不都合と無秩序がたえず増加してゆき、ついには公的権威という危険な保管物を数人の個人に任せようと考え、人民の議決を遵守させるという仕事を為政者に任せることになったにちがいない。なぜなら、連合が結成されるまえに首長が選ばれたとか、法律そのものよりもまえに法律の執行者が存在したということは、まじめに反駁する価値もない仮定である。

人民が最初に絶対的な支配者の腕のなかへ無条件で永久的に飛び込んだとか、共通の安全にそなえるため、誇り高く征服されない人々が考えだした最初の手段が、奴隷状態のなかに落ちこむことであったとか信じるのは、さらに道理に合っていないであろう。実際、圧制から自分たちを守り、財産や自由や生命を、いわばその存在の構成要素を保護するためでなければ、どうして自分より上位の人間を設けたのであろうか。ところで、人間と人間との関係において、ある人に起こりうる最悪のことは、別の人の思いのままになることなので、かけがえのないものを保存するために首長の助けを必要としていたのに、それを首長の手のなかへまず渡してしまうのは、良識に反することではなかったであろうか。そのように立派な権利を譲り受ける代わりに、それと同等のいかなるものを、首長は与えられたであろうか。そうして、首長が守ってやるという口実のもとにそれをあえて要求したとしても、それ以上のどのようなことを敵がわれわれにするのだろうかという、寓話(八)の返事をすぐに受け取ることにならなかったであろうか。したがって、人民が首長を設けたのは、自分たちを隷属させるためではなく、自分たちの自由を守るためであったというのは議論の余地のないところであり、あらゆる政治公法の基本的な格率である。プリニウスはトラヤヌスに、(九)「われわれが君主を持つとすれば、支配者を持たないようにしてもらうためである」と言っていた。

政治家たちは、自由への愛について、哲学者たちが自然状態について行なったのと同じこじつけを行なっており、目にしているものによって、見たこともない非常に異なったものを判断し、眼のまえにいる人々がその隷属に耐えている忍耐力から、人間には隷属への自然の傾向があるとして、自由については、無垢や美徳と同じで、その価値は、それを享受すればするだけ感じられるようになるもので、それを失ってしまうと、それへの好みはすぐに失われるということを考えない。私は君の国の幸福を知っているが、君は私の国の楽しみを知りえないと、ブラシダスは、スパルタの生活をペルセポリスの生活と比較する太守へ向かって言った(一〇)。

馴らされていない駿馬は、ただくつわを近づけるだけで、たてがみを逆立て、足で地面を踏みならし、激しく暴れ、調教された馬は忍耐強く笞や拍車を我慢するように、野蛮人は、文明人が不平をもらさずに耐える束縛に屈服せず、静かな屈従よりも、荒々しい自由を好むのである。したがって、人間の自然の性向が隷属に向いているかいないかを判断しなければならないのは、隷属した人民の堕落によるのではなく、すべての自由な人民が圧制から身を守るために行なった奇跡的な行為によるのである。隷属した人民が鉄鎖のなかで享受している平和と休息をたえず自慢するだけで、「このうえなくみじめな隷属に、平和という名前を与えている(一一)」ということを、私は知っているが、自由な民族が、唯一無二の、それを失った人々からあれほど軽蔑されている財産の保存のために、快楽や休息や富や権力、そして生命さえ犠牲にするのを見るとき、自由に生まれ、囚われるのをひどくきらう動物が、牢獄の格子で頭を打ち割るのを見るとき、多くの全裸の未開人が、ヨーロッパふうの官能を軽蔑し、飢えや火や剣や死に自由独立を守るため大胆に立ち向かうのを見るとき、自由について議論するのは奴隷たちの行なうことではないと、私は感じる。

幾人かの人々が絶対的な支配とあらゆる社会が由来した源としている父親の権威については、ロックやシドニー(二二)の反証の助けを借りずに、世の中には命令する人の役に立つことよりも、服従する人の利益のほうをより多く考慮しているこの権威の優しさほど専制主義の残忍な精神から遠いものはなく、自然法によって、父親の助けが必要であるかぎり、父は子供の支配者で、この期間を越えると、父と子は対等になり、そのときは、息子は父親から完全に独立して、父親に対して尊敬だけはしなければならないが服従しなくてもよいことを、注意すれば十分である。なぜならば、感謝はたしかになすべき義務であるが、要求できる権利ではないからである。政治社会が父親の権力から派生する代わりに、その反対に、この権力はその主要な力を政治社会からうるといわねばならなくて、ある個人が、数人の人たちの父親として認められるのは、その個人のまわりに集まっていたときだけで、父親が真に自分のものとしている財産は、子供たちを父親に依存させておくための絆であり、子供たちがたえず父の意志を尊重することによって、父親に貢献した程度に応じてのみ、父親は子供にその相続の分け前を与えることができる。ところで、臣民は、これと似たなんらかの好意を専制君主から期待できるどころか、現に臣民自身も臣民が所有しているものも専制君主のものであるか、あるいは少なくとも、君主はそう主張しているから、臣民は自分自身の財産のうち、君主が残してくれるものを好意として受け取らされ、君主は臣民を略奪するとき正義を行ない、臣民を生かしておいてくれるとき恩恵を施していることになる。

このように権利によって事実を検討しつづけると、専制政治の自発的な確立には、確実さも真実さも見出せないし、両当事者のうち一方にしか義務がなく、一方にはすべてがあるのに他方にはなにもなく、それに加入する人の損にしかならないような契約の有効性を示すのは困難であろう。この忌まわしい制度は、今日でさえ、賢明で善良な君主たち、とりわけフランスの国王たちの制度とはきわめて縁遠いもので、国王たちの勅令のさまざまなところに、とくに一六六七年にルイ十四世の名において、その命令によって公表された名高い勅令のなかの次の一節に、それを見ることができる。「それゆえ、主権者はその国家の法律に従わないと言ってはならない。その反対の命題が万民法の真理であり、へつらいからこの真理がときとして攻撃されることはあったが、よき君主たちはつねにそれを、その国家の守護神として擁護してきたからである。賢明なるプラトンとともに、王国の完全な幸福とは君主に臣民が服従し、君主は法律に服従し、法律は正しく、つねに公共の福祉へ向けられているというほうが、いかに正当であろうか。(一三)」自由は人間のさまざまな能力のうちでもっとも気高いものであるから、狂暴なあるいは無分別な一人の支配者を満足させるために、創造主が与えてくれたもののなかでもっとも貴重なものを無条件であきらめたり、創造主がわれわれに禁じているあらゆる罪をあまんじて犯すのは、人間の自然を堕落させ、本能の奴隷である獣の水準に身を置き、人間の存在の創造者さえ侮辱することにならないのかどうか、また、この崇高な製作者は、自分のもっとも美しい作品の名誉を汚されるよりは、破壊されるのを見るほうが、さらにいら立つにちがいないかどうかを、ここで探究するつもりは少しもない。〔ロックにならって、どんな人も自分の自由を売って、思いのままに扱う専制的な権力に身を屈するほどになりえないと、きっぱりと断言し、「なぜなら、自分が自由になすことのできない自分自身の生命を売ることだから(一四)」とつけ加えているバルベラックの権威をも、お望みなら、無視しよう。〕(一七八二年版)私はただ次のようにたずねよう、これほどまでに身を落としても心配しなかった人々が、どのような権利によって子孫を同じ不名誉なめにあわせ、子孫が彼らの恩恵によって得たものでもなく、生きるにふさわしいすべての人々にとってそれがなければ生きることそのものが負担になる財産を、子孫のために放棄できたのかと。

プーフェンドルフは、自分の財産を合意や契約によって他人に譲渡するのとまったく同じように、だれかのために自分の自由を放棄できると言っている。(一五)これは非常にまずい推論のように思われる。なぜなら、第一に、私が譲渡する財産は、私にとってまったく無関係なものとなり、その悪用は私にはどうでもよいものになるが、私の自由が悪用されないことは重要であり、私が強制されて行なう悪の罪を負うことなしで、自分から犯罪の手先となる危険を冒すことはありえないし、そのうえ、所有権は合意と人間の制度によるものにすぎないから、人間はみんな自分の所有するものを勝手に処分できるが、生命や自由のような、自然の本質的な贈物についてはこれは同じようにいかず、それらは各人が享受するのは許されているが、放棄する権利があることは、少なくとも疑わしい。一方を捨てれば、自分の存在の品位を落とし、また他方を捨てれば、その存在はそれ自身で存在しているだけに、その存在を消滅させることになり、この世のいかなる財産も、この両者の埋め合わせをできないので、どんな代価を払っても、それを捨てることは自然と理性を同時に傷つけるであろう。しかし、自分の財産と同じように自分の自由を譲渡できるとすると、その違いは子供たちにとっては非常に大きく、子供たちは父親の財産をその権利の移譲によってはじめて享受するのにたいして、自由は、人間として子供たちが自然から受けている贈物で、両親は子供からそれを奪う権利はまったく持っていなかったので、その結果、奴隷制を確立するためには、自然に暴力を加えなければならなかったのと同じように、この権利を永続させるためには、自然を変えなければならず、奴隷の母から生まれた子供は奴隷として生まれると、おごそかに宣言した法学者たち[一六]は、別の言葉でいえば、ある人間は人間として生まれることはないと決定したのだった。

　したがって、政府はただたんに専制的な権力からはじまったのではなく、専制的な権力は政府の腐敗したもの、行き着く極限にすぎず、結局、専制的な権力は政府を唯一最強者の法にまで導くのであるが、最初は最強者への対応策として政府がつくられたのであった。さらには、たとえ政府がそのようにしてはじまったとしても、この専制的な権力はその本性からして不当であるので、社会における権利に対しても、したがって制度から生まれる不平等に対しても、基盤として役立ちえなかった。私にはこのことは確かなように思われる。

　すべての政府の基本的協約の本性についてさらに行なうべき探究にはいまは立ち入らないで、通説に従って、ここでは政治的な組織の設立を、人民と人民が選んだ首長とのあいだの一つの真の契約とみなすだけにしておこう[一七]。それは、両当事者が、そこに規定され、双方の結合の絆を形づくる法律を守るように義務づけている契約である。人民は、社会的な関係については、そのすべての意志をただ一つの意志のなかに統一したので、この意志が説明されているすべての条項は、それぞれ基本的な法律となり、それが国家のすべての成員に例外なく義務を与え、そのなかの一つの法律は、他の法律の執行を監督する任務を持つ為政者の選択とその権力を規制するのである。この権力は国家の構成を維持しうるものすべてに及ぶが、それを変更するまでにはいたらない。それに、法律とその執行者たちを尊敬すべきものにするさまざまな名誉と、また執行者個人には、よい行政のために払うつらい苦労の償いとなるさまざまな特権がつけ加えられる。為政者のほうは、自分に任せられている権力をただ委託者の意向に従って行使し、各人がその所有する物をいつも平和に享受できるようにし、あらゆる機会に自分自身の利益よりも公共の役に立つことを選ぶという義務を負っている。

このような国家の構成がどうしても避けられない弊害を経験が示してくれるか、人間の心についての知識が予想させてくれるようになるまえには、この国家の構成の維持を監視する任務にあたっている人々自身が、それにもっとも関心を持っているだけに、ますますその国家の構成は立派なものに思われたにちがいない。なぜなら、為政者の職とその権利は、基本的な法律をもとにして確立されているので、その法律が破壊されるとすぐに、為政者たちは合法的ではなくなり、人民はもはや為政者に服従する義務はなくなり、国家の本質を構成したのは為政者ではなく、法律であったのであろうから、各人は当然の権利によってその自然の自由に戻るであろう。

このことはほんの少しでも注意して熟慮すれば、新しい理由によって確認され、その契約の本性によって、それが取り消しできないものではないとわかるであろう。なぜなら、契約者の忠実さを保証し、契約者がおたがいの約束を果たすように強制できるような上位の権力がなければ、当事者たちは自分たちの主張の唯一の判定者にとどまり、当事者はそれぞれ、相手が契約の条件にそむいたり、その条件が自分の都合にあわないとわかったときにはすぐに、契約を放棄する権利をつねに持つであろう。この原理にもとづいて、破棄するという権利が基礎づけられているように思われる。ところで、われわれが行なっているように、人間の制度だけを考察するとして、すべての権力を手中におさめ、契約の利益をすべて自分のものとする為政者が、しかしながら、権威を放棄する権利を持っているとすれば、人民は首長たちのすべての誤りを償うのだから、なおさらのこと、従属を放棄する権利を持つべきであろう。しかし、恐ろしい不和、無限の無秩序が、この危険な権力には必然につきまとうので、ほかのいかなるもの以上に、人間の政府には、理性のみよりもさらに堅固な基盤がいかに必要であったか、君主の権威を自由にできるという有害な権利を、臣民から取り上げるような神聖で犯すことのできない性格を君主の権威に与えるために、神の意志が介入することが公共の安寧にとっていかに必要であったかを示している。宗教が人間に対してこうした善だけしか行なわなかったとしても、それだけで、人間がみな宗教をその弊害までも含めて深く愛し、採用すべき理由としては十分であろう。というのは、宗教は狂信が流させるよりはるかに多くの血を流さないようにするからである。われわれの仮説の糸をたどることにしよう。

政府のさまざまな形態は、その設立のときに個々の人のあいだに多かれ少なかれ存在した相違から、その起源は生じている。一人の人間が能力の点でも、徳の点でも、富の点でも、信用の点でもすぐれていれば、その人だけが為政者に選ばれ、その国家は君主政となったし、おたがいのあいだでほぼ同等の若干の人々がほかのすべての人々よりも勝っていれば彼らはいっしょに選ばれ、貴族政になり、財産と才能がそれほど不均等ではなく、自然状態からもっとも隔たっていない人々は、最高の行政を共同で保持し、民主政を形成したのであった。この形態のうちどれが人間にもっとも有利であったかは、時が証明した。ある人々はただ法律に従うだけにとどまり、ほかの人々はやがて支配者に服従した。国民は自分の自由を守ろうと望んだが、臣民は、自分たちがもはや享受していない幸福を他人が享受しているのに耐えられず、隣人から自由を奪うことのみを考えたのであった。要するに、一方には富と征服があり、他方には幸福と徳があった。

こうしたさまざまな政府において、為政者の職はまず選挙によるものであり、富が力を持たないときは、優先権は、本来の支配力を与えてくれる才能と仕事の上での経験と、討議における冷静さを与えてくれる年齢とに与えられていた。ヘブライ人の長老たち、スパルタのゲロンテス(一八)、ローマの元老院、われわれの領主(一九)という単語の語源そのものが、昔は老人がいかに尊敬されていたかを示している。選挙の結果が年とった人々に落ち着けば落ち着くほど、選挙はしばしば行なわれ、その面倒さがますます感じられるようになり、策略が入り込み、分派が形成され、党派活動が活発になり、内乱の火がつき、ついには、国民の血がいわゆる国家の幸福のために犠牲にされ、以前の時代の無政府状態のなかに落ち込もうとしたのである。有力者たちの野心がこれらの事情を利用して、自分たちの地位をその家族のなかに永続化し、人民は、すでに従属と休息と便利な生活に慣れ、すでにその鉄鎖を断ち切ることもできず、平穏な生活を確固たるものにしようとして、隷属の度合が増すのに同意し、このようにして、世襲になった首長たちは、為政者の職を家族の財産とみなし、最初は国家の役人にすぎなかったのが、自分をその所有者とみなし、同胞国民を奴隷と呼び、家畜と同じように、自分の持物のなかに数え、さらに自分たちを神と同等のもの、王のなかの王とみずから呼ぶのに慣れてしまった。

　これらさまざまな変革のなかに不平等の歩みをたどってみれば、法律と私有権の成立がその第一期であり、為政者の職の制定が第二期で、第三の最終期は、合法的な権力から専制的な権力への変化であったことが見出される。したがって、富める者と貧しき者の状態は第一の時期において、強者と弱者の状態は第二の時期において、第三の時期において支配者と奴隷の状態が認められ、これが不平等の最後の段階であり、ほかのすべての時期が結局到達する時期であり、ついにはいくつかの新しい変革が政府を完全に分解するか、または合法的な制度に近づける。

　この歩みの必然性を理解するためには、政治的組織の成立の動機よりも、それが運営されるにあたってとる形態と、そのあとに生まれてくる不都合を考察しなければならないのは、社会制度を必要にする悪は、社会制度の弊害を不可避にするものと同一のものだからである。法律が主として子供の教育を監督し、リュクルゴスがそこに法律をつけ加える必要がほとんどない風俗を確立したスパルタを除けば、一般に法律は情念ほどに強くなく、人間を抑制するが変えることはないので、腐敗も変質もせずに、つねにその制定の目的に従って進んでゆく政府はすべて必要もないのに制定されたということと、だれも法律をごまかさず、為政者の職を濫用することのない国は為政者も法律も必要としないことは容易に証明されるであろう。

　公的な差別は必然的に私的な差別をもたらす。人民と首長のあいだで増大してゆく不平等はやがて個々の人々のあいだで感じられるようになり、情念や才能や場合などに応じてさまざまに変化してゆく。為政者が非合法な権力を奪い取るには、その一部分を譲り渡さなければならない子分をつくりだすことになるであろう。そのうえ、国民が圧制を許すとしても、盲目の野心にひかれ、自分たちより上を眺めるよりも下を眺めて、支配することが独立しているよりも貴重なものになるかぎりであり、鉄鎖をつけるのに同意するのも、次には自分たちが鉄鎖を与えられるかぎりにおいてである。命令をしようとしない人を服従させるのは非常に困難であり、もっとも巧妙な政治家も、ただ自由でありたいと望んでいる人々を隷属させるのには成功しないであろうが、野心家で卑怯な魂を持ち、いつも運命を天にまかせる危険を冒し、運命が自分に有利になったり不利になったりするに従って、ほとんど変わることもなく支配したり奉仕したりするつもりでいる人々のあいだには、不平等は難なく広がる。このようにして、人民の眼が幻惑されてしまって、指導者たちが人々のなかでもっとも卑しい人間に向かって、偉大になれ、お前とお前の一族よ、といいさえすれば、すぐにすべての人々にとっても自分の眼にも、偉大に見え、子孫たちはその人から遠ざかるにつれ、ますます地位があがっていったという時代がやって来たにちがいなく、原因が、遠ざかって不確実になればなるほど、結果はますます大きくなり、家族のなかに怠け者の数が多くなればなるほど、その家族は名門となっていった。

ここが詳細に立ち入るべき場所であるならば、〔たとえ政府が干渉しなくても〕（一七八二年版）、個々の人々が一つの同じ社会に結合され、おたがいに比較しあい、たえずおたがいを利用しあわなければならないことに見出される差を考慮に入れざるをえなくなるとすぐに、信用と権威の不平等がいかに個人のあいだで（XIX）避けることができなくなるかということを、容易に私は説明するであろう。こうした差にはいくつかの種類があるが、一般に富、貴族の身分もしくは地位、権力、個人的な長所が主要な区別であって、それによって社会のなかで人々は測られているので、こうしたさまざまな力の調和もしくは葛藤が、国家の構成が良いか悪いかのもっとも確実な指標であることを証明し、この四種類の不平等のなかで、個人的な特質がほかのすべての特質の起源なのだから、富はそれらの特質が結局は帰するところの最後の特質であることを示すであろう。というのは、富はもっとも直接的に安楽のために役立ち、人に渡すのがもっとも容易であるから、ほかのすべてのものを買うために、それを気軽に使えるからである。この観察によって、それぞれの人民がその原初の制度から遠ざかった度合と、腐敗の究極点に向かって進んだ道のりが、相当正確に判断できる。われわれみんなの心を悩ます、名声と名誉と特権へのあの一般的な欲望が、いかに才能や力を発揮させ比較させるか、いかに情念をかきたて増大させるか、すべての人間を競争者、対抗者、いやむしろ敵にして、あれほど多くの権利主張者を同一の闘技場で走らせ、毎日いかにあらゆる種類の失敗と成功と破局をひき起こしているかを、私は指摘するであろう。また、自分の噂をしてもらいたいというあの熱望、ほとんどわれわれを逆上させる、人よりも抜きん出たいというあの熱狂のおかげで、われわれは人間のなかにあるもっとも良いものともっとも悪いもの、われわれの美徳と悪徳、われわれの学問と誤謬、われわれの征服者と哲学者、すなわち、少数の良いものに対して無数の悪いものを持っているのだということを、私は示すであろう。最後に、一握りの権力者と富者とが偉大さと富の絶頂にいるのに、群衆が人に知られず悲惨のなかをはいまわっているのが見られるとすれば、それは、権力者と富者が自分たちの享受しているものを、それが群衆には欠けているだけにますます尊重し、人民が悲惨でなくなれば、身分を変えなくても、幸福ではなくなるということを、私は証明するであろう。

しかし、こうした詳細な話はそれだけで大きな作品〔二〇〕の素材となり、そのなかで、あらゆる政府の有利な点と不利な点が、自然状態の諸権利と比較して秤量され、政府の本性と時が必然的にもたらす諸変革に応じて、不平等が今日まであらわれ、また〔将来〕（一七八二年版）幾世紀ものあいだにあらわれることになる、あらゆる異なった面が明らかにされるであろう。多くの人々が、国外の脅威に対して行なった用心そのものの結果として、国内で圧制を受けているのが見られるであろうし、圧制がたえず増大してゆくのに、圧制を受けている人々はそれがどこまでゆくのか、それを止めるにはどのような合法的な手段が残されているのか、けっして知りえないのが見られるであろう。国民の権利と国民的な自由が少しずつ消えてゆき、弱者の要求が反乱をもたらす不平として扱われるのが見られるであろう。共通の大義を守るという名誉が、政治によって人民のなかでお金で雇われた部分の人にのみ限られるのが見られ、そこから課税が必要になり、失望した耕作者が平和なときでさえ自分の畑から去り、鋤を捨て剣を身につけようとするのが見られるであろう。名誉について不吉で奇妙な規則が生まれるのが見られ、祖国の擁護者が遅かれ早かれ敵となり、同胞国民の上にたえず短剣を振りかざしているのが見られ、国民が自分の国の圧制者に対して、次のように言うのが聞かれる時代がやってくるであろう。

汝、われわれに向かい、わが兄弟の胸に、またわが父の喉に、あるいはまた身ごもれるわが妻の腹に、剣を刺せと命ずれば、心ならずといえども、われすべてをなしとげん。(二二)

身分と財産の極端な不平等、情念と才能の多様性、無益な技術、有害な技術、軽薄な学問から、理性にも幸福にも徳にもひとしく反する無数の偏見が出てくるであろうし、結集している人々を分断させて弱めることのできるいっさいのもの、外見は一致しているような様子を社会に与えるが、現実には分裂の種をまくことのできるいっさいのもの、さまざまな階級に、その権利や利害の対立によって、不信の念と相互の憎しみとを教え込み、したがって、すべての階級を抑圧する権利を強化することのできるいっさいのものが、首長たちによって助長されるのが見られるであろう。

この無秩序とこれらの変革のなかから、専制主義がその醜悪な頭を次第にもたげて、国家のあらゆる部分に認められた良いものや健全なものをむさぼり食い、ついには法律や人民をその足下に踏みにじり、共和国の廃墟の上に確立されるにいたるであろう。この最後の変化に先立つ時代は、混乱と災害の時代であろうが、最後にはすべては怪物に呑み込まれてしまい、人民にとってはもはや首長も法律もなく、ただ専制君主だけがいるであろう。この瞬間からまた、風俗や美徳は問題にならなくなるであろう。なぜなら、「名誉について期待すべきものはなにもない（二三）」専制主義の支配するところではどこでも、ほかのいかなる支配者も許容されなくて、専制主義が口をきくやいなや、意見を参照すべき誠実さも義務もなく、このうえない盲目的な服従だけが、奴隷たちに残されている唯一の美徳である。

ここが、不平等の最後の到達点であり、円環が閉じて、われわれが出発した点に接する極点であり、ここで、すべての個々人が、無であるからふたたび平等になり、臣民には支配者の意志以外にはもう法律がなく、支配者には自分の情念以外の規制がなく、善の観念と正義の原理がふたたび消えてしまう。ここで、すべてはもっとも強い者の法律のみに、したがって、われわれが出発点とした自然状態とは違った新たな自然状態にまた戻る。一方は純粋な形での自然状態であるのに、他方は極端な腐敗の結果である。とはいえ、この二つの状態のあいだにはほとんど相違がなく、政府の契約は専制主義によってはなはだしく破られているので、専制君主は、もっとも強い者であるかぎりにおいて支配者であり、追放できるようになるとすぐに、暴力に対して少しも抗議できない。サルタンを殺したりその地位から退けてしまう暴動は、前日にサルタンが臣民の生命や財産を自分の思い通りにしていた行為と同じように、法律的な行為である。ただ力のみが支え、ただ力のみが倒し、すべてのことはこのように自然の秩序に従って行なわれ、この短くてしばしば起こる革命が、どんなものであろうと、だれも他人の不正を嘆くことはできず、ただ自分自身の軽率さかその不幸を嘆くことができるだけである。

人間を自然状態から社会状態へ導いたにちがいない、忘れられ失われた道をこのようにして発見してたどってみて、いま指摘したばかりの中間の状態とともに、時間に急がされて省略してしまったか、想像力が少しも思い浮かばせてくれなかった状態を再現してみるならば、注意深い読者はみな、この二つの状態を隔てている広大な空間にただ驚くばかりであろう。このゆっくりとあいついで起こるさまざまなことのうちに、哲学者たちには解決できない精神（道徳・社会）および政治についての無数の問題の解決を見るであろう。ある時代の人類は別の時代の人類ではなく、ディオゲネス（二三）が人間をまったく見出さなかった理由は、同時代の人々のなかに、もはや存在しない時代の人間を探していたからだと感じられ、カトー（二四）は、自分の時代に合わないので、ローマおよび自由とともに滅びたし、人間のなかでもっとも偉大なこの男は、五百年前だったら統治したであろう世界をただ驚かしたにすぎなかったというであろう。要するに、いかにして人間の魂と情念が知らないうちに変質して、いわば本性を変えるのか、なぜわれわれの欲求と快楽が結局対象を変えるのか、なぜ根源の人間が次第に消えてゆき、社会が、賢者の眼には、これらすべての新しい関係の産物であり、自然のなかにはなんら真の基盤を持たない人為的な人間と作りものの情念の寄せ集めしか提供しないかを説明するであろう。この点についての熟慮がわれわれに教えることは、観察によって完全に確認される。野生の人と政治的秩序のもとで生きる人は心と性向の根本において非常に異なっており、一方の最高の幸福となるものが他方を絶望に追い込むであろう。前者はただ安息と自由のみを呼吸し、生きることとなにもしないままでいることのみを望み、ストア派の完全な平静も、野生の人のあらゆるほかのものに対する深い無関心には及ばない。これに反して、国民はつねに活動的で、汗を流し、動きまわり、ますます骨の折れる仕事を求めてたえず苦しみ、死ぬまで働き、生を求めて死へ向かうこともあり、不滅の名声を得るために生命をあきらめるし、憎んでいる身分の高い人間や軽蔑している金持にお世辞を言い、そうした人々に奉仕するという名誉を得るためにどんなことでもするし、自分の卑しさと彼らの保護を得意になって自慢し、奴隷状態を誇りにして、それを共にする名誉を持たない人々を侮蔑して語る。ヨーロッパの大臣の苦労は多いが、人からうらやまれる仕事は、カライブ人にとってはどんな光景であるのか。こののんきな未開人は、立派なことを行なうという快楽によっても、ほとんど楽になりさえしないこのような生活の恐ろしさよりも、残酷な死のほうをどんなに好むことであろうか。しかし、これほどまでに気苦労をするその目的がわかるためには、あの「権力」と「名声」という単語が、カライブ人の精神のなかで一つの意味を持ち、世界のほかの人々がどう見ているかをいくらかでも問題にし、自分自身よりも他人の証言にもとづいて幸福になったり自分に満足できるといった種類の人間がいるのを学ばなければならないであろう。これが、実際、こうしたすべての相違の真の原因である。未開人は自分自身のなかで生きているのに、社会人はいつも自分の外にあり、他人の意見のなかでしか生きることができず、いわば、他人の判断のみから、自分自身の存在感情をえている。このような性向から、あれほど立派な道徳論があるのに、どうして善悪に対するあれほどの無関心が生まれてくるのか、すべてが外観だけのものになって、名誉も友情も美徳も、そしてしばしば悪徳までもが、ついにそれを自慢する秘訣が見出され、いかにしていっさいが人為的で演技的になるのか、要するに、これほど多くの哲学や人間愛や礼儀や崇高な格率のなかにあって、われわれがいかなるものであるかを他人に向かってつねに問いながら、そのことをわれわれ自身に向かってはけっしてあえて問おうとせず、いかにしてわれわれには人を欺く軽薄な外面、美徳なき名誉、知恵なき理性、幸福なき快楽しかないのかを示すことは、私の主題ではない。それが少しも人間の根源の状態ではないということ、そのようにわれわれの自然の性向をすべて変化させ、変質させるのは、ただ社会の精神と社会が生みだす不平等であるということを証明しただけで十分である。

不平等の起源と進歩、政治的社会の成立と弊害を、それらのものがただ理性の光によって、君主の権威に神権の認可を与える神聖なる教義とは独立して、人間の自然からひきだされるかぎりにおいて、説明しようと努めてきた。この説明の結果、不平等は自然状態ではほとんど無であり、その力と増大は、われわれの能力の発達および人間の知能の進歩からひきだされるものであり、私有権と法律が確立することによってついには安定し合法的なものとなる。さらに、実定法のみによって認められている精神（道徳・社会）的に許容される不平等は、肉体的不平等と釣り合っていないときには、いつも自然権に反しているということになる。この区別は、政治的秩序のもとで生きるすべての人民のあいだを支配しているような種類の不平等について、どう考えなければならないかを十分に決めてくれる。というのも、自然法をどのように定義するとしても、子供が老人に命令したり、愚かな人が賢い人を指導したり、多くの飢えた人々が必要なものにこと欠くというのに、一握りの人々が余分なもので満ちあふれているということは、明らかに自然法に反しているからである。

注

献辞

（Ⅰ）　ヘロドトス（一）の語るところによると、偽スメルディス（二）の殺害ののち、ペルシアの七人の解放者（三）が国家に与える政府の形態を討議するために集まったとき、オタネスは共和国に賛成の意見を強く述べたという。太守が支配権を主張する可能性があっただけでなく、身分の高い人々は、自分たちが人々を尊敬しなければならなくなるような種類の政府を、死よりも恐れているものであるから、この意見が太守の口から出るのは異常なことであった。オタネスは、当然考えられるように、自分の意見が少しも聞き入れられず、君主の選挙が行なわれようとするのを見て、服従することも命令することも望んでいなかったので、王位に対する権利を進んでほかの競争者に譲ってしまって、その代償として、自分と子孫が、自由で独立していられることを求め、それが認められた。ヘロドトスはこの特権に加えられた制限をわれわれに教えてくれないとしても、それは必然的に制限が加えられたと想定しなければならないであろう。さもなければ、オタネスは、いかなる種類の法律も認めず、だれのことも考慮しなくてよいのだから、国家のなかで全能であり、国王自身よりも強力になったであろう。しかし、このような場合にこのような特権に満足できる人が、それを濫用する可能性は、ほとんどありそうにない。実際、この権利のために、賢明なオタネスやまたその子孫のだれかによって、王国のなかでほんのわずかの混乱をひき起こされたということは、見られない。

序文

（Ⅱ）　第一歩から、哲学者たちにとって尊敬すべき権威の一つを信頼して、拠り所とすることにする。なぜなら、その権威は、哲学者だけが発見し、感じることのできる確固として崇高な一つの道理に由来しているからである。

「われわれが自分自身を知るのに、どのような関心を抱いていようと、われわれ以外のあらゆることのほうを、よりよく知っているのではないかどうか、わからない。自然によって、われわれの自己保存のためにのみ定められた器官を与えられており、われわれはその器官を外からの印象を受けるためにしか使わず、われわれを外へ広げ、自分の外で存在することのみを求めている。われわれの感覚器官の機能を増加させ、われわれの存在の外への広がりをますのにあまりに熱心で、われわれは自分をその真の大きさに引き戻し、自分を自分のものでないものすべてと区別するあの内的な感覚器官を使うことはまれである。しかしながら、われわれ自身を知ろうとすれば、この感覚器官を使わなければならないのであり、それが自分自身を判断できる唯一のものであるが、この感覚器官にどのようにしてその活動とそのすべての活動範囲を与えるのだろうか。この感覚器官が宿るわれわれの魂を、どのようにして精神のすべての迷妄から救い出せるだろうか。われわれは魂を使う習慣を失ってしまっているし、魂はわれわれの肉体的感覚印象の騒動のなかで働かないままで、情念の火によって干からびてしまい、心も精神も感覚器官も、すべて魂に反して働いた。」(ビュッフォン(四)『博物史』、「人間の本性について」)

本論

(Ⅲ) 長いあいだ二本足で歩いたという習慣が人間の体形に生みだしたかもしれない変化、人間の腕と四足獣の前足とのあいだにいまなお観察される関係、四足獣の歩き方からひきだされる推論によって、われわれにとってもっとも自然であるべき歩き方について、疑いが起こりえたかもしれない。子供たちがみな四つ足で歩くことから始め、立ったままでいるのを学ぶためには、われわれの模範と、われわれの教えとが必要である。子供たちをまるで無視して、あまり長いあいだ手で歩かせておくものだから、のちに立たせるのに大いに苦労するホッテントットのような、未開の種族さえいるし、西インド諸島のカライブ人の子供たちも同じである。四つ足の人間のさまざまな例があり、なかでも、私は一三四四年にヘッセンの近くで発見されたあの子供の例をあげられるであろう。その子供は狼に養われてきて、あとでハインリッヒ公の宮廷で、自分のことだけを考えてよいのなら、人間のあいだで生活するより、狼といっしょの生活へ戻りたいと言った。狼と同じように歩く習慣が身についていたので、この子供を両足でまっすぐ立たせ、平衡をとらせるために、棒切れを当てがってやらなければならなかったほどである。一六九四年にリトアニアの森のなかで、熊のあいだで生きているのを発見された子供も同じであった。少しも理性を持っているしるしを示さず、足と手で歩き、まったく言語を持たず、人間の音声とはまったく似ていない音声を出していたと、コンディヤック氏は言っている。ハノーヴァーの子供の未開人は、数年まえにイギリスの宮廷へ連れてこられたが、両足で歩かせられるのに、まったくたいへんな苦労をしたし、一七一九年には、ピレネーの山中で二人の別の未開人が発見されたが、四足獣のように山中を駆けまわっていた。われわれが大いに利用している手の使用を奪われているると反論できるかもしれない。手は十分に二つの使い方ができることを、猿の例が示しているほかに、それはただ、人間は自分の手足に自然の用途よりもさらに便利な用途を与えうるものであることを証明しているが、自然が人間に教えていることとは違った歩き方を運命づけたことを証明してはいないようである。

しかし、人間が二足獣であることを主張するためには、はるかによい理由があると私には思われる。第一に、人間は最初われわれが現在見ているのとは異なったように形づくられていたけれど、ついに現在のようになることができたということを示しても、それは、ことがそのように行なわれたという結論を下すには十分ではないであろう。この変化の可能性を示したあとで、さらにその変化を認めるまえに、少なくともその真実らしさを示さなければならないからである。そのうえ、人間の腕が必要な場合には足の役を果たすことができるようにみえるとすれば、それはこの体系に有利な唯一の観察であり、それに反する数多くの観察が存在するからである。その主要なものは、人間の頭の胴に対するつながり方は、ほかの動物がそうしており、立って歩くとき人間がそうしているように、視野を水平に向ける代わりに、四つ足で歩くと眼を直接に地面に向けてしまうことになり、個体の自己保存にはあまりに有利ではない状況であること、人間には欠けており、二本足で歩くには必要ない尾が、四足獣には役に立ち、どんな四足獣にも尾が欠けていないこと、女性の乳房は、自分の子供を腕に抱く二足獣には非常によい位置にあるのだが、四足獣には悪い位置にあり、どんな四足獣も乳房がそんなふうについていないということ、後半身が前足に比して極端に高いので、四つ足で歩くとわれわれはひざまずいてはいまわり、全体は、釣り合いが悪くて不便な歩き方をする動物になってしまっただろうということ、足を手と同じように平らに地面につけたならば、後足には、他の動物より関節が一つ少なく、すなわち管骨を脛骨に結びつけている関節が少なかったであろうということ、おそらくそうせざるをえなかったであろうように、つま先だけを地面につければ、跗骨は、それを構成する骨の数の多さはいうまでもなく、管骨の代わりになるにはあまりに太すぎ、蹠骨と脛骨との関節があまりに近すぎて、この位置では人間の足に四足獣の足と同じ柔軟性を与えられないと思われることなどである。自然の力がまだ少しも発達しておらず、手足もしっかりしていない年齢の子供の例をとっても、まったくいかなる結論も下せないから、犬は生まれて数週間のあいだはってばかりいるので、犬は歩くようにできていないと、同じように言いたいのである。個々の事実は、すべての人間にあてはまる習慣に対しては、まだほとんど力を持たず、他の種族とまったく交流を持たず、なにも模倣することができなかった種族についても同じである。歩けるようになるまえに森のなかに捨てられ、なにかの獣に育てられた子供は、その育ての親の例にならって、育ての親のように歩く練習をし、自然からは授からなかった便宜を習慣によって与えられ、手のない人が練習の結果われわれが手ですることすべてを足でするようになるのと同じで、ついには手を足の役に立てられるようになってしまうのであろう。

(Ⅳ) 読者のなかに、このような大地の自然の肥沃さを想定することについて異議を申し立てるほどの、だれか相当に不出来の自然学者がいれば、次の一節によって私は答えるであろう。

「植物はその養分として、大地よりも空気や水からはるかに多くの物質を得るものであるから、腐敗すると、大地から得たものより多くのものを大地に返すことになる。そのうえ、森は水蒸気を引きとめることで雨水の使われ方を決める。このようにして、長いあいだ人手が入らずに保存されているような森では、植物の成長に役立つ地層は相当に増大するであろうが、しかし、動物は地面から得るよりも返すほうが少なく、人間は火やその他の用途のために木や植物を大いに消費して、その結果として、人の住む土地の植物地層は絶えず減少し、ついには中央アラビアやほかの多くの東洋の地方のように、事実、もっと古い時代に人間が住んだ風土であるが、塩と砂だけしか見つからない土地になってしまわなければならない。なぜなら、植物や動物の不揮発性の塩が残り、ほかのすべての部分は蒸発してしまうからである。」(ビュッフォン『博物誌』)

さらに、この数世紀のあいだに発見されたほとんどすべての無人島をおおっていたあらゆる種類の多量の樹木や植物や、地球に人がふえ政治的秩序がととのうにつれて、いたるところで打ち倒さなければならなかった広大な森林によって、事実による証拠をつけ加えられる。そのうえ、私は次の三つのことを指摘するだろう。一つは、ビュッフォン氏の推論に従って、動物によって行なわれる植物の消失を償える一種の植物があるとすれば、それはとりわけ樹木であって、梢と葉が集まっていて、ほかの植物よりも多くの水分と水蒸気を自分のものにするからである。第二は、土壌の破壊、すなわち、植物の成長に適した物質の損失は、大地が耕作され、さらに勤勉になった住民があらゆる種類の産物を大量に消費するようになるにつれて、早められるにちがいない。第三のもっとも重要な指摘は、樹木の果実はほかの植物よりもさらに豊かな養分を動物に供給するということであり、これは大きさも質もひとしい二つの土地で、一方は栗の木でおおい、他方は麦をまいて、その産物を比較して、私自身が行なった実験(五)である。

(Ⅴ) 四足獣のあいだで、肉食種のもっとも普遍的な二つの区別の方法は、一つは歯の形から、もう一つは腸の形態からえられる。植物だけで生きている動物は、馬、牛、羊、兎のように、みな平らな歯を持ってるが、しかし肉食動物は、猫、犬、狼、狐のように、とがった歯を持っている。そして腸については、果実を食べる動物には、肉食動物にはない結腸のようなものがいくつかある。それゆえ、人間は果実を食べる動物のような歯と腸を持っているから、本来はこの類に入れられるべきであろうし、解剖学的な観察がこの意見を確認しているのみならず、古代の記念物もこの意見にとって非常に有利である。聖ヒエロニムスが、〔六〕「ディカルイアルコスは、〔七〕ギリシア古代についての書物のなかで、大地がまだそのまま肥沃であったサトゥルヌス帝の治世のもとでは、どの人間も肉を食べず、だれでも自然に生長した果実と野菜で生きていたと報告している」（『ジョヴィニアン反論』第二篇）と言っている。［この意見は、さらに、若干の近代の旅行者の報告をよりどころにできる。なかでも、フランソワ・コレアルは、スペイン人がキューバ、サント・ドミンゴ、そのほかの島へ移住させたバハマ諸島の住民たちの大部分は、肉を食べたために死んだと証言している。］（一七八二年版）これによって、私が有利に使える多くの利点を無視していることがわかるはずである。なぜなら、餌物が、肉食動物のあいだの闘争のほとんど唯一の原因であって、果実を食べる動物はおたがいのあいだで平和に暮らしているのだから、人類がこの後者の種類に属しているならば、人類にとって自然状態のなかで生存しているほうがはるかに容易であり、自然状態から出る必要も機会もはるかに少なかったであろうというのは明らかである。

（Ⅵ）熟慮を要するすべての知識、さまざまの観念の連鎖によってのみ得られ、次々と次第に完成される知識はすべて、まったく野生の人の理解の及ばぬものであるらしい。それは同胞との交流がないこと、すなわち、交流に役立つ道具と、交流を必要にする欲求が欠けているからである。野生の人の知と器用さは、跳ぶこと、走ること、戦うこと、石を投げること、木に登ることに限られている。しかし、それだけしか知らないとしても、その代わり、そのようなことを同じようには必要としないわれわれよりも、はるかによくできるし、それはもっぱら肉体の訓練だけに左右され、一人の個人から別の個人へ伝えられたり進歩したりもできないのであるから、最初の人間はその最後の子孫とまったく同じくらい巧みになりえた。

旅行者たちの見聞談は、野蛮な民族や未開な民族において、人々の力とたくましさの例でいっぱいであり、器用なこと身軽なことを同じようにほめそやしており、そうしたことを観察するには、眼のほかにはなにもいらないのだから、実際の目撃者が証明することを信用するのにいかなる妨げにもならない。私はたまたま手に入れた本のうちから、そのいくつかの例を引用しよう。

「ホッテントットは希望峰のヨーロッパ人よりも漁業をよく理解している。熟練ぶりは入江においても川においても、網でも針でも銛《もり》でも同じである。同じように巧みに手で魚を捕える。泳ぎはくらべようのないほど上手である。泳ぎ方にはなにか驚くべきものがあって、それは独特のものである。身体をまっすぐにして、両手を水の外に広げて泳ぐので、地上を歩いているようにみえる。海が非常に荒れて、波が山のようになるとき、コルクの一片のように上がったり下がったりして、波の背の上でいわばダンスをする」と、コルベン(八)は言っている。

「ホッテントットは、狩猟をすれば驚くほど巧みで、走る身軽さは想像を絶している」と、さらに同じ著者は言っている。その敏捷さをそれほど悪用しないのに驚いているが、しかしながら、それは、次に示される例で判断できるように、ときには起こる。「あるオランダの水夫が希望峰に上陸して、一人のホッテントットに、約十キロのたばこを一巻き持って、町までついてくるようにと言った。二人が一行からいくらか離れたとき、ホッテントットは水夫に走れるかと聞いた。走るだって、できるさ、とても速いぞとオランダ人は答える。それじゃやってみましょうとアフリカ人は返答し、たばこを持って逃げ、たちまち見えなくなった。水夫は、この驚くべき速さにあっけにとられ、あとを追おうとは少しも思わず、たばこも運搬人も二度と見かけることがなかった。

ヨーロッパ人が匹敵できないほどの鋭い視力と確実な手を持っている。百歩離れたところから、石を投げて、半スー貨幣ほどの大きさの的に当てるであろうし、さらに驚くべきことは、われわれのように目標を目で注視せずに、たえず身体を動かし、くねらすことである。石は見えない手によって運ばれているようである」と言っている。

希望峰のホッテントットについて読んだばかりのこととほぼ同じことを西インド諸島の未開人についても、テルトル神父(九)が語っている。神父がとくにほめそやすのは、飛んでいる鳥や泳いでいる魚を矢で射る正確さであり、あとで水に飛びこんで取りにゆく。北アメリカの未開人も同じようにその力と器用さで有名であり、次にあげる例によって、南アメリカのインディアンの力と巧妙さを判断してもらえるであろう。

一七四六年に、ブエノス・アイレスのインディアンがカディスでガリー船行きの刑に処せられると、総督に向かって、お祭りのときに生命を危険にさらすことにより、自由を取り戻したいと申し出た。手に一本の綱のほかにはなにも武器を持たずに、一人でたけり狂った雄牛に立ち向かい、なぎ倒し、指示された部分をその綱で縛り、鞍を置き、手綱をつけ、乗り、そのように乗ったまま、闘牛場に出すようなもっともたけり狂った別の二頭の雄牛と闘い、命ぜられた瞬間に、だれの助けも借りずに、次々と二頭を殺してみせると約束したら、それを許された。このインディアンは約束を守り[一〇]、約束したことをすべてやってのけたのであり、どのようにふるまったか、闘いの詳細のすべてについてはゴーティエ氏『博物誌考』、十二折判第一巻を参照していただきたい。この事実はその二六二頁から引用したものである。

(Ⅶ) ビュッフォン氏は、「馬の寿命は、すべての他の種の動物と同じように、その成長の期間の長さに比例している。人間は、成長するのに十四年かかるから、その期間は六、七倍、すなわち九十ないし百歳まで生きられる。馬は、四年で成長するから、その六、七倍、すなわち二十五ないし三十歳まで生きられる。この規則に反するような例は非常にまれなので、その例をなんらかの結論をひきだせる一つの例外とみなしてはならないし、太った馬はほっそりした馬よりも成長に時間がかからないので、生きる期間も短く、十五歳になれば老馬である」と言っている。

(Ⅷ) 肉食動物と果実を食べる動物のあいだには、私が注(Ⅴ)で指摘したのとは別のもっと一般的な相違が見られると思う。というのは、その相違は鳥類にまで及ぶからである。この相違は子供の数にあり、植物だけで生きる種にとって、子供の数は一腹ごとにけっして二匹を越えることはないが、肉食の動物では普通この数以上になる。この点で、乳房の数によって自然の定めた目的を知ることは容易であり、馬や牛や山羊や鹿や羊のような第一の種の雌では、どれも乳房は二つしかないが、犬や猫や狼や虎などのような他の雌は、つねに六つまたは八つである。鶏や鵞鳥や家鴨は、鷲や隼や梟と同じようにすべて肉食の鳥類であって、同じように多数の卵を産んでかえすが、このようなことは鳩や雉鳩や穀物以外のものを絶対に食べない鳥類にはけっして起こらず、ほとんど一度に二つしか卵を産まずまたかえさない。この相違について与えうる理由は、草や木だけで生きている動物はほとんど一日中草地にとどまって、食べるのに多くの時間をかけなければならないので、多くの子供に十分乳をやることができないのであるが、肉食の動物は、あっという間に食事をしてしまうので、よりたやすくよりしばしば子供のところや獲物の捕獲へ戻り、非常に多量の乳の消費を回復することができるからである。これらすべてのことについては多くの特殊な観察を行ない熟慮をかさねなければならないであろうが、ここはその場ではないし、この部分では自然のもっとも一般的な体系を示しただけで十分であり、この体系は、人間を肉食動物の分類からはずして、果実を食べる種のなかに入れる新しい理由を与えてくれる。

(Ⅸ) ある有名な著者[一一]は、人間の一生の善と悪とを計算し、両方の合計を比較し、悪のほうが善をはるかに超過していることと、結局、一生は人間にとってかなり悪い贈物であることを発見した。私はその結論に少しも驚かない、そのすべての議論を社会人の構成から得たのであり、自然人までさかのぼっていたら、非常に異なった結果を発見し、人間には自分で与えた悪以外ほとんどないことに気づき、自然には罪がないと証明されただろうと判断される。われわれが自分をこれほど不幸にしてしまったのは、難なく行なわれたことではない。一方において、人間の莫大な労働、深められたあれほど多くの学問、発見されたあれほど多くの技術、使われたあれほど多くの力、埋めたてられた淵、けずり取られた山、砕かれた岩、航行可能にされた河、開拓された土地、掘られた湖、干拓された沼、地上に建てられた巨大な建物、船と水夫でおおわれた海を考察し、他方において、いささかの瞑想を行なって、人類の幸福のためそれらすべての結果として起こった真の利益を探究するとき、これらのもののあいだを支配する驚くべき不均衡にただ心を打たれるだけであり、人間の愚かな傲慢さと、なんだかわからぬ虚しい自己礼讃とを養い育てるために、人間が陥りやすく、しかも親切な自然が注意して遠ざけてくれたあらゆる悲惨を、熱心に追い求めさせる人間の盲目さを悲しまないではいられない。

　人間は邪悪であり、悲しく絶えざる経験がその証拠を不要にしているが、しかしながら人間は本来善良であり、私はそれを証明したと思っている。いったいそれほどまでに人間を堕落させたのは、人間の構成のなかに生じた変化、人間が行なった進歩と、獲得した知識でなければなんであろうか。人間の社会を讃美したければいくらでも讃美するがよい、とはいえ、社会は必然的に、人々の利害がもつれるにつれておたがいに憎みあい、おたがいに表面的には役に立ちあい、実際には想像しうるかぎりのあらゆる害を与えあうようにするということは、やはり真実であろう。公的な理性が社会という組織に対して教えているのとは正反対の格率を各個人の理性が命じ、おのおのが他人の不幸のなかに自分の利益を見出す商業について、なにを考えられるであろうか。貪欲な相続人やしばしば自分自身の子供からひそかに死を望まれない裕福な人は一人もいないし、難破するのがだれか商人にとって吉報でないような海に浮かぶ船は一隻もないし、誠意のない債務者が、なかにあるすべての書類とともに燃えるのを見たいと望まないような家は一軒もなく、隣の国民の災害を喜ばないような国民は一つもないであろう。このようにして、われわれは同胞の損害のなかにわれわれの利益を見出し、一方の損失はほとんどつねに他方の繁栄となるが、さらに危険なのは、みんなのこうむる災難が多数の個人の期待や希望の的となることである。ある者は病気を、ある者は死を、ある者は戦争を、ある者は飢饉を望むのだ。私は豊年になりそうで悲しんで泣いている人々を見たことがあり、多くの不幸な人々から生命や財産を奪った痛ましいロンドンの大火災で、おそらく一万人以上の人が財産をつくったのである。アテナイ人のデマデス（二）が、棺桶を非常に高く売って、国民の死で大いにもうけたある職人を処罰させたことを、モンテーニュ（一三）が非難しているのを私は知っているが、モンテーニュの説く理由は、みんなを罰しなければならないというのであるから、私の理由を確認するものであることは明らかである。したがって、われわれの軽薄な親切心の表明を通して、心の底でなにが起こっているかを見抜き、すべての人がおたがいに優しくしあうとともに傷つけあわなければならず、義務のため敵になるとともに利害のためペテン師となるよう生まれてくる事態がどのようなものになるのかを熟慮しなければならない。社会はそれぞれの人が他人に奉仕することによって利益を得るように構成されているのだと私に答えるならば、他人に害を与えることによって、さらに多くの利益を得ることがなければ、まことにけっこうと、答えるであろう。不当に得られる利益のほうが多くならない正当な利益はないのであり、隣人へ加えられた損害はつねに奉仕以上に金になる。それゆえ、もはや確実に罰せられないようにする手段を見つけることだけが問題であり、そのために強者はそのあらゆる力を、弱者はそのあらゆる策略を用いる。

　野生の人は、食事をしたときは、自然全体と和解しており、すべての同胞の友人である。ときには食事を争うことが問題となるのであろうか。勝つことの困難とよそで自分の食物を見つけることの困難とをあらかじめ比較してからでなければ、けっしてなぐりあいにはならないし、誇りが闘争にはいりこまないので、いくつかなぐりあって終わりになり、勝利者が食べ、敗者は幸運を探しに行き、すべてはおさまるが、社会のなかの人間は、まったく事情が異なり、第一に必要なものを、次には余分なものを確保することが問題で、そのあとで享楽が、次に巨大な富が、その次に家来が、その次に奴隷がきて、一瞬たりとも休む間がなく、さらに奇妙なことは、欲求が自然なものでなくなり、さし迫ったものでなくなればなるほど、情念はますますふえ、さらに悪いことには、それを満足させる力もふえてきて、長い繁栄ののち、多くの財宝をのみこみ、多くの人々を嘆かせたあとで、わが主人公はついにすべてを破壊し、世界のただ一人の支配者となるにいたるであろう。以上が、人生のとはいわないまでも、文明化された人間すべての心のひそかな要求を簡単にまとめた精神（道徳・社会）的な絵巻である。

　社会人の状態を野生の人の状態と偏見なしで比較し、もしできれば、社会人がその悪意と欲求と悲惨とのほかに、どんなに苦しみと死とに対して新たな門を開くことになったかを探究してほしい。われわれを消耗させる精神の苦痛、われわれを疲れさせ嘆かせる激しい情念、貧しい人々の重荷となっている過度の労働、富める人々がふけっていて、ある者はその不足のため、ほかの者はその過剰のために死ぬ、さらにもっと危険な遊堕な生活を考察するならば、また食物の途方もない混合、有害な調味料、腐った食料品、混ぜものの薬品、それを売る人々の詐欺行為、それを処方する人々の誤り、それを調合する容器に含まれる毒のことを考えるならば、密集した多くの人々のあいだの汚れた空気によって生まれる伝染病、われわれの生活様式の軟弱さ、家の中と外との往来、あまり用心せずに着たり脱いだりする衣服の使い方、われわれの極端な官能が必要な習慣にしてしまい、無視したり欠けたりするとあとで命を失ったり、健康を害なってしまうもろもろの配慮などから起こる病気のことに注意を払い、都市全体を焼きつくすか破壊させて、住民を何千人も死なせる火災や地震のことを考慮に入れるならば、要するに、こうした原因すべてがたえずわれわれの頭上に集中させる危険をあわせてみれば、われわれが自然の教訓を軽蔑したことに対して、(一四)自然がいかに高い支払いをわれわれにさせているか感じられるであろう。

ここで戦争について、別のところで言ったことを繰り返すつもりはないが、事情に通じた人々が、軍隊のなかで食糧や病院の請負人たちによって行なわれている恐るべきことの詳細を、一度みんなに知らせようと望むか、あえて知らせてほしいと思う。そうすればこのうえなく立派な軍隊をたちまち創設してしまう連中の公然の秘密である策略が、敵の剣がなぎ倒すよりもさらに多くの兵士を死なせているのがわかるだろうし、さらに、飢えや壊血病や海賊や火事や難破によって、毎年海にのみ込まれる人間の数もそれに劣らず驚くべき数である。殺人、毒殺、街道での盗み、これらの犯罪に対する処罰さえも、私有の確立、したがって社会のせいにしなければならないことは明らかであり、この処罰は、さらに大きな悪を予防するためには必要であるが、一人の人間の殺人のために二人ないしそれ以上の人間の生命を失わせるから、実際には人類の損失を二倍にせずにはおかない。人間の誕生を妨げ、自然を欺くいかに多くの恥ずべき手段があるのであろうか。それは、自然のもっとも魅力ある作品を侮辱するあの乱暴で堕落した趣味、未開人も動物もけっして知らず、文明国において腐敗した想像力のみから生まれたあの趣味によって、放蕩と堕落した名誉にふさわしい結果である秘密の堕胎によって、両親の悲惨や母親の野蛮な恥辱の犠牲である多数の子供たちの置き去りや殺害によって、最後に、生涯の一部分と子孫のすべてが無益な歌のため、さらに悪いことには、ある人々の激しい嫉妬のために犠牲にされるあの不幸な人々を去勢することによって行なわれている。(一五)この最後の場合、それを耐える人々が受ける待遇によっても、その目的によっても、二重に自然を侮辱するのが去勢である。

〔しかし、父親の権利が公然と人間性を侮辱する、もっとよくある、さらに危険な多くの場合がないのであろうか。父親の軽率な束縛によって才能が埋もれたり、好みを強制されたりする例がいかに多いことであろうか。適当な身分にいれば頭角をあらわしたであろうに、自分の好きでもない別の身分で、不幸に不名誉に死ぬ人がいかに多いことであろうか。幸福であるが身分の違う結婚がいかに多く壊され邪魔され、自然の秩序とはいつも矛盾するあの身分という秩序によって貞潔な妻がいかに多く名誉を汚されることだろう。そのほかいかに多くの奇妙な婚姻が利害関係によって成立するとはいえ、愛情と理性とによって否認されていることだろう。誠実で有徳な夫婦でさえ、釣り合いがとれていなかったために、いかに多くおたがいに苦しめあっていることだろう。若い不幸な人々が両親の強欲の犠牲となり、いかに多く悪徳にふけり、あるいは涙にくれて悲しい日々を送り、心にはそぐわず、黄金のみがつくりあげた解きほぐすことのできない束縛のなかで、嘆き悲しんでいるのであろうか。野蛮な暴力によって、一生を犯罪と絶望のなかで過ごさなければならなくなるまえに、自分の勇気と美徳によって自分の命を絶つ女性は、ときには幸福ではないのか。永久に哀れむべき父と母よ、私を許していただきたい、残念ながらあなたがたの悔恨をかきたてるが、自然の名そのものによって、自然の権利のなかでもっとも神聖な権利をあえて犯そうとするものにはだれでも、あなたがたの苦痛が永遠の恐ろしい例として役立てられればよい。

われわれの政治的秩序の所産である出来損ないのこの結びつきについてのみ私が語ったから、愛情と共感が支配した結びつきそのものは不幸を免れていると人々は考えるのであろうか。」（一七八二年版）

人類がその源においてさえ、あらゆる絆のなかでもっとも神聖なものにおいてまで、侵されていることを示そうとすれば、どうなるであろうか。人々はもはや財産に相談してからでなければ、あえて自然に耳を傾けようとせず、社会の無秩序が美徳と悪徳を混同しているので、禁欲は犯罪的な用心になり、同胞を産むのを拒むことが、人道的な行為となるのであろうか。しかし、これほど多くの恐怖をおおっているヴェールを引き裂かないで、われわれは他人が治療すべき悪を示すだけにとどめよう。

こうしたものすべてに、鉱山労働や、金属、鉱物、とりわけ鉛、銅、水銀、コバルト、砒素、鶏冠石などのさまざまな冶金のような、寿命を縮めたり体質を破壊するあの数多くの不健康な職業を加え、屋根ふき、大工、石工、石切場の労働者など、多くの労働者の命を毎日奪っているそのほかの危険な職業を加え、それをすべて集めてみれば、一人ならずの哲学者によって観察されている種の人口減少の理由を、社会の成立と完成とのなかに見られるであろうと言っているのだ。

奢侈は、自分自身の便利さと他人の尊重を熱望している人々にあっては妨げられず、やがて社会が始めた悪を完成し、つくりだすべきではなかった貧しい人々を生活させてやるという口実のもとに、ほかのすべての人々を貧しくし、遅かれ早かれ国家の人口を減らしてしまう。

奢侈は悪を治すと称しているが、その悪よりもはるかに悪い治療法である。いやむしろ、それ自体、大小にかかわらずいかなる国においても、あらゆる悪のなかで最悪のもので、それがつくりだした無数の下僕やみじめな者を養おうとして、農民や市民を圧迫し滅ぼしてしまう。それは草や木を害虫でおおい、有益な動物から食物を奪い、その風が吹くところではどこでも欠乏と死をもたらす、あの南国の熱風に似ている。

社会と社会が生みだす奢侈から、学問、技術、商業、文学、さらに産業を花咲かせ、国家を富ませ、滅ぼすあの無益なものすべてが生まれる。この衰弱の理由はきわめて簡単である。農業はその本性からして、あらゆる技術のうちでもっともお金にならないものであるにちがいないと容易に見てとれる。というのは、その産物はすべての人間にとってどうしても使わなければならないものであるから、その値段はもっとも貧しい者の能力に釣り合っていなければならないからである。同じ原理から、一般に技術はその有用性に反比例してお金になるものであり、もっとも必要なものはついにはもっとも無視されるものになるはずだという、あの規則が得られる。そこから、産業の真の利点とその進歩から生ずる現実の結果についていかに考えなければならないかがわかる。

以上が、もっとも称讃されている国民でも、ついには富裕のために落ちこむあらゆる悲惨の目に見える原因である。産業と技術が広がり花咲くにつれて、耕作者は軽蔑され、奢侈を維持するために必要な税を課され、一生を労働と飢えのあいだで送らざるをえなくなり、畑を捨てて、都市へもたらすべきパンを、都市へ探しに行くのである。首都が民衆の愚かな目を驚かし感嘆させればさせるだけ、田舎は捨てられ、土地は耕されないままとなり、街道には、乞食や盗みをしていつかは車裂きの刑か貧窮のどん底で悲惨な一生を終える運命の不幸な国民であふれているのを見て、嘆き声をあげなければならないであろう。このようにして、国家は一方では富み、他方では弱くなり、人口が減り、最強の君主国は、裕福でありながら人口を減らすように多くの労働を重ねたあと、裕福な国に侵入しようという不吉な誘惑に屈する貧しい国民の餌食になり、貧しい国は代わって豊かになるとともに、弱くなって、ついにはみずからほかの国民によって侵入され、破壊される。

数世紀にわたって、あれほどヨーロッパ、アジア、アフリカになだれこんだあの野蛮人の大群はなによるのか、一度われわれに説明してもらいたいものだ。あの驚くべき人口は、技術の巧みさ、法律が持つ英知、政治的秩序の優秀さによったのであったのか。あれほどまでに数がふえただけでなく、あの残忍で粗暴で、知識の光も抑制力も教育もない人々が、自分の牧草や獲物を争って、みんなたえず殺しあわなかったのはなぜかを、学者たちは教えてほしいものである。この哀れな人々がかつてのわれわれがそうであった、立派な軍事訓練と立派な法典と賢明な法律を持っていたあれほど巧妙な人々に正面から立ち向かう大胆さをともかく持っていたのはどうしてなのかを説明してもらいたい。最後に、社会が北の国々で完成して、人々にその相互の義務と楽しく平和にいっしょに暮らす術を教えようとして、あれほどの苦労をして以来、むかし生まれてきたあれほど多数の人々と似たことがなにか生じるのがみられないのはなぜであろうか。これらすべて偉大なもの、すなわち技術、学問、法律が、賢明にも人間によって発明されたのは、あたかもわれわれに予定されたこの世界がついには住人にとってあまり小さくなるのを恐れて、種の極端な増加を防ぐための救いのペストのようなものだと、ある人がついには思いついて、私に答えるのではないかと心配である。

いったいなんということであろう。社会を破壊し、君のものと私のものをなくし、森に戻って熊といっしょに生活しなければならないのであろうか。これは私の敵たちの流儀による結論だ。そのような結論をだす恥はお任せするが、それだけにその結論を避けたいのである。おお、天上の声が少しも聞えず、あなたがたの種のためにこの短い生涯を終えること以外には目的を認めないあなたがた、都市のまんなかに、あなたがたの不吉な獲得物、不安な精神、堕落した心、とめどのない欲望を残しうるあなたがた、あなたがた次第なのだから、太古の最初の無邪気さを取り戻し、森のなかへ行き同時代人の犯罪を見たり記憶したりしないでよいようにし、知識の光を放棄することによって、悪徳を放棄して、あなたがたの種をいやしめるのを少しも恐れてはならないのだ。情念が永久にその根源の素朴さを破壊してしまっていて、もはや草やどんぐりで身を養うことも、法律や首長なしですますこともできない私に似た人々、最初の父祖が超自然の教訓を受けるという名誉を得た人々、人間の行為がながいあいだ獲得できなかった精神（道徳・社会）性を人間の行為にまず与えようという意図のなかに、それ自体ではどうでもよく、ほかの体系のなかでは説明不可能な一つの戒律の根拠を見ることになる人々、要するに、神の声が全人類を天使たちにめぐまれている知識の光と幸福へ招いたと確信している人々、以上の人々すべては、徳を知ることを学びながら、徳を実行せざるをえなくなったために、それから期待すべき永遠の価値に値するようにと努力するだろうし、自分たちが成員である社会の神聖な絆を尊重し、同胞を愛し、できるだけ同胞に奉仕し、法律と法律をつくって執行する人々に対して慎重に服従し、とりわけつねにわれわれを押しつぶそうとしている無数の弊害や悪を予防し、なおし、和らげることのできる善良で賢明な君主たちを尊敬し、恐れもせずお世辞も言わず、この立派な首長にその任務の偉大さと義務の厳しさを示して、その熱意をかきたてるであろうが、やはり、求めるほどには得られない多くの立派な人の助けを借りなくては維持されず、どんなに配慮をしても、表面上の利益よりも現実の災難のほうがいつも多く生じるような国家の構成を、軽蔑するであろう。

（X） われわれが、われわれ自身によるか、歴史家によるか、旅行者によるかして知っている人間のうち、ある者は黒く、ある者は白く、ある者は赤く、ある者は髪が長く、ある者は縮れ毛しかなく、ある者はほとんど毛だらけで、ある者は髪すらもないし、巨大な身体の民族があったし、おそらくいまもまだいるだろうし、誇張にすぎないかもしれない小人族の寓話は別にして、ラポニア人（一六）やとくにグリーンランド人は人間の平均身長よりもはるかに低いということが知られているし、みんなが四足獣のように尾を持っている民族がいるとさえ主張されているし、ヘロドトスやクテシアス（一七）の見聞を盲目に信頼しないとしても、少なくとも、さまざまな民族が、今日よりもおたがいにもっと異なった生活様式をしていたあの古代の時代において、立派な観察をすることができたなら、身体の形態や習慣のなかに、はるかに著しい多様性が認められたであろうという、きわめて真実らしい意見が得られる。反論の余地ない証拠を容易に与えることのできるこうした事実はすべて、自分のまわりの物のみを見、気候、空気、食料、生活様式、習慣一般の多様性の強力な影響と、とくに同じ原因がたえず幾世代もつづいて作用するときの驚くべき力を知らない人々のみを驚かせる。交易、旅行、征服がさらにさまざまな民族を結びつけ、頻繁な交渉によってその生活様式がたえず接近する今日では、民族間のある種の相違は少なくなっていることに気づく。たとえば、今日のフランス人は、その国の住民の自然の体格や皮膚の色において、ローマ人との接触のため気候の影響を受けなくなったものを、自身白色で金髪のフランク人とノルマン人の混血に時間の経過が加わって、また回復させたにちがいなかったとはいえ、ラテン語で書いた歴史家たちによって描かれた、あの白色で金髪の大きな身体をもはや持たないとだれでも気づくことができる。多くの原因が人類に生みだすかもしれず、実際に生みだした多様性についてのこうしたすべての観察によって、人間に似たさまざまな動物が、旅行者によっては、よく検討されなかったか、外部の体形に気づいたいくらかの相違によるか、ただこの動物がものを言わないから獣と思われているが、実際には真の野生の人であって、その人種は太古に森のなかに散って、自分の潜在能力をどれも発達させる機会がなく、いかなる程度の完成に達することもなく、いまなお自然の原初の状態にいるのではないかと、私には疑われる。私がなにを言おうとしているのか一つの例をあげてみよう。

『旅行総誌』（一八）の翻訳者は次のように言っている。「コンゴ王国では、東インドでオランウータンと呼ばれている、人類と狒々のほぼ中間にある、あの大きな動物がたくさん見つかっている。ロアンゴ王国（一九）のマヨムバの森のなかに二種類の怪物が見られ、大きいほうはポンゴ、他方はエンジョコと呼ばれていると、バテル（二〇）は語っている。ポンゴは人間にそっくりであるが、はるかに太っていて、非常に背が高い。人間の顔をしていて、眼は非常にくぼんでいる。手、頬、耳には毛がなく、眉毛は例外できわめて長い。身体のほかの部分はかなり毛がはえているとはいえ、その毛はそれほど濃くなく、その色は褐色である。最後に人間と区別のつく唯一の部分は足で、ふくらはぎがない。手で首の毛をつかみながらまっすぐ立って歩き、隠れ家は森のなかにあり、木の上で眠り、そこに一種の屋根をつくって雨をしのいでいる。食物は野生の果実かくるみである。けっして肉を食べない。黒人たちの森を横切るときの習慣は、夜中に火をたくことである。朝出発すると、ポンゴがかわって火のまわりに場所を占め、火が消えるまで引きあげないのに黒人たちは気づいている。なぜなら、ポンゴは非常に器用なのだが、木を運んできて、火を燃やしつづけるだけの分別がまったくないからである。

　ときには群れをなして動き、森を横切る黒人を殺す。住んでいる場所に草を食べにやってくる象と出会うことさえあり、こぶしや棒で邪魔をして、象が叫び声をあげて逃げ出さざるをえないようにする。ポンゴを生け捕りにけっしてできないのは、非常に強く、捕えるためには十人の男でも十分ではないからで、黒人は、母親を殺したあとで、母親の身体にしっかりとしがみついているたくさんの子供を捕えるし、この動物の一匹が死ぬと、ほかの動物たちはその身体を多くの枝や葉でおおう。パーチャス（二一）がバテルと交わした談話のなかで、バテル自身から聞いたことをつけ加えると、一匹のポンゴがバテルから黒人の子供を一人さらい、子供はその動物の社会でまる一か月を過ごしたということである。なぜなら、黒人の子供が観察したように、少なくとも人間が見つめないときは、ふいに出会う人間にまったく危害を加えないからである。バテルは二番目の種類の怪物については少しも記述しなかった。

　ダッペル（二二）が確認するところによれば、コンゴ王国には、東インドではオランウータンすなわち森の住人という名前を持ち、アフリカ人がクォジャ・モロと呼んでいるこの動物がたくさんいるという。この獣はあまりに人間に似ていて人間の女と猿から生まれたのかもしれないと、若干の旅行者は思いついたのであるが、それは黒人も受け入れない空想であると言っている。この動物の一匹がコンゴからオランダへ運ばれ、オラニエ公フレデリク・ヘンドリックに献上された。三歳の子供の背たけで、肉づきは普通で、がっちりとしてよく均整がとれ、非常に敏捷で活発で、肉づきのよい頑丈な脚をしており、身体の前面はまったく毛がないが、背中は黒い毛でおおわれていた。一見したところ、顔は人間の顔に似ているが、鼻は平らで曲がっており、耳はまた人類の耳であり、乳房は、雌であったから、ふっくらしていて、臍はくぼみ、肩は非常にがっちりしており、手は指と親指に分かれ、ふくらはぎと踵は脂肪がつき肉がついていた。しばしば足でまっすぐ立って歩き、かなり重い荷物を持ちあげたり運んだりできた。飲もうとするときは、一方の手で壺のふたを取り、一方の手で底を支えた。それから上品に唇をふいた。眠るのに枕に頭をのせて横になり、まったく器用に身体をおおうので、寝台に寝ている人間と思われたであろう。黒人たちはこの動物について(一三)奇妙な話をしている。女や娘を犯す(一四)のみならず、武装した男をもあえて攻撃すると断言し、要するに、古代人のサテュロスだと思われるふしがある。メローラが、黒人はしばしば狩猟のときに野生の男女を捕えると述べるとき、おそらくこの動物のことを言っているにすぎない。」

なおこの種の人間の形をした動物については、同じ『旅行総誌』の第三巻に、ベッゴとマンドリルという名の下に語られているが、先の報告にだけ限れば、このいわゆる怪物の記述には、人類との目立った一致と、人間と人間のあいだで指摘できるものより小さな相違が見出される。この一節には、著者たちが問題の動物に野生の人という名前を拒否するための根拠となる理由は少しも見られず、それは愚かさのため、また話をしなかったからだと容易に推測できるが、これは、発声器官が人間にとって自然であるとはいえ、言葉そのものは自然ではないことを知り、人間の完成能力が社会人をどこまでその根源の状態から高めえたかを知っている人々にとっては、薄弱な理由である。この記述を述べる行数が少ないことから、こうした動物がいかにいい加減に観察され、いかに偏見を持って見られたかを、われわれは判断できる。たとえば、怪物と呼ばれているが、しかしながら、子供を産むとは認められている。ある所で、バテルは、ポンゴは森を横切る黒人を殺すと言っているが、ほかの場所では、パーチャスは、黒人たちがじっと見つめないならば、黒人とふいに出会っても危害を加えないとつけ加えている。ポンゴは黒人たちが立ち去ると、黒人がつけた火のまわりに集まり、火が消えるとポンゴも立ち去って行く。これは事実であるが、次は観察者の注釈である。「なぜなら、ポンゴは非常に器用なのだが、木を運んできて、火を燃やしつづけるだけの分別がまったくないからである。」バテルあるいはその編集者パーチャスは、ポンゴの退却がその意志よりむしろその愚かさの結果なのだということをどうして知りえたのかを、私は推理してみたいのである。ロアンゴのような風土にあっては、火は動物にどうしても必要なものでなく、黒人が火をたくにしても、寒さを防ぐよりも、野獣をこわがらせるためであり、したがってしばらく炎を楽しむが十分暖まったあとで、ポンゴはいつまでも同じ場所にとどまっているのに飽きて、肉を食べる場合よりも多くの時間がかかる草を求めて立ち去るのはきわめて簡単である。そのうえ、人間も例外ではないが、大部分の動物は本来怠けものであり、絶対に必要ない、あらゆる種類の配慮をきらうことは知られている。最後に、器用さと力がほめたたえられているポンゴ、死体を埋葬したり木の枝でおおいをつくれるポンゴが、燃えさしの火を燃えあがらせられないとは、まったく奇妙に思われる。人々がポンゴはできないと思いたがっているこの同じ動作を、一匹の猿が行なうのを見たことを、私は思い出すし、私の考えは当時その方向へ向いていなかったので、私がわれわれの旅行者たちに対して非難している誤りを、私自身犯してしまったことは真実であり、猿の意図が実際に火を維持することなのか、あるいは単に、私が考えているように、人間の行為を模倣することなのかを検討することを怠ったのである。いずれにせよ、猿が人間の一つの変種でないことが十分証明されているのは、単に猿には話す能力が欠けているからだけではなく、とくに、猿の種には、人類だけに固有の性格である自己を完成する能力が少しもないことが確かだからである。これが、同じ結論を得られるほど十分に配慮してポンゴやオランウータンについて行なわれたようには思われない実験である。しかしながら、オランウータンその他が人類に属しているならば、このうえなく粗雑な観察者でも、証明によってこれを確かめる方法があるであろうが、この実験は、ただ一世代だけでは十分ではなく、仮定にすぎないことが真実であると証明されるには、そのまえに、事実を確認すべき実験が支障なしに試みられる必要があるから、実行不可能と思われるにちがいない[二五]。

性急な判断、啓発された理性[二六]に導かれていない判断は、極端に走りがちである。われわれの旅行者たちは、古代人がサテュロス、ファウヌス、シルヴァヌスという名で神としたその同じ存在を、ポンゴ、マンドリル、オランウータンという名で無造作に獣にしているのである。おそらく、さらに正確な研究ののち、それが〔獣でも神でもなく〕（一七八二年版）人間であることがわかるであろう。それまでは、学問のある修道士で実際の目撃者であり、まったく素直でありながら、才人でもあるメローラを、商人のバテル、ダッペル、パーチャス、その他の編集者たちと同じように、そのことでは信頼するに十分な理由があるように私には思われる。

すでにまえに述べた、一六九四年に発見され、まったく理性のしるしも示さず、足と手で歩き、まったく言語を持たず、人間の声とはまったく似ていない声をしていた子供について、同じような観察者はどんな判断を下したと考えられるだろうか。長いあいだかかって、いくつか言葉を出せるようになったが、まだ野蛮な仕方でそうしていた。話せるようになるとすぐ、その最初の状態についてたずねたが、われわれが揺りかごで起こったことを思い出せないのと同じように、覚えていなかったのだと、この事実を私に与えてくれる同じ哲学者はつづけて言っている。この子供にとって不幸なことに、われわれの旅行者の手にはいったとしたら、沈黙と愚鈍さに気づいたあとで、森へ送り返すか、家畜小屋へ閉じこめてしまったことは疑いがなく、そのあとで、旅行者たちは人間にかなり似たまったく奇妙な獣として、立派な報告書のなかで、学者らしく語ったであろう。

三、四百年このかた、ヨーロッパの住人が世界のほかの部分に流れこみ、新しく集めた旅行記や報告をたえず出版しているが、われわれは人間についてヨーロッパ人だけしか知らないのだと私は確信しているし、さらに、学問ある人々のあいだでさえ消え去っていない滑稽な偏見から、だれも人間の研究という派手な名のもとに、自国の人間の研究以外はほとんどしていないように思われる。個々の人が行ったり来たりしたとしても、哲学は少しも旅をしないもので、したがって、それぞれの民族の哲学はほかの民族にはほとんど適さないのである。この原因は、少なくとも遠く離れた地方については、明白であり、遠くへ旅する人といえば、船員、商人、兵士、宣教師という四種類の人以外はほとんどいない。ところで、最初の三つの職種の人々がよい観察者を提供してくれるのはほとんど期待できず、四番目の職種の人々は、自分たちに呼びかける崇高な使命に一心で、ほかの人々のように身分上の偏見にとらわれないときでも、純粋な好奇心から発すると思われ、目的となっているもっと重要な仕事からそれるような研究に、進んで没頭しないだろうと考えるべきである。そのうえ、有効に福音を説くには、熱心さだけが必要であり、神が残りは与えてくれるが、人間を研究するには、神がだれに与えるとも約束せず、かならずしも聖者が分かち持っているとはかぎらない才能が必要である。どの旅行記を開いても、性格や習俗の記述が見出されないことはないが、いろんなことをあれほど書いたそうした人々が、だれでもすでに知っていたことだけを語り、世界のもう一方の果てでも、自分の街から外へ出ないで、自分で気づいていたことしか語らず、諸民族を区別して、見る眼を持っている人なら強い印象を受けるあの真の特徴がほとんどつねに眼にとまっていないのを見て、まったく驚いてしまう。ここから生まれてきたのが、哲学者の群れによってあれほど言いふるされた、あの立派な格言であり、人間はどこでも同じであり、いたるところで同じ情念、同じ悪徳を持っているから、さまざまな民族の性格づけをしようとすることは無駄であるということになるが、それは、ピエールとジャックも、鼻と口と眼を持っているのだから、区別できないというのとほぼ同じように道理にかなっている。

民衆が哲学に介入しなかったが、プラトンやターレスやピュタゴラスのような人々が、知るという熱望に燃えて、ただ学識をふやすために大旅行を企て、遠くへ行って、国民の偏見の束縛をふるい落とし、人間をその一致点と相違点で知ることを学び、ある世紀またはある国だけの知識ではなく、あらゆる時代とあらゆる場所のものであり、いわば賢者たちに共通の学問であるあの普遍的な知識を手に入れようとしたあの幸福な時代が再生するのは、けっして見られないのであろうか。

あばら屋を描き、碑銘を解読するか模写するため、学者や画家を連れて、巨額の費用をかけて東洋へ旅行をし、もしくはさせた若干の好奇心を持った人々の壮大さを、人々は感心しているが、立派な知識を誇るこの世紀にあって、しっかり心を合わせた二人の人間が、一人は金持で、一人は才能豊かで、二人とも栄光を愛し、不滅を願い、一人は財産を二万エキュ、一人は生涯の十年間を犠牲にし、荘大な世界一周旅行を行ない、かならずしも石や植物ではなくて一度は人間や風俗を研究し、家を測量したり考察したりするのに多くの世紀を費やしたあとで、ついにはその住人を知ろうと思いつくような人がどうしていないのか、私は理解に苦しんでいる。

ヨーロッパの北部とアメリカの南部を踏破したアカデミーの会員は、目的は哲学者としてよりも幾何学者としてそこを訪ねることであった。しかしながら、同時にその両方であったので、ラ・コンダミーヌ[二七]やモーペルテュイ[二八]のような人々が見、記述した地域をまったく未知のものとみなすことはできない。宝石商シャルダン[二九]は、プラトンのように旅行をし、ペルシアについてはなにも言うべきことは残されていないし、シナはイエズス会の修道士たちによって十分に観察されたようである。ケンペル[三〇]は、日本で見たわずかなことについて、かなりの考えを与えてくれる。こうした報告を除けば、頭よりも財布をいっぱいにすることに興味を持っているヨーロッパ人だけしか通わなかった東インドの諸民族をわれわれは少しも知らない。アフリカ全土とその数多くの住民は、その性格、膚の色によってもきわだっており、なお検討すべきであり、地球全体は、われわれが名前しか知らないさまざまな民族でおおわれているのに、われわれは人類を判断しようと口を出しているのである。モンテスキュー、ビュッフォン、ディドロ、デュクロ、ダランベール、コンディヤック[三一]もしくはこうした資質の人々が、同国人を教育するために旅行をし、トルコ、エジプト、バルバリア、モロッコ帝国、ギニア、カフラリア人の国々[三三]、アフリカ内部と東海岸、マラバール[三二]、ムガール、ガンジス河の両岸、シャム、ペグー[三四]、アヴァ[三五]の諸王国、シナ、韃靼、とくに日本、それから他の半球では、メキシコ、ペルー、チリ、マジェラン海峡地域、それに本物または偽物のパタゴニア人も忘れず、トゥクマン[三六]、できればパラグワイ、ブラジル、最後にカリブ諸島、フロリダ、そしてあらゆる未開の地域を自分たちがなしうるように観察し、記述すると仮定してみると、これはあらゆる旅行のなかでもっとも重要な旅行で、このうえない配慮を払って行なわなければならないような旅行であり、これら新たなヘラクレスたちがこの記念すべき旅から戻って、それからゆっくりと見てきたことについて政治と精神（道徳・社会）の博物誌を書くとすると、われわれ自身そのペンの下から、一つの新しい世界が出てくるのを見、このようにして、われわれの世界を知ることを学ぶであろう。このような観察者が、ある動物についてはそれは人間であり、別の動物についてはそれは獣であると断言するとき、それを信じなければならないだろうと言っているのであるが、その点では粗雑な旅行者を信頼するのはあまりに単純であり、ほかの動物についておせっかいにも問題解決してくれているとはいえ、ときには旅行者についても同じ質問をしたくなるだろう。

（XI）このことはまったく明白なことのように私には思われ、哲学者たちが自然人にあるとしているすべての情念がどこから生まれうるのか、私には理解できないであろう。自然そのものが要求しているただ一つの肉体的に必要なものを除いて、ほかのすべてのわれわれの欲求は、習慣になるまえはまったく欲求でなかったので、習慣もしくはわれわれの欲望によってのみそうなり、知ることのできないものを少しも欲することはない。その結果として、野生の人は自分が知っていることのみを欲し、自分で所有できるか容易に得られるものしか知らないので、野生の人の魂ほど平静で、野生の人の頭ほど限界のあるものはなにもないはずである。

（XII）ロックの『統治二論』に、一つの反論を見出すが、それはあまりにもっともらしくて、知らないふりをするのは許されないであろう。この哲学者はいう、「雄と雌のあいだの社会の目的はたんに生殖ではなく、種を継続することであるから、この社会は、生殖のあとでさえも、少なくとも、生みだされたものの養育と保存のために必要なかぎり、すなわち、自分の欲求を満たせるようになるまで、つづかなければならない。この規則は創造主の無限の知恵が、その手で造ったものについて確立したのであるが、人間よりも劣った被造物がそれをたえず正確に守っているのを、われわれは見ている。草を食べて生きているあの動物において、雄と雌との夫婦関係が、毎度の性交の行為より長くはつづかないのは、子供たちが草を食べられるようになるまでは、育てるのに母親の乳房で十分であるので、雄は子供をつくることで満足し、そのあとは、雌や子供の生存のためにいかなる役にも立たず、もう雌や子供に干渉しないからである。しかし、猛獣については、夫婦関係がもっと長くつづくのは、母親は自分の獲物だけでは、自分自身の生存を維持すると同時に子供を養えないのである。獲物は自分を養う一つの方法ではあるが、草で自分を養なう方法よりも骨の折れる危険な方法であって、もしこういう言葉を使ってよいならば、共同の家族の維持のためには、雄の援助をぜったいに必要としているからであり、この家族は、自分で獲物を捜しに行けるようになるまでは、雄と雌の世話によらなければ生存できないであろう。たえず食物が豊富であって、雄が子供を養う世話から免れているような場所にいる若干の家禽を除けば、同じことがすべての鳥に認められ、巣のなかにいる雛が食物を必要とするあいだ、この雛が飛んで自分の生存を維持できるようになるまで、雄と雌がそこへ食物を運ぶ。

　このようなことは、私の考えによれば、人類においてなぜ雄と雌とがほかの被造物よりも長いあいだ夫婦関係を維持しなければならないかというただ一つの理由ではないにしても、主要な理由をなしている。この理由とは、女性は妊娠する能力があって、普通、先に生まれた子供が両親の助けを必要とせず、自分で欲求を満たせるようになるよりはるか以前に、また妊娠をして、新しい子供をつくるということである。こうして、父親はつくった子供たちの世話をし、長いあいだその世話をしなければならないので、また子供を産ませたその同じ女性とともに夫婦関係のなかで生活をつづけ、ほかの被造物たちよりも長くこの夫婦関係のなかにとどまらざるをえず、ほかの被造物の子供は、新たな生殖の時が来るまえに、自分で生存できるので、雄と雌の絆はおのずから断たれ、おたがいが完全な自由のなかにおかれ、動物をいつも結びつくように促すあの季節が来て、新たな相手を選ばざるをえなくなるのである。ここで創造主の知恵を讃美しても十分ではないのは、創造主は人間に対して、現在と同様に未来にそなえるのに適した特性を与え、人間の夫婦関係がほかの被創造物のあいだの雄と雌の夫婦関係よりもはるかに長くつづくように望み、そうしたからであり、そのことにより男性と女性の器用さがさらに刺激を受け、おたがいの利害がますます一致し、子供のために蓄えをし、財産を残すようにするためであり、不確実で曖昧な結びつきや夫婦関係が安易にしばしば解消することほど、子供にとって不利なものはない。」

　この反論を誠実に示すようにさせたのと同じ真理への愛から、私は若干の批判をつけ加えたい気になるのは、この反論を解決するためではないとしても、少なくともそれを明解にするためである。

　㈠　まず、精神（道徳・社会）的な証拠は肉体的なことについて大きな力を持たず、存在する事実を説明するのに役立っても、その事実が現実に存在するのを確認するためにむしろ役に立たないと述べたいのである。ところで、これこそは、私がいま引用した一節において、ロック氏が使っている種類の証拠である。なぜなら、男性と女性の結合が永続的であることが、人類にとってどんなに有利であろうと、だからといって、それが自然によってそのように確立されていたのだということにはならないし、そうでなければ、政治社会、技術、商業、人間に役立つと言われるすべてのものを自然はまた制定したと言わなければならないだろう。

(二)　猛獣のあいだで、雄と雌の夫婦関係が、草を食べて生きる動物のあいだよりも長くつづき、子供たちを養うのにおたがいを助けるということを、ロック氏はどこで見つけたのか私は知らない。なぜなら、犬や猫や熊や狼は、馬や羊や牛や鹿や、そのほかのすべての四足獣よりも、自分の雌が自分のものだとよくわかっているということは、わかっていないからである。逆に、雄の援助が雌にとって子供が生き残るために必要であるとすれば、それはとくに草だけ食べて生きている種の場合のようである。母親が草を食べるのには非常に長い時間が必要であり、そのあいだずっと、母親はその子供をおろそかにせざるをえないからであるが、これに対して、雌の熊や狼は獲物をあっという間に食べて、飢えを我慢することもなく、子供に乳をやる時間がより多くあるからである。この推論は、肉食の種と果実を食べる種を区別する乳房と子供との相対的な数についての観察によって確認されるが、このことについては注（Ⅷ）で述べた。この観察が正しく一般的であれば、女性は二つの乳房しか持たず、一度に一人の子供しか産まないから、これこそ人類が肉食動物であるということを疑わせるもう一つの強力な理由であり、したがって、ロックの結論を得るためには、その推論をすべてひっくり返さなければならないように思われる。同じ区別を鳥にあてはめても、やはり確固さが欠けている。なぜなら、禿鷹や烏のほうが雉鳩の場合よりも雄と雌の結合が長くつづくと、だれが信じられるだろうか。この著者の体系と正反対の例を提供する二種の家禽、家鴨と鳩がいる。穀類だけで生きている鳩は雌と結ばれたままでいて、いっしょに雛を養う。食欲で知られている家鴨は、自分の雌も子供もわからず、その生存の維持にいかなる援助もせず、同じように肉食の種である雌鳥に混じって、雄鳥が少しも雛の世話をするのは見られない。他の種において、雄が雌とともに子供の世話を分かちあうとすれば、鳥は最初は飛べないのだし、母親は乳を与えることができないのだから、少なくとも子供を養うしばらくのあいだ母親の乳房で十分な四足獣よりも、父親の援助がなければやっていけない状態にいるからである。

(三)　ロック氏の推論全体の基礎となっている主要な事実については、大いに不正確である。なぜなら、彼が主張しているように、純粋の自然状態において女性は、普通先に生まれた子供が自分の欲求を自分で満たせるようになるよりはるか以前に、また妊娠して、新しい子供をつくるものかどうかを知るためには、さまざまな実験が必要であり、ロック氏はたしかにそれを行なわなかったし、だれもそうすることができないからである。夫と妻のたえざる同棲は、新たに妊娠をするおそれが非常に高くなるので、純粋の自然状態においても、偶然の出会いまたはたんなる欲情の衝動によって、夫婦生活の状態としばしば同じような結果が生みだされると考えるのは、まったく困難であり、そう頻繁でないことは、子供をさらに丈夫にするのに役立つであろうし、若いときに妊娠能力をそれほど濫用しなかった女性は、もっと高年齢にまでそれがのびることによって代償を受けるであろう。子供については、その力と器官は、私が語っている原初の状態におけるよりも、われわれのあいだではるかに遅れて発達すると信ずべき多くの理由がある。子供が両親の体質から受けつぐ根源的な弱さ、子供の手足をおおい束縛する世話、育てられる環境の柔弱さ、おそらくは母乳以外の乳の使用、あらゆることが自然の最初の進歩を妨げ、遅らせている。たえず子供の注意を集中させるようにしている多くのことに対して、熱中するように無理強いして、体力の訓練をしないから、さらに子供の成長を妨げることになっているかもしれず、したがって、まずなにかと精神に負担をかけすぎ、疲れさせる代わりに、自然が要求していると思われるたえざる運動ができるように身体を訓練させておくなら、おそらくはるかに早くから歩き、行動し、自分の欲求を自分で満たせるようになるであろうと考えるべきである。

(四) 最後に、ロック氏は、女性が子供を持つとき、男性が女性につき添っている一つの動機があるかもしれないことを、せいぜい証明しているだけであるが、出産のまえと九か月の妊娠のあいだつき添っていなければならなかったことを、まったく証明していない。このような女性がこの九か月のあいだに男性にとってどうでもよいものであり、知らない女になってしまうことさえあるとすれば、なぜ出産のあとで援助するのであろうか。ただ自分の子供であるとも知らず、誕生を決意も予想もしなかった子供を育てるのに、なぜ助けるのであろうか。ロック氏は明らかに疑問となっていることを前提としている。なぜなら、なぜ男性が出産のあとも女性から離れないかではなく、なぜ妊娠のあと離れないことになるのかを知ることが問題であるからである。欲望が満たされると、男性はそうした女性を、女性はそうした男性をもう必要としない。男性は自分の行動の結果については、少しも気にかけず、おそらく少しの考えも持ってはいない。一人は一方へ、もう一人は他方へ立ち去り、九か月後には、二人は知りあっていたという記憶があるようにはみえない。なぜなら、生殖行為のために、ある個体がある個体を好むという、こうした種類の記憶は、本文で私が証明しているように、人間の理解力に、ここで問題となっている動物状態において想定できる以上の進歩もしくは堕落が要請される。したがって、別の女性が、すでに知っていた女性と同じように都合よく男性の新たな欲望を満足させうるし、その女性が、かなり疑わしいことではあるが、妊娠中でも同じ欲望に駆られるものとすれば、別の男性が同じようにその女性を満足させられる。自然状態において、子供を身ごもったあとに、女性がもう愛の情念を感じないとすれば、男性との夫婦関係への障害はそのためにさらに大きくなる。というのは、そのときは、もはや自分を妊娠させた男性も、またほかのだれをも必要としなくなるからである。したがって、男性には同じ女性を捜すという、女性には同じ男性を捜すといういかなる理由もない。したがってロックの推論は崩れ、この哲学者の論法はすべて、ホッブズやほかの人々が犯した誤りから免れられなかった。自然状態、すなわち、人間が孤立して生きていた、ある人間がある人間のそばに住み、さらに悪いことには、人間がおたがいにいっしょに住むいかなる動機もなかった状態という一つの事実を彼らは説明すべきであり、幾世紀にわたる社会、人間にはいつもおたがいに近くに住む一つの理由があり、ある男性がしばしばある男性もしくはある女性のそばに住む一つの理由を持っている時代の向こう側へと、自分を移してみることを考えてもみなかった。

（XIII）私は、この言語の制定の持つ利益と不利益について行なわなければならない哲学的な熟慮に身を乗り出すことはさし控えるつもりであるし、卑俗な誤りを攻撃することが、私には許してもらえないし、学識ある人々はあまりに自分の偏見を尊重して、私のいわゆる逆説を忍耐づよく我慢できないのである。したがって、多くの人の意見に反対してときには道理の立場をあえてとっても、少しも罪をきせられなかった人々に語らせることにしよう。「人々が、不幸で混乱したたくさんの言語を追い払い、記号や動作や身振りによってあらゆることで自分の考えを表わせる能力を持てるような、唯一の画一的な技術に秀でるように努力をすれば、人類の幸福からなにも奪うことにはならないであろう。現状においては、俗人が愚鈍としている獣の条件は、この点では、われわれの条件よりもはるかに好ましいようにみえる。動物たちは、まったく通訳なしで、自分の感情や思考を、より敏速に、おそらくより忠実に伝えており、その点では、とくに外国語を用いるさいの人間よりすぐれているのではなかろうか。」（イサーク・フォシウス[三七]『歌謡と韻律の特性について』、六六頁）

（XIV）プラトンは不連続な量とその関係についての観念がどんな小さな技術においてもどんなに必要かを示し、同時代の著者たちを正当にもからかう。トロイアの攻囲のときにパラメデスが数というものを発明したと彼らは言っているのに対して、まるでアガメムノンがそれまで自分に足が何本あるのか知ることができなかったようだと、この哲学者は言っている[三八]。実際、人間が数と計算を使っていないなら、トロイア攻囲の時代の状態にまで、社会と技術が達することは不可能であったと感じられるが、ほかの知識を獲得するまえに、数を知るという必要があるからといって、その発明がいっそう思いつきやすくなるというわけではなく、数の名称がひとたび知られると、その意味を説明し、その名称があらわす観念をよび起こすのは容易であるが、それを発明するためには、それと同じ観念を考えつくまえに、いわば哲学的な瞑想に親しみ、さまざまな存在をそのただ一つの本質によって、ほかの知覚から独立して考察する訓練を行なっておかなければならなかった。これはきわめて骨の折れる、きわめて形而上学的な、およそ自然ではない抽象作用であるが、しかしながら、この抽象作用なしでは、こうした観念が、一つの種または類からほかの種、類へ移ることも、数が普遍的になることもけっしてありえなかったであろう。ある未開人が右足と左足とを別々に考察したり、またそれを分けることのできない一対という観念のもとにいっしょに眺めることはできたが、二本の足を持っているとはけっして考えなかったのは、われわれに一つの対象を描いてみせる表象的観念とその対象を限定する数的な観念は別物であるからである。さらに五つまでも数えられないのに、両手を重ねあわせて、指が正確に対応し合っているのに気づくことができたとはいえ、それが数として同じであると考えるどころではなかったし、指を髪の毛と同じように数えられず、だれかが、数とはなにかをわからせたあとで、足にも手にも同じ数の指があると言ったら、指をくらべて、それが本当であるとわかり、おそらく非常に驚いたであろう。

(XV) 利己愛と自己愛を混同してはならない。この二つの情念は、その本性からもその効果からも、非常に異なったものである。自己愛は自然の感情で、すべての動物を自己保存に留意させ、人間にあっては、理性によって導かれ、憐れみの情によって変えられ、人類愛と徳とを生みだすのである。利己愛は相対的で、人為的で、社会のなかで生まれ、各個人をほかのだれよりも自分を重んじるようにさせ、おたがいに行なうあらゆる悪を人々に思いつかせ、名誉の真の源である感情にすぎない。

このことがよく理解されれば、われわれの原初の状態、真の自然状態においては、利己愛は存在しないと私がいうのは、どの人間もとくに、自分のことを観察するただ一人の観察者、自分に関心を持つ宇宙におけるただ一人の存在、自分自身の長所の唯一の判断者と自分のことをみなしているのだから、自分がなすことのできない比較のなかにその源がある感情が、その心のなかにめばえるということはありえないし、同じ理由によって、この人間は憎悪も復讐の欲望も、すなわちなにか侮辱を受けたという考えからのみ生まれうる情念を、持ちえないであろうし、侮辱となるものは、軽蔑とか危害を加えようとする意図であって、悪ではないのだから、おたがいに評価し比較しあうことを知らない人々は、なにか利益になるときは、おたがいにけっして侮辱しなくても、ひどい乱暴をしあうことはありうる。要するに、人間はおのおの、その同胞をほかの種の動物を見るようにのみ見ることがほとんどなので、弱いものから獲物を奪い、強いものに譲ることはありうることで、この略奪を自然の出来事とみなすだけであり、傲慢あるいは軽蔑の念は少しも持たず、成功の喜びや失敗の悲しみのほかにはいかなる情念もない。

（XVI）　多年にわたってヨーロッパ人は、世界のさまざまな地方の未開人を自分達の生活様式へ導こうと苦心しているが、いまだにただ一人もそうすることができず、キリスト教を利用してさえもそうであったということは、きわめて注目すべきことである。なぜなら、われわれの宣教師はときに未開人をキリスト教徒にすることはあるが、文明人にはけっしてしないからである。われわれの風習を取り入れ、われわれのように生活することに抱く嫌悪感は、なにものによっても克服することはできないのである。この哀れな未開人が、一般に言われているほど不幸ならば、考えられもしないどのような判断力の堕落から、われわれを模倣して政治的秩序を確立することや、われわれのあいだで幸福に生活することを学ぶのを拒否し、また他方では、多くの本で読んでいることであるが、フランス人やほかのヨーロッパ人が進んでこうした国民のなかに亡命し、あれほど風変わりな生活様式をもう捨てられずに一生涯をそこで過ごし、分別ある宣教師も、あれほど軽蔑されているその民族のなかで過ごした静かで汚れない日々を、感動をこめて惜しんでいるのを眼にするのであろうか。自分たちの状態とわれわれの状態を健全に判断するだけの知識の光がないと答えるならば、幸福の評価は理性よりも感情の問題であると私は答えるつもりである。そのうえ、この答えは、さらに大きな力をもってわれわれにはね返ってくるかもしれない。なぜなら、われわれの考えと、未開人がその生活様式に見出している好みを理解するのに必要な精神の性向とのあいだの隔たりのほうが、未開人の考えと、われわれの生活様式を未開人に理解させうるという考えとのあいだの隔たりよりも大きいからである。実際、いくらか観察をしたあとでは、われわれの仕事はすべてただ二つの対象、つまり、自分のためには便利な生活と、他人のあいだで受ける尊重に向けられているのを、未開人は容易に見てとるのである。しかし、ある未開人が森のなかでひとりで生活をしたり、釣りをしたり、ただ一つの音階を出すこともけっしてできず、覚えようと気づかうこともなく、へたな笛を吹いたりしたときに味わうような楽しみをわれわれが想像する方法があるであろうか。

なんども未開人をパリやロンドンやほかの都市に連れてきて、われわれの贅沢さや富やもっとも役に立ちもっとも珍しいあらゆる技術を熱心に見せつけたが、すべては愚かな感嘆をよび起こしただけで、それをほしがる動きはけっしてなかった。とりわけ私は、三十年ほどまえにイギリスの宮廷に連れてこられた数人の北アメリカ人のなかの一人の酋長の話を思い出すのである。なにか気にいってもらえる贈物をしようとして、眼のまえに多くのものを示したけれど、気にいったと思われるものはなにもみつからなかった。われわれの武器は重くて不便なようであり、靴は足を傷つけ、衣服は窮屈であり、なにもかも退けたのである。最後に、一枚の毛布を取って、肩をおおって喜んでいるようなのに気づいてすぐに、この品が有益だとは少なくともお認めいただけますね、と言った。ええ、これは獣の皮と同じくらい役に立ちそうですと答えた。雨のときにその二つを着てみたら、そうは言わなかったであろう。

習慣によって、各人は自分の生活様式に執着し、未開人がわれわれの生活様式になにかあるよい点を感じられないようにしているのだと、人々はおそらく私に言うであろうが、そういうことなら、ヨーロッパ人にその幸福を享受させたままにしておくより、未開人にその悲惨を好むままにしておくほうに、習慣がより多くの力を持っているのは、少なくとも非常に異常に見えるにちがいない。しかし、この最後の反論に対して、一言もいい返せないような返答をするために、文明化させようとしてむなしい努力をしたすべての若い未開人のことを引き合いにださず、デンマークで育て養おうと試みたが、悲しみと絶望のためやつれはて、あるいは故郷に泳いで戻ろうとして海に飛びこんで、みな死んでしまったグリーンランド人やアイスランドの住民のことも語らずに、十分に証明されているただ一つの例を引用するだけで、それをヨーロッパの政治的秩序の讃美者に検討してもらおう。

「希望峰のオランダ人宣教師のあらゆる努力にもかかわらず、ただ一人のホッテントットをもけっして改宗できなかった。喜望峰の総督ファン・デル・ステルは、一人のホッテントットを幼年時代から別にして、キリスト教の原理に従ってヨーロッパの習慣を習得させ、育てさせた。立派な服を着せ、いくつかの言語を学ばせ、その進歩は教育のために払った配慮によくこたえるものであった。総督はその才知に大いに期待して、一人の監督官とともにインドへ送り、監督官は会社の仕事に役立つように使った。監督官の死後、希望峰に戻ってきた。帰ってきてから数日後、親類の何人かのホッテントットをたずね、ヨーロッパふうの衣装を脱ぎ、羊の毛皮をまた着ようと決心した。この新しい服を着て、古い服を入れた包みを持って、砦に戻り、それを総督に差しだして、次のように言ったのであった。《私が永久にこのような衣服を捨ててもよいようにご配慮いただきたいのです。また、私は一生、キリスト教も放棄し、祖先の宗教、礼儀、習慣のなかで生き、そして死ぬ決心なのです。お願いしたい唯一の恩恵は、私が身につけているこの首飾りと短剣を私にいただきたいのです。それをあなたへの愛のために保存いたします。》ファン・デル・ステルの返答も待たずに、すぐに逃げ去り、希望峰でふたたび見かけることはなかった。」(『旅行総誌』第五巻、一七五頁)

(XVII) このような無秩序のなかで、人間は、頑に殺しあうかわりに、分散することになんの限界もなければ、分散してしまったであろうと、私に反論できるかもしれない。しかし、最初は、その限界というのは少なくとも世界の限界であったし、自然状態の結果として起こる極端な人口のことを考えると、この状態で大地は、そのようにして集まらざるをえなくなった人々でやがておおわれてしまったと判断されるであろう。そのうえ、悪はすみやかなものであり、それがたちまちに起こった変化であったなら、人間は分散したであろうが、人間は束縛の下に生まれ、その重みを感じたときには、束縛に耐える習慣を身につけていて、束縛を振り払う機会を待つだけであった。最後に、人間を集まっていないわけにはゆかなくしている多くの便利さに慣れ、分散は、だれもが自分だけを必要としているので他人の同意を待たずに決心をしていた初期の時代ほどにはもはや容易ではなかった。

（XVIII） V元帥〔三九〕の語るところによれば、ある戦いにおいて、一人の食糧請負人のひどい詐欺のために、軍隊が苦しめられ、不平の声があがったので、強くしかりつけ、絞首刑にするといって脅した。そんな脅しはなんでもありません。十万エキュの金を自由にできる人間は絞首刑にはなりはしませんと喜んで申しあげますと、この詐欺師は大胆に答えた。どうしてそんなことになるかわからないが、事実、なんども絞首刑になるべきであるのに、そうはならなかったと、元帥はすなおにつけ加えていた。

（XIX） 分配についての正義というものは、たとえそれが政治社会において実行できるとしても、自然状態のあの厳格な平等には対立するであろうし、国家のすべての成員は、国家に対して自分の才能と力とに応じた奉仕をしなければならないのだから、国民も自分の奉仕に応じて選別され、優遇されるべきである。この意味において、イソクラテス〔四〇〕の言葉を理解しなければならず、そこでは、二種類の平等、その一つはすべての国民に無差別に同じ利益を分配することにあり、もう一つはおのおのの価値に従って利益を分配することにあるのだが、その二つの平等のうちどちらが有利であるかを立派に区別できた初期のアテナイ人を誉めたたえているのである。この熟練した政治家たちは、悪人と善人のあいだになんの差別も認めないそのような不正な平等を追放して、おのおのその価値に従って報いたり罰したりする平等に断固として執着したと、その雄弁家はつけ加えている。しかし、第一に、いかなる段階の腐敗にまで達しえたとしても、悪人と善人をなんら差別しない社会は、かつて存在したことがなかったし、風俗の問題については、為政者のために規則として役立つほど正確な尺度を法律は定められないが、国民の運命と地位とを為政者の思いのままにさせておかないために、法律が為政者に人々の人格についての判定を禁じ、行動の判定のみを任せているのは、非常に賢明である。古代ローマ人の風俗のように純潔な風俗以外には、検閲官に耐えうるものはないし、そのような法廷はやがてわれわれのあいだではすべてを一変させてしまったであろう。悪人と善人とのあいだに差別をつけるのは、公けの評価によってなされる仕事であり、為政者は厳格な権利についてだけの判定者であるが、人民は風俗の真の判定者、この点では公正で、見識さえあり、ときには悪用されることがあっても、堕落させられることのない判定者である。したがって、国民の地位は、個人的な価値にもとづいて定められてはならず、そうすれば、為政者に法律をほとんど勝手気ままに適用する手段を与えてしまうことになるであろうが、そうではなくて、国家に対して行なう、さらに正確な評価を受けられる現実の奉仕によって定められなければならない。

訳注

表題

（一）本来の表題は、『人々のあいだにおける不平等の起源と基礎に関する論文』であるが、習慣的に『人間不平等起源論』と訳されているのでこれに従う。「起源」ということばは、ディジョンのアカデミーの問題では「源」となっていたけれど、ルソーはそれを「起源」に代える（三二頁参照）。ルソー自身は、『第二論文』とも『不平等論』とも呼んでいる。

（二）アリストテレスからの引用は、生まれながらの奴隷がいることを証明する一節への導入部分にある。

ジュネーヴ共和国へ

（一）この献辞は、ジュネーヴ共和国の国民全体から構成される総評議会へあてられている。しかし実際の権力は二十五名からなる小評議会によって握られていた。

（二）ローマ法王のこと。

（三）七代つづいたローマの王家。民衆の蜂起によって、紀元前五〇九年に滅ぶ。以後ローマは共和制となる。

（四）カルヴァンの建国以来。

（五）ジュネーヴでの政権を握る貴族と国民、町民との抗争のこと。ルソーは、一七三七年にその一つを目撃している。

序文

（一）「汝自身を知れ」のこと。

（二）ギリシア神話にでてくるボイオティアの漁夫、海にはいって海神となった。プラトンは『国家』第一〇巻で、人間の魂をグラウコスと比較し、魂が肉体と結合して、魂の不滅の本性がわからなくなってしまっていることを示している。
（三）ルソーは『不平等論』で「自然人」、「根源の人間」、「野生の人」、「未開人」、「野蛮人」という表現を意識的に使いわけている。
（四）紀元一世紀のローマの学者。『博物誌』の著者。
（五）ジュネーヴの法学者（一六九四―一七四八）。ルソーは『自然権の原理』の第一章第二節より引用。
（六）社交性とも訳される。
（七）「自然法」と「自然権」という表現は意識的に使いわけられている。
（八）ペルシウス『諷刺詩』第三篇七一―七三行。

本論

（一）グロチウスのこと。『戦争と平和の法』序論を参照のこと。
（二）プーフェンドルフ（一六三二―一六九四、グロチウスの祖述者）とロックのこと。それぞれ、『自然法と万民法』第四篇第四章と『統治二論』第二部第二章「自然状態について」を参照のこと。
（三）ホッブズのこと。『市民について』一四一を参照のこと。
（四）ギリシアの哲学者（前三九六―三一四頃）。プラトンの弟子。

第一部

（一）モンテスキューのこと。『法の精神』第一篇第一章を参照のこと。
（二）イギリスの宗教家、倫理学者（一六三二―一七一八）。ホッブズの説に激しく反対して、一六七二年に『自然法について』を書いた。一七四四年にバルベラックによって仏訳される。
（三）スペインの旅行家（一六四八―一七〇八）。『西インド旅行記』を書く。仏訳一七二二年。
（四）『国家』第三篇四〇五―四〇六参照のこと。ポダレイリオスとマカオンは、アスクレピオスの息子で、ホメロスの『イリアッド』に名前が出てくる医者。

(五)紀元一世紀のローマの医者、博学者。実際はヒッポクラテスは食養生の発明者でなく、食養生は永い伝統のあるものであると言っている。
(六)オランダの地理学者、博物学者(一五九三―一六四九)。オランダの西インド会社探検隊の集めた記録を編集して出版(一六三三)、仏訳は一六五〇年に出た。
(七)モンテーニュその他、情念を論じた人々。
(八)地、水、火、風の四大元素のうちの火のこと。
(九)『人間認識起源論』を参照のこと。
(一〇)『市民について』の序文。
(一一)ユスティヌスの『歴史』第二巻第二章にあり、グロチウスの『戦争と平和の法』第二篇第二章からの引用。
(一二)マンデヴィル(一六七〇―一七三三)のこと。オランダ生まれ、ライデン大学で医学を学んだのち、イギリスに定住した。主著は『蜂の寓話』(一七二三)であり、社会の繁栄と個人の美徳はあいいれないことを主張した。
(一三)ローマの将軍、独裁的な政治家(前一三八―八七)。ルソーの語る話は、プルタルコスの『英雄伝』第三〇章「スルラの生涯」に出ている。
(一四)ギリシアの僭主(在位、前三六九―三五八)、モンテーニュの『エセー』第二巻第二七章、プルタルコスの『英雄伝』第二三章に出ている。アンドロマコス、プリアモスは、トロイア落城の際の悲劇的な主人公。
(一五)『マタイ伝』第七章第一二節、『ルカ伝』第六章第三一節。

第二部

(一)『人間悟性論』第四篇第三章第一八節。
(二)『戦争と平和の法』第二篇第二章第二節。
(三)ギリシアの収穫、農業、文明の女神、デメーテルのローマ名。
(四)デメーテル(ケレス)を祭る古代ギリシアの祭典。

(五) 貨幣のこと。
(六) オヴィディウス『変身譜』第一巻第五章。
(七) 最強者の征服はホッブズ(『リヴァイアサン』第二〇章)、弱者の団結はダランベール(『百科全書』序文)で主張されている。
(八) ラ・フォンテーヌの『寓話』第六篇第八「老人とロバ」。
(九) プリニウスはローマの作家(六一頃―一一三頃)。トラヤヌスの友人。トラヤヌスはローマ皇帝(在位、九八―一一七)。
(一〇) ブラシダスは前五世紀のスパルタの将軍。ペルセポリスはペルシアの王都の一つ。プルタルコスでは、ブラシダスの言葉は別人が言ったことになっている。
(一一) タキトゥス『歴史』第四篇第一七章。
(一二) 父権論の代表者は、イギリス人のロバート・フィルマー。ルソーも『政治経済論』でフィルマーに反論している。ロックは『統治二論』第一部、イギリスの政治家で一六八二年に処刑されたシドニーは『統治論』。
(一三) プーフェンドルフの『自然法と万民法』からの孫引のようである。原典は『スペイン王国の諸身分に対する信心篤い王妃の権利』である。
(一四) ロック『統治二論』第二部第四章第二三節。
(一五) 『自然法と万民法』第一巻第七篇第三章。
(一六) ローマの法学者、グロチウス、プーフェンドルフなど。
(一七) 『百科全書』に載ったディドロの「政治的権威」の項目などに見られる考え方。
(一八) スパルタにおける元老院。その会員は六十歳以上でなければならなかった。
(一九) フランス語の seigneur は領主、貴族の意であるが、ラテン語では「年長」を意味する。
(二〇) 『政治制度論』のことをさす。『社会契約論』としてその一部が公刊される。
(二一) ルカヌス『ファルサリア』第一巻三七六。
(二二) タキトゥスの『歴史』第一巻二一だと言われるが、正確な引用ではなく、シドニーの『統治論』からの孫引であるらしい。

（二三）　ギリシアの哲学者（前四一三―三二三）。富、名誉、権威を軽蔑し、樽のなかにすみ、白昼、灯火を持ってアテナイの街で人間を探し歩いたという伝説がある。

（二四）　ローマの政治家。

注の注

（一）　『歴史』第三篇第八三章。

（二）　スメルディスは、ペルシア王キルスの次男で、兄のカンビセウスに殺されたが、その死は秘密にされていたので、多くの人がスメルディスを僭称した。ここではガウマタという僧侶のことである。

（三）　ガウマタを倒した総監、貴族。オタネスはその一人。

（四）　ビュッフォン（一七〇七―一七八八）は、フランスの博物学者。『博物誌』の著作があり、この著者のルソーへの影響は大きい。

（五）　シャルメット滞在中のことか。

（六）　ローマ教会の神父、学者（三四二頃―四二〇）。ヴルガータ版聖書の訳者。ルソーはバルベラックによるグロチウスの『戦争と平和の法』の翻訳の訳注から引用している。

（七）　ギリシアの歴史家、地理学者、哲学者（前三四二頃―二八五頃）。

（八）　ドイツの旅行者、博物学者（一六七五―一七二六）。『希望峰旅行記』（一七一八、一七四一に仏訳が出た）、『ホッテントット国旅行記』（一七一三）がある。

（九）　ドミニコ会の神父、宣教師（一六一〇―一六八七）。フランス領アンティコス諸島についての著書あり。

（一〇）　正しくは、ジャック・ゴーチエ・ダゴティ（一七一〇―一七八五）、画家、版画家、自然学者、解剖学者。人体解剖図が有名。引用の作品は正しくは、『博物誌、自然学、絵画考』、一七五二―五八年刊。

（一一）　モーペルテユイ（一六九八―一七五九）のこと。幾何学者、ニュートン理論の信奉者。

（一二）　ギリシアの政治家（？―前三一九）。

（一三）『エセー』第一巻第二三章。
（一四）『不平等論』第二部、九二頁を参照のこと。
（一五）前者は、去勢された歌手、カストラートのこと。十九世紀まで存在した。ルソーは『音楽辞典』で、カストラートを自然に反するものと非難している。後者は、独身生活を続けるカトリックの聖職者のことをさし、嫉妬というのは、兄弟間の財産分割にからむ争いのことをいっているのであろう。
（一六）北欧スカンジナヴィアの住人。
（一七）ギリシアの歴史家（前五世紀）。ペルシア、インドについての著作がある。
（一八）『マノン・レスコー』の作者プレヴォーの編集による旅行記の集成。
（一九）南エチオピアにある王国。南はコンゴ王国、北はガボン王国に接している。
（二〇）イギリスの旅行家（一五六五頃―一六四〇頃）。『アンゴラ旅行記』の著者。当時はオランウータン、チンパンジー、ゴリラが混同されていた。ポンゴ、エンジョコはオランウータンの一種か。
（二一）イギリスの旅行記出版業者（一五七五頃―一六二六頃）。バテルを助けて旅行記を完成した。
（二二）オランダの医者、地理学者（?―一六九〇）。『アフリカ概説』の著者。
（二三）森の半獣神。耳と尾は馬、脚は山羊。
（二四）イタリアの宣教師。『コンゴ旅行記』（一六八二）を著わした。
（二五）ここでルソーは、交配して子供が生まれるかどうかの実験を示唆している。
（二六）ファウヌスは森の神、シルヴァヌスは未開地、森の精。
（二七）フランスの数学者、旅行家（一七〇一―一七七四）。子午線の長さを測量するため南米へ行き、『南米旅行記』（一七四五）を著わした。
（二八）既出。一七三六年、子午線測量のためラポニアに派遣され、『ラポニア奥地旅行記』を著わした。
（二九）フランスの旅行家（一六四三―一七一三）。『ペルシアおよび東インド旅行記』（一六八六）は十八世紀にはよく読まれ、ルソーはその抜粋を作っている。
（三〇）ドイツの医者、植物学者（一六五一―一七一六）。『日本誌』は一七二九年に仏訳された。

（三一）　すべて十八世紀フランスの有名な哲学者、知識人。
（三二）　バルバリアは北アフリカ、カフラリア人の国々は東南アフリカのこと。
（三三）　インドの西南端のこと。
（三四）　ビルマのこと。
（三五）　ビルマのこと。
（三六）　パタゴニア人は長身だといわれ、その真偽が問題となっていた。トゥクマンはアルゼンチンのこと。
（三七）　オランダの言語学者（一六一八—一六八九）。
（三八）　『国家』第七巻第六章。
（三九）　ヴィラール元帥（一六五三—一七三四）のこと。外交官にして将軍。
（四〇）　アテナイの雄弁家（前四三六—三三八）。

言語起源論——あわせて旋律と音楽的写生について論ず

竹内　成明　訳

発音について

竹内　成明　訳

第一章　思考を伝達するさまざまな手段について

言葉は、動物のなかで人間を特徴づけ、発話は、諸国民をたがいに特徴づける。話をしてみなければ、その人がどこから来た人か、よくわからない。習慣と必要が、人それぞれに自分の国の言葉を学ばせている。けれども、その言語が自分の国のものであって、他国の言語とちがうのは、どうしてなのか。それについて述べるためには、地域に関連していて、習俗そのものに先立つような、ある理由にまでさかのぼらねばならないだろう。言葉は最初の社会的な制度であって、ただ自然のなかにある原因のみが、その形態のもとになっているからである。

ある人間が他の人間に、自分が感じ考える存在で、その人の同類だと認められると、すぐに自分の感情や考えをその人に伝えてみたいという願望や欲求が起こり、自分でその手段を求めることになった。この手段は、感覚からしかひきだすことができない。感覚は一人の人間が他の人間に働きかけることのできる唯一の道具である。だからそこで、思考を表現するための感覚記号が確立されてくる。むろんそんな推論をたてて、人々は言葉をつかいはじめたのではなく、本能がそういう結果を思いつかせたのである。私たちが他人の感覚に働きかける普通の手段は、二つに限られる。すなわち動作と声とである。動作の場合、触れることでは直接的に、身ぶりでは間接的に作用する。前者は腕の長さが限界だから、離れていては伝えられないが、後者は視線のとどくかぎり遠くまで送ることができる。かくして視覚と聴覚だけが、散在している人間どうしの言語の受容器官として、残ったのである。

身ぶりの言語も声の言語も、どちらも自然に生まれたものではあるが、前者のほうがより簡単であり、約束事によるところが少ない。というのも、耳よりも眼のほうにたくさんの事物が訴えてくるし、音よりも形のほうがはるかに多様だからである。形はまた、より表現力に富み、短い時間でより多くのことを言い表わす。恋はデッサンの生みの親であったという。恋はまた、言葉を生みだすこともできたのであるが、このほうはあまりうまくいかなかった。恋は言葉に満足できず、言葉を軽蔑する。恋にはもっといきいきとした表現の仕方がある。恋人の影を心ふるわせながら土に残した女性は、どんなに多くのことを彼に語っていたことか(一)。その細い棒の動きを言い表わすに足るような、どんな音を彼女は用いることができたであろうか。

現代の身ぶりは、ただ私たちの生来の不安を表わしているだけであって、私がここで言いたいのは、そんなものではない。話をしながら身ぶりをするのは、ヨーロッパ人だけである。彼らの言語の力は、もっぱら腕のなかにあるかのようだ。肺の力も加えられるが、いずれにせよ彼らのためにはほとんど役立たない。あるフランク人がたくさんの言葉を言うために、身体を動かしまわって奮闘したあと、相手のトルコ人は口からちょっとパイプを離して、低い声で二言三言いい、格言一つで相手をうち負かしてしまう。

身ぶりまじりに話すことをおぼえて以来、私たちはパントマイムのやり方を忘れてしまった。同じ理由で、私たちは立派な文法を持っていながら、エジプト人が用いた象徴をもはや理解できなくなっている。古代人は言葉によってではなく、記号によって、言いたいことをもっといきいきと表現していた。彼らは語ったのではなく、示したのである。

古代史をひもといてみるとよい。眼に訴えるやり方が、そこにはいくつも見出されよう。それらはいずれも、どんなに立派な言辞をもってしても及ばぬほどの、確実な効果をあげている。話すまえに示される対象が、想像力をゆり動かし、好奇心をかきたて、精神を期待の状態において、いままさに言われようとしていることを待ちかまえさせる。イタリア人やプロヴァンス人を見ていて気づいたのだが、彼らは日常的に、話よりさきに身ぶりをするので、そのためによりよく聞いてもらうことができるし、そのうえ喜んで聞いてもらえる。しかし、いちばん力に満ちた言語は、話をするまえに、記号ですべてを言ってしまうような言語である。タルクイニウスやトラシュブロスはけしの頭を打ちおとすことで（二）、アレクサンドロスは寵臣の口に封印をすることで（三）、またディオゲネスはゼノンのまえを歩いてみせることで（四）、いずれも言葉を並べるよりはるかにうまく語っていたのではなかろうか。どんなに言葉をめぐらせてみても、同じ内容のことをそれほどうまく表現することができたであろうか。軍隊をひきいてスキタイに進攻したダレイオスは、スキタイ人の王から一匹の蛙、一羽の鳥、一匹のねずみと、五本の矢を受けとる。使者は黙ってその贈物を差しだし、帰ってしまう（五）。だがそのおそるべき弁舌はただちに理解され、ダレイオスは大急ぎで帰国の途につくしかなかった。そういった記号のかわりに、手紙を送ったとしよう。そうすれば威嚇の度は強くなっただろうが、あまり脅えさせることにはならなかっただろう。それはもはや大言壮語でしかなく、ダレイオスに笑いとばされるだけであっただろう。

エフライムのレヴィ人《びと》が妻の死に復讐しようとしたとき、彼はイスラエルの部族に一言も書きおくりはしなかった。彼は死体を十二の部分にわかち、それを送った（六）。その恐ろしいありさまを見て、イスラエルの民は武器を取り、いっせいにこう叫んだ。「われらが祖先がエジプトを出たときから今日にいたるまで、こんなことは一度としてイスラエルに起きたことはなかった。」そしてベニヤミンの部族は皆殺しにされたのである。[1] 現代なら、事件は弁論にふされ、議論され、冗談にさえされかねず、いつまでも埒《らち》があかないままに、このうえもなく恐るべき罪がついには罰されないままに終わったであろう。サウル王もまた、耕作から戻ると鋤を引いていた牛を引き裂き、同じように一つの記号として用いて、ヤベシの町を救いにイスラエル人を出立させた。[七] ユダヤの預言者やギリシアの立法者は、しばしば眼に見える事物を人々に示し、長い演説をやるよりはるかに効果的に語ったし、またアテナイ人の伝えるところでは、遊女フリュネの弁護にあたった弁士ヒュペレイデスは、一言も言い立てることなく無罪をかちとった。[八] そのやり方もまた一つの沈黙の雄弁であり、その効果はいつの時代においても稀ではない。

（1）残ったのは六百人の男だけで、女と子供は助からなかった。

そのように、眼に訴えるほうが、耳に語るよりもはるかに効果がある。その点についてのホラチウスの判断を、真理と思わない者は一人もいないだろう。[九] 同様に、もっとも雄弁な論述とは、いちばん数多くのイメージをふくんだものであり、音声が力強さを発揮するのは、もっぱらそれが色彩としての効果を持つときであることも、理解されよう。

とはいえ、心を動かし情熱をかきたてることが問題の場合なら、話はまったく違ってくる。話し言葉で繰り返し与えられる印象は、その力が倍加されるので、事物を見て一目ですべてがわかってしまう場合とは、まったく別の感動をもたらす。たとえば苦痛の状況がすでによく知られたことであると、それで苦しんでいる人を見ても、泣くほどまでには心を動かされないだろう。けれどもその人がいま感じていることを何もかも、あなたにゆっくり打ち明けるとすれば、あなたはたまらずに涙を流しはじめるだろう。悲劇の場面が効果をあげるのは、もっぱらそういったことに理由がある。(1) 話を聞かず所作事だけを見ていれば、心穏やかでいられるが、身ぶりを見ずに話を聞いているだけで、涙が流れてくる。情熱にはそれなりの身ぶりがあるが、声の抑揚もまたつねにともなわれているのであって、その抑揚が私たちの心をふるわせる。抑揚は、それを受けとる器官にふたをすることができないので、心の底深くにまで入りこみ、その抑揚をもたらした心の動きを、いやが応でも私たちの心にまで宿してしまう。そこで私たちは、理解していることを心で感じるようになるわけだ。結論しよう。眼に見える記号は、事がらをより正確に写しだすが、関心をより強くかきたてるのは音声である。

(1) 別のところで(一〇)私は、なぜ見せかけの不幸が、本当の不幸よりも私たちの心を動かすかについて述べた。日常生活ではどんな不幸にも同情したことのない人が、悲劇を見て涙を流す。劇場の発明は素晴らしく、持ってもいない徳が何でも自分にあると思わせて、私たちの自尊心を高慢にしてくれる。

　そのことから私はこう考えるのだ。もし私たちに身体的な欲求しかなかったとすれば、私たちは一言も話すことなしに、ただ身ぶり言語だけで完全に理解しあうことが、十分できていただろう。そしていま現にあるのとほとんど変わらない社会をつくりだしていたであろうし、あるいはその社会のほうが、目的によりかなった方向に進んでいたかもしれない。法律を制定し、首長を選び、技術を生み、交易をはじめ、要するにいま私たちが言葉によって行なっていることとほとんど同じことをしていたであろう。サラムという手紙語(1)は、警備の厳重なハレムのなかへ意地悪者の眼を心配せずとも、東洋風情事の秘められた言葉を送りとどける。トルコの領主に仕える唖者《おし》たちは、たがいに理解しあい、またそれで言葉で話すのと同じほどうまく、サインを使って何でも彼らに伝えることができる。ペレール氏(二)や、同じく唖者に話すことだけでなく、いま何を言われているか理解できるよう教育している人々は、話し言葉の理解を助けるような別の言語、これもまたそう簡単とはいえぬ言語を、あらかじめ彼らに教えておかなければならないのである。

(1) サラムというのは、たとえばオレンジとかリボンとか石炭とか、ごくありふれた数多くの品物でなりたっている。そういったものを送ると、その言葉が通用している地域の恋人たちなら、だれでも知っている意味が伝わる。

シャルダンのいうところによれば(三)、インドの売人はたがいに手をとって、だれにも気づかれないやり方でいろいろと触り方をかえ、それでもって公然と、しかもひそかに、あらゆる取引を一言も言葉をかわさずにすませてしまう。かりにその売人たちが盲目でしかも聾唖者であるとしても、彼らはやはりおたがいに了解しあうだろう。そのことから明らかなように、私たちが相手に働きかけるために用いる二つの感覚のなかで、その一つだけでも、言語行為を成り立たせるのに十分なのである。

同じ観察にもとづいて思うのだが、自分たちの考えを伝える技術がつくりだされたのは、いまその伝達のために用いている器官があったからではなくて、むしろ人間に固有な能力があったからであり、その能力が、それらの器官を伝達に役立てるために用いさせているのであって、もしそれらの器官が人間に欠けていたとしたら、その能力は同じ目的のために人間に別の器官を用いさせたにちがいない。何でもいいから考えうるかぎり粗雑な身体組織を、人間が持っていたとしてみよう。そういう人間は、おそらくあまりたくさんの考えは持てないだろうが、同類とのあいだに何らかの伝達手段があり、それによって一方が働きかけ、他方が感じとることができさえすれば、彼らはやがて自分たちが考えることすべてを、たがいに伝えあうようになるだろう。

動物には、そういった伝達のための身体組織が十二分にそなわっているのであるが、どの動物もそれを役立ててはいない。そこにこそ、とりわけ際立った相違があるように思われるのだ。共同で働き、生活している動物、ビーバーや蜂や蟻などは、たがいに伝達しあうためのなんらかの自然言語を持っている。その点についてはいささかの疑いもない。ビーバーの言語や蟻の言語は身ぶりであって、眼にのみ訴えかけるものだという点も信じてよさそうだ。とはいえ、それらの言語は、いずれも自然のままのものであって、それゆえ習得されるのではない。自然の言語を語る動物は、生まれたときからその言語を所有し、また種全部が、どこでも同一の言語を持っている。動物たちは自分の言語を変えないし、ちょっとした進歩でさえもそこには見られない。約束事としての言語は人間だけのものである。それがあるからこそ、人間は善かれ悪しかれ進歩し、動物たちは少しも進歩しなかった。そのたった一つの相違点が、はるかに隔たった結果をもたらすようなのだ。そんな相違は器官の違いによって説明できるという人もいるらしい（一三）。どんな説明か、聞かせてもらいたいものだ。

第二章　言葉を最初に作りだしたのは、欲求ではなく情念であること

そこで思うに、欲求が最初の身ぶりをかたどり、情念が最初の声を引き出したのではないか。この

区別をもとにして事実のあとを追っていくと、いままで考えられていたのとはまったく違ったふうに、言語の起源について考えてみなければならないことになろう。私たちに知られているなかでもっとも古い東洋の諸言語は、その構成から想像されるような教育的な積み重ねを完全に打ち消してしまうところに、精髄がある。その諸言語には、整然としたところや論理性は少しも見られず、いきいきとしていて比喩的である。最初の人間の言葉は幾何学者の言語であるとされてきたが、私たちにはそれは詩人の言語であったと思われる。

当然そうであらねばならなかった。人は初めから考えたのではなく、まず感じたのだ。人間は欲求を表現するために言葉を発明したと言われているが、この意見は私には支持しがたいように思われる。欲求は当初、自然の成り行きとして人々を離ればなれにしたのであって、近づけあうものではなかった。そうであったからこそ、人間という種が広がり、すぐに地球が人でいっぱいになったのであって、もしそうでなければ、人類は世界の一隅ですし詰めになり、それ以外の所はすべて無人のままであっただろう。

その点からだけでも明らかに、言語の起源は人間の最初の欲求にもとづくものではないということができる。人々を離ればなれにする原因から、人々を結びつける手段が生じたというのは、背理であろう。それならば言語の起源は、どこに発しているのか。精神的な欲求、つまり情念からである。生きていく必要にせまられてたがいに遠のいていく人々を、あらゆる情念が近づける。飢えや渇きではなく、愛や憎しみが、憐れみや怒りが、人々に初めて声を出させたのである。果実は人々の手から逃げ去るものではなく、なにも言わなくてもそれを食べることができる。つかまえて腹をふくらませたい獲物があらわれても、黙って追跡できる。けれども若い心を動かしたり、不当に攻撃してくる者を撃退したりするためには、抑揚や叫び、あるいは呻き声が自然に出てくる。それこそが、もっとも早くつくりだされた言葉であり、またそれゆえにこそ、最初の言語は、単純で整然としたものであるよりさきに、歌うような、情熱的なものだったのである。もっとも、すべての言語が区別なくそうであったというのではない。その点についてはもう少しあとで述べることにしよう。

第三章　最初の言葉づかいは比喩的であったにちがいないこと

人間にものを言わせた最初の動機が情念であったとすれば、その最初の表現は「譬《たとえ》」であった。比喩的な言い方が最初に生まれたのであり、語の固有の意味は最後に見出された。事物をありのままの形で見るときが来るまで、人はそれを本当の名称で呼ぶことはなかった。はじめ人は詩でしか語らず、ずっとのちになってようやく理性を働かせるようになったのである。

おそらくここで読者は私をさえぎり、比喩とはそもそも意味の転移においてのみ成立するものだから、どうして一つの表現が、固有の意味を持つまえに比喩的であることができるのかと、問いかけるであろう。なるほどそれはそのとおりである。けれども、語を置き換える〔比喩でいう〕ことのかわりに、情念が観念をよび起こすということから考えていけば、私の言うことが理解できよう。というのも、語を置き換えることができるためには、観念がまず置き換えられていなければならず、そうでなければ比喩的な言い方は何ごとも意味しないからである。そこで一つの例をもって問題に答えよう。

一人の未開人が別の未開人たちに出会えば、はじめは恐怖をおぼえたであろう。その恐怖のために、相手の人間たちは自分よりずっと背が高く、強いように見えてしまっただろう。そこでその連中に「ジェアン」〔巨人〕という名をつけたとしよう。やがていくたびかの経験を重ねたのち、「ジェアン」と呼ばれる連中が、自分より大きくもなければ強くもなく、実際の彼らの背丈は、はじめに「ジェアン」という語に結びつけたときの観念と、ぜんぜん合っていないと思うようになったであろう。そこで彼は、相手の連中にも自分自身にも共通して用いられるような別の名称、たとえば「オム」〔人間〕という名をつくりだし、「ジェアン」という名は、錯覚のために彼をおびやかしていた偽の対象のほうに、残すことになったであろう。というようなわけで、情念が人々の眼をくらませ、情念の示す最初の観念が本当の観念ではないようなとき、比喩の語がそれ自体の語に先立って生まれたのである。語と名称について述べたことは、文の言いまわしについても容易に言える。情念のひき起こす偽りのイメージがまず初めにあらわれ、それに応じた言葉づかいが最初にできる。やがて精神が照らされ、初めの間違いが認められると、その表現はかつてそれを生みだしたのと同じ情念のなかにおいてしか用いられず、そこでその言葉づかいが隠喩的であることになったのである。

第四章　最初の言語の特性と、それがこうむったはずの変化について

単純な音は、自然に喉から出てくる。口は多かれ少なかれ自然に開かれる。けれども音節を分けて言うためには、舌と口蓋の形を変えねばならず、そのためには注意力と訓練が要求される。やってみ

る気にならないかぎり、それはできないことであり、子供たちはだれでもまずそのやり方を学ぶ必要があるが、多くの子供はなかなかそれがうまくできない。どんな言語でも、強い感嘆の声は音節で分けられていず、また叫び声や呻き声も単純な音である。唖者は聾者でもあるが、この人たちも音節を分けない音なら発することができる。もし神が人間に話すことをはっきりと教えていなければ、音節を分けた言い方がつくりだされたかどうかわからないと、ラミ神父は考えているほどだ。(一四) 分節の仕方は限られているが、音は無限であり、音を際立たせる抑揚もいくらでもふやせる。音楽の符号はいずれも抑揚を示すものである。なるほど私たちの話している言葉には三つか四つのアクセント〔抑揚〕しかないが、中国人たちの言葉にはもっと数多くあり、そのかわりに子音は少ない。それらを組み合わせたうえで、さらに拍手と長短を加えれば、もっとも豊かな言語が必要としている以上の単語を、いやそればかりかより多くの多様な音節をさえ持つことになるだろう。

最初の言語がかりにいまも存在しているとすれば、語彙や統辞法は別にしても、その後のすべての言語とは明確に区別される原初的な性格を、保持しつづけていたであろうことは疑えない。その言語による言いまわしは、とうぜんすべてイメージや感情や比喩であるだろうし、またそれだけではなくて、その機構的な部分においても当初の対象に応じるものであって、伝えられようとしている情念から切り離せない印象を、悟性と同様、感性にも示してみせるだろう。自然の声には音節がないので、語はほとんど分節されていず、ただいくつかの子音をあいだにはさむことで母音の衝突を避け、それでもって声はなめらかに、かつ発音しやすいようになっているだろう。分節がない代わりに、音は豊かに変化し、多様な抑揚が同一の声をいくつもの語にふやすであろう。長短やリズムも新しい組み合わせの源であるだろう。そういうわけで、自然のものである声と音、抑揚と諧調は、約束事である分節の助けを少しも必要としないから、人々は話す代わりに歌うだろう。根源的な語の大部分は、情念の抑揚か、あるいは感覚的対象が生みだす印象のいずれかを模倣した音であるだろうし、そこではつねに擬声音が感じとられるだろう。

そのような言語は、同じ存在に対してそれぞれ異なる関係から表現するために、たくさんの同義語を持つことになり[1]、それらの関係をあらわすための副詞や抽象語は、ほとんど見られなくなるだろう。文に調子を与え、文章にまるみをもたらすために、数多くの拡大辞や指小辞、合成語や虚辞が用いられるだろう。不規則な変化や変則的な用法も多くなろう。口調や諧調、響きの良さや音の美しさにひきよせられて、文法的な類比は無視されるだろう。議論のかわりに格言が好まれ、説き伏せずに納得させ、理を説かずに描きだすだろう。それは、ある点では中国語に、他の点ではギリシア語に、またの点ではアラビア語に似ているだろう。そういった考えをさらに枝葉にわたって展開していけば、プラトンのクラチュロスが見かけほど滑稽ではないことがわかるだろう[一五]。

（1）　アラブ語には、ラクダを意味する千以上の語があり、劔を意味する百以上の語があるといわれる[一六]。

第五章　文字について

諸言語の歴史と進歩を研究する者はだれでも、音声が単調になればなるほど子音の数がふえ、抑揚が消えて長短が平均化し、その代わりに文法的な組み合わせと、新たな分節音が用いられるのを見ることになろう。だがそういった変化がおきるのは、もっぱら時の力のせいである。欲求が増大し、仕事が煩雑になり、知識が拡大するにつれて、言葉は性格を変える。それはより正確になり、情念を失っていく。感情にかわって観念があらわれ、心にではなく理性に語りかけるものとなる。そのため抑揚は弱まり、分節音が広がっていく。言語はより的確で明晰になるが、しだいに活気のない、響きのにぶい、冷たいものになる。こういった進展は、私にはきわめて当然のことのように見える。

諸言語を比較し、その古さを判定するもう一つの方法は、文字を調べてみることにあり、古さは技術の完成度に逆比例している。文字が粗雑であれば、その言語は古い。最初の書きあらわし方は、音ではなく、事物そのものを描きだすことにあり、メキシコ人が直接的に、あるいはかつてエジプト人が寓意的な形態を用いて行なっていたものである。この段階は情念言語に対応するものであり、すでになんらかの社会と、情念によって生じた欲求があったと想定される。

二番目の書き方は、約束事による字形で語や文を表示する方法である。これが成立するためには、言語が完全にできあがっていて、かつ一つの民族全体が「共同の法」によって統合されていなければならない。というのもここにはすでに二重の約束事があるからである。中国人の文字がこれにあたる。そこでは実際に音を描き、また眼に話しかける。

三番目は、すべての語と、考えうるすべての綴りが形づくれるように、話し声をある一定数の部分、声音本位であれ分節本位であれ基本となる部分に、分解してしまう方法である。この表記法は私たちのやり方であるが、それを思いついたのは、いくつもの国を旅し、いくつもの言語を話さねばならなかった商業民族であったにちがいない。彼らは、それらの言語すべてに共通して用いられるような字形を、なんとかして作りださねばならなかったのである。これはもはや話し言葉を描くのではなく、それを分析するものである。

この三つの表記法は、民族として集合した人々を考察するさいの三つの状態に、ほぼ正確に対応している。事物の抽出は未開の民族に、語や文の記号は蛮地の民族に、アルファベットは開化した民族に、それぞれ適合する。

したがってこの三番目の発明は、それを作りだした民族の古さを示す証拠になると考えてはならない。反対に、この方法を見出した民族は、他の言語を話す民族との交渉がより容易になることを求めていたのであり、その他民族は少なくとも同じ時代か、あるいはもっと古くからの民族であったはずだからである。それ以外の二つの表記法については同じことはいえない。もっとも、歴史と既知の事実にのみたよるのであれば、アルファベット表記は他のいずれかと同じほど古くまでさかのぼれるようであり、その点は私も認めよう。けれども、文字のない時代の記念碑が私たちに欠けていても、驚くほどのことではない(一七)。

話し言葉を基本的な記号にわけてみようとした最初の人々が、はじめから正確な分割を行なっていたとはあまり思えない。人々はやがて自分たちの分析が不十分であったことに気づき、ある者は、たとえばギリシア人のようにアルファベットの文字数をふやしたり、他の者は、文字の位置と組み合わせの違いによって、その意味や音をさまざまに変えることで満足した。ペルセポリスの廃墟の碑文は、シャルダンが写しとった拓本によると、そのような書き方であったように思われる。そこには二つの図形ないし字形しか識別できないが(1)、その大きさは幾種かあって、かつさまざまな方向を向いている(一八)。

けれども、その字形の美しさや[2]、碑文の書かれた記念碑の素晴らしさに見られる技術の完成度から判断すると、この未知の、気が遠くなるほど古い言語は、そのときすでに立派にできあがっていたはずである。どうしてこの驚くべき廃墟について、人々はあまり語ろうとしないのか。シャルダンの本でこれを読んだとき、私はまったく別の世界に送りこまれたような気がした。ここには想念をはげしくかきたてるものがあるようだ。

（1）シャルダンは次のように言う。「二つの図形でたくさんの文字を作ることができるということに、人々は驚くかもしれない。だが私をして言わしむれば、そんなに驚くほどのことはない。なぜなら私たちが用いているアルファベット文字は二十三個であるが、それらはいずれも、直線か円形かというたった二本の線で構成されている。つまり、CとIだけで、私たちの語を構成するすべての文字がつくられているわけである。（九）」

（2）「この字形はたいへん美しく、雑然さや野蛮なところは少しも見られない。……文字には金が塗ってあったように見うけられる。実際そのうちのいくつか、とりわけ大文字には金が残っているようであって、幾世紀にもわたるのに大気がその金を腐食できなかったという事実には、たしかに想像を絶した、心うたれる何かがある。……もっとも世界中の学者のだれ一人として、この文字については何ごとも理解できていないのだが、これはさして不思議ではない。というのもこの文字は、私たちがいままでに知りえた文字のどれとも、一つとして似た点がないからである。現在知られているすべての文字は、中国のを除いて、相互に多くの類似点があり、同じ源から発しているように思われる。その点でさらに驚くべきことには、古代ペルシア人の流れをくみ、その宗教を守りつづけている拝火教徒も、この字形については私たちと同様に知らないばかりか、彼らの字形も私たちのものと同様、それとは少しも似ていないのである。……そこでまず、これは秘密結社の文字であると考えてみるのだが、これはあまり本当らしくない。というのもこの字形はいたるところにある建造物に共通してごく普通に見られるものであって、また同じ鑿《のみ》で彫られた別の字形がないからである。とすればあとは、これはたいへん古いものであり、私たちにはとうていその古さを指摘できるようなものではない、と考えてみるよりほかにない。（一〇）」実際シャルダンはこの引用文について、キュロス王やマージ僧の時代には、この字形はすでに忘れられていたか、あるいはいまと同じくほとんど何も知られていなかったという推定を示すことになる。

書く技術は、話す技術に直接つながってはいない。それは別の種類の欲求に発するものであって、その欲求は、各民族の存続時期とはまったく関係のない一定の状況によって、あるいは早く、あるいはゆっくりと生まれてくる。ただし非常に古い国家においてはけっして起こりようのないものであった。いったい何世紀のあいだ、象形文字の技術がエジプトの多分ただ一つの表記法であったか、だれも知らない。そしてその象形文字よりあまり便利とはいえない文字を持つメキシコ人の例で証明されているように、そんな表記法でも、開化した民族にとって十分なこともありうるのである。

コプトのアルファベットを、シリアかフェニキアのアルファベットと比較してみると、前者が後者に由来するものであることが容易にわかる。そしてフェニキアのアルファベットがいちばんの源であって、その点ではもっとも新しい民族がもっとも古い民族に教えていることになるが、これはべつに驚くほどのことではなかろう。またギリシアのアルファベットがフェニキアのアルファベットに由来するものであることもはっきりしていて、それが当然であるとさえいえる。フェニキアからそれを伝えたのがカドモスであれ他のだれであれ[二]、とにかくギリシア人がそれを探し求めて行ったのではなくて、フェニキア人自身がもたらしたものであることはほぼ間違いないようである。というのもアジアとアフリカの諸民族のなかでヨーロッパと交易を始めたのは、彼らが最初で唯一の民族であったし[1]、ギリシア人が彼らの国へ出かけるよりもずっと早く、彼らのほうがギリシアにやって来ていたからである。むろんそのことから、ギリシアの民はフェニキアの民ほど古くはないということは絶対にできない。

（1）　カルタゴ人は、テュロスの植民であったのだから、フェニキア人のなかに入れることができる。

はじめのうちギリシア人は、たんにフェニキア人の字形を取り入れただけでなく、右から左へ並べる行のとりかたも採用していた。それから彼らは、畝づくりのような書き方を思いついた。つまり左から右へ引き返して、また右から左へと交互に書いていくのである。[1] 最後に彼らは、今日私たちがやっているように、すべての行を左から右へ書くようになった。この進歩には少しも自然なところがない。畝式の書き方が疑いもなく、読むのにもっとも便利である。印刷とともにこの方式が確立されなかったのは、まことに不思議でさえあるのだが、手書きには不便なので、写本が増加するに従ってすたれざるをえなかったのだろう。

（1）　パウサニアス『アルカディア誌』参照。[二二] ラテン人たちも初期の頃は、[二三] 同じようなやり方で書いていた。そしてマリウス・ヴィクトリヌスによれば、versus（文の一行）という語は、そこから来ている。

ギリシアのアルファベットはフェニキアのアルファベットから派生したのであるが、だからといってギリシア語がフェニキア語から派生したということにはけっしてならない。これはそれぞれまったく別の問題であって、ギリシア語は当時でもすでに非常に古く、ただギリシア人にとって書くことだけが新しく、また未完成のものだったようである。トロイアの包囲のときまでは、かりに文字があったとして、せいぜい十六字にすぎなかった。それにパラメデスが四つ、さらにシモニデスがあとの四つをつけ加えたといわれている。(二四) 以上の例はどれも少し古いものである。反対に、より新しい言語であるラテン語は、ほぼその起源のときから完全なアルファベットを持っていた。ただし初期のローマ人たちは、それをほとんど使っていない。彼らが自分たちの歴史を書き始めたのはずっとのちのことであり、五年ごとの戸別帳は釘でしるされただけであった。

そのうえ、文字にしても言葉の基本要素にしても、絶対的にその数がきまっているわけではない。各言語によって、また母音と子音に与えられるさまざまな変化によって、多くなったり少なくなったりする。母音は五つしかないという人がいるが、これはたいへん間違っている。ギリシア人は母音を七つ、初期のローマ人は六つ書きあらわしていたし、(1) ポール＝ロワイヤルの諸氏は十、デュクロ氏は十七あるという。(二五) 慣れによって耳がもっと敏感になり、口がきたえられて、起こりうるさまざまな音の変化についていけたら、疑いもなくもっとたくさんの母音が見出されていたであろう。器官の鋭敏さの程度に応じて、鋭いa音と重いo音とのあいだ、i音と開いたe音とのあいだなどで、その変化音が多かれ少なかれ見出されよう。それはだれでも、一つの母音から他の母音へ微妙な差をつけながら発声をつづけて移っていけば、経験できるものである。というのは、慣れの力で多少とも音の違いに敏感になると、それに応じて微妙な差が多かれ少なかれ固定されてくるものであって、そこでそれを特殊な字形であらわすことができるようになる。慣れかたは、その言語で用いられている母音の種類いかんによる。分節された文字、あるいは子音についてもほぼ同じことがいえるだろう。けれども大部分の国では、人々はそんなふうに字をふやさなかった。いずれもアルファベットを借りてきて、まったく異なった音声や分節音を同じ字形であらわした。そのため、たとえ綴りが正しく書かれていても、自分の国以外の言語はよほど熟練していないかぎり、たいてい滑稽な読み方をしてしまうのである。

（1）「ギリシア語では母音は全部で七つ、ロムルスは六つを数えた。ただしのちになってギリシア語[二六]と同じくyが除かれたので、慣用では五つしか挙げられていない。」マルティアヌス・カペルラ。第一巻第三章。

文字は、言語を固定するもののように思われるが、実際にはそれを変質させている。語を変えるのではないが、その本質を変えてしまう。正確さが、表現に取ってかわる。話すときには感情があらわされるが、書くときには人は観念をあらわす。書く場合には、すべての語を共通の意味で取らざるをえない。けれども話している人は、音調で意味をさまざまに変化させ、自分の気に入るように意味をきめる。明晰であろうとあまり気をつかわずにすむので、そのぶん言葉に力が入る。書かれた言語が、話されるだけの言語より長く、その生気を保ちつづけることは不可能である。書かれるのは声であって、響きではない。ところが抑揚を持つ言語においては、言葉づかいの力強さをもっともよく発揮してくれるのは、あらゆる種類の響きであり、抑揚であり、声調なのである。またそれらは、書けば一般的になってしまう文を、その発言の場においてこそふさわしいものにする。そういったことを補うために取られる手段は、書かれた言葉を引き伸ばし、長たらしくする。また語られることのなかに書物をもちこむことになって、言葉そのものの力を弱めてしまう[1]。書くのと同じようにすべてのことを語れば、これは話しながら読んでいるにすぎないことになる。

（1）そういった手段のうち最良で、あまり欠点がないのは句読点だろう。ただし今のように不完全なままにしておかないという条件でだが。たとえば、なぜ私たちには呼びかけの符号がないのか。いま用いられている疑問符のほうは、そんなに必要なものではなかった。文章の構造だけでも、私たちの言語なら、疑問を発しているか、そうでないかぐらいすぐにわかる。Venez-vous（来ますか）とVous venez（来ます）は同じではない。けれども、一人の人間の名前を挙げているのか、その人に呼びかけているのか、どうすれば書かれたものだけで区別できるか。これは少なくとも呼びかけ符号がありさえすれば、取り除けている曖昧さであろう。皮肉も強勢符号がなくては感じとれないが、これも同様の曖昧さである。

第六章　ホメロスに書くことができたかどうか

ギリシア語のアルファベットがいつ作られたかいろいろ言われているが、私は一般に考えられているよりもはるかに新しいものだと信じている。私の意見は、なによりも言語の性格を根拠にしている。私は、ホメロスが書くことを知っていたということだけでなく、その時代の人々が字を書いていたということについても、しばしば疑いの念をいだいてきた。ただたいへん残念なことに、この疑問は『イリアス』のなかのベレロポンテースの物語によって、きわめて明白に否定されている。[二七]だが私は不幸にもアルドゥアン神父[二八]と同じく、自分の逆説にいささか固執しているので、もう少し私に知識があれば、あの物語そのものまで疑いをひろげ、あれはホメロスの編纂者たちが十分に検討もしないまま挿入したのだと、告発してみたくなるほどである。[二九]『イリアス』の他の場所には書く技術についての形跡がほとんど見当たらないし、そればかりか、さらに思い切って言ってしまえば、『オデュッセイア』の全体は、一通か二通の手紙があれば煙と化してしまうような、愚かでばかばかしい言動の連鎖でしかない。けれどもその反対に、主人公たちが書くことを知らなかったとすれば、この詩は分別をわきまえた、十分に筋の通った話になる。もしも『イリアス』が書かれていたのであれば、あまり歌われることもなかっただろうし、吟遊詩人たちもあれほどは人気がなく、またその数もあんなにふえはしなかったであろう。そんなふうに歌われた詩人はほかにいない。ヴェネチアのタッソー(三〇)は別であるが、これももっぱら、あまり読書家とはいえぬゴンドラの船頭たちによって歌われていたのである。ホメロスはまた、さまざまな方言をつかっているが、そのことから一つの臆測が強力になってくる。話し言葉でははっきり区別される方言も、書かれてみると差が小さくなって混じり合い、すべてがいつのまにか一つの共通の型へと向かっていく。人々が字を読み、知識を持てば持つほど、その国の方言はしだいに消えていき、ついには字を読みもしなければ書きもしない民衆のあいだで、隠語のような形で残るだけになる。

ところで、この二つの詩はトロイアの攻囲よりあとのものだから、その攻囲を行なったギリシア人たちが文字を知っていたということも、それを歌った詩人が文字を知らなかったということも、あまりはっきりしたことではない。これらの詩は長いあいだ人々の記憶のなかにのみ記されていたのであって、ずっとあとになってからいろいろ苦労を重ねて文字にされ、集大成されたのである。ギリシアに書物や書かれた詩があふれはじめたとき、はじめてホメロスの詩の全魅力が、それらと比較されて感じとられるようになった。他の詩人たちは書いたのに、ホメロスだけは歌っていた。その崇高な歌に、心うばわれて耳を傾けることがついになくなってしまうのは、自分たちには感じとることのできないものを評価する気になった野蛮人たちで、ヨーロッパがいっぱいになったときからである。

第七章　現代の音律について

響きがよく耳に快い言語、声だけでなく音色《ねいろ》によって語りかける言語とはどういうものか、私たちは何も知っていない。抑揚のかわりをアクセントが補っていると考えるならば、それは間違っている。抑揚がすでに消滅してしまってから、アクセントがつくられたのである。(1) それだけではない。私たちは自分たちの言語にアクセントがあると信じているが、ほんとうはそんなものはないのである。私たちのいわゆるアクセントとは、たんなる母音か、長音の記号でしかなく、さまざまに変化する音の響きをあらわすものではない。その証拠に、いわゆるアクセントはいずれも、声の多様さをつくりだす時間の長短のちがいや、唇、舌、口蓋の形の変化を示すものであって、響きの多様さをつくりだす声門の変化を示すものは一つもない。たとえば私たちが持っているシルコンフレックス〔アクセント記号の一つ〕は、単純な声ではないはずなのに、長音をあらわすか、それとも何でもないかのどちらかである。それでは次に、ギリシア人の場合はどうであったかを見よう。

(1) 若干の学者は、一般の意見や古い写本のすべてが証拠だてていることに反対して、すでにギリシア人たちがアクセントとよばれる記号を知っており、文字表記に用いていたと主張している。彼らの意見は次の二つの文章を根拠にしているのだが、その本当の意味を読者自身で判断できるように、両方とも転記してみよう。

まず第一はキケロの『雄弁家について』第三巻四四からの引用である。

「この綿密な仕事のあとに、さらに文章のリズムと、快い言いまわし方について述べることになるが、カトゥルスよ、きみにはこれが子供っぽいことに見えはしないか、とても心配だ。昔の巨匠たちによれば、いまわれわれが問題にしている散文についても、詩句とよく似た何か、つまり一種の諧調と、たしかに出会うことができるはずなのである。その意見に従えば、呼吸、息の切れ、句読点などできまってくる休止ではなく、語や観念のなかに保たれているはずの諧調によってきまってくる休止点が、われわれの演説においても欠くべからざるものとなる。イソクラテスは[三二]、その弟子ナウクラテスの表現によると、耳を楽しませるために、散文を一定のリズムのもとにおこうとして、それまで規則のなかったところに規則を確立した最初の人であると言われる。実際、かつては詩人でもあった音楽家たちは、人々を楽しませようとして、語のリズムと快い音とで耳にまったく飽きがこないよう、詩句と歌という二つの方法をつくりだしたのであった。巨匠たちはこの二つの新しさ、つまり音声をととのえる技術と、言葉をある一定の長さにまとめる技術を、真面目なものである演説に許されるかぎりにおいて、詩から雄弁のなかへもちこむべきだと考えたのである。」

第二はイシドール[三三]の『語源論』第一巻第二〇章からの引用である。「さらにまた、著名な大作家たちに見られる記号があって、古代人たちはそれを詩句や散文の物語のなかに導入して、書きもののなかで区切りに使ったのである。その記号は、文章や詩句の論理的な組立てを指示するために、一つ一つの語に応じて、字と同じように置かれている特殊なしるしである。詩句のなかに導入された記号の数は二十六あって、書かれた文字の下に置かれている。」

これを読むと、キケロの時代のすぐれた写本家は、語を分離して、そこに私たちの句読点に相当するような、ある種の記号を用いていたことが、私にはよくわかる。またそこには、イソクラテスがつくりだしたといわれる散文の諧調や朗唱法もある。けれども書字記号、つまりアクセントはまったく見うけられないし、たとえそういうものが見つかるにしても、そこから結論できるのは、ここでは私が触れていないことだが、私の言う原理には少しも矛盾しない一つの点にしかすぎない。すなわち、ローマ人たちがギリシア語の勉強をはじめたとき、写本家たちが彼らのためにギリシア語の発音を指示しようとして、抑揚や息づかいや音律をあらわす記号をつくりだしたのである。ギリシア人たちにそんな記号は少しも必要でなかったのだから、それらがギリシア人たちのあいだで用いられていたということにはけっしてならない。

「ハリカルナッソスのディオニュソス(一三)によれば、アクサン・テギュ〔鋭音記号〕の音調の上げ方と、アクサン・グラーヴ〔低音記号〕の下げ方は、いずれも5度であった。だから音律アクセントは同様に音楽的であって、とりわけシルコンフレックス、つまり同じ音節のところで5度上がってから5度下がる音声の場合がそうである。(1)」この一節、およびそれに関連する文章から、デュクロ氏は音楽的アクセントを私たちの言語には認めておらず、ただ音律アクセントと声のアクセントだけを認めていることがよくわかる。さらに綴り字上のアクセントをつけ加えることができるが、これは声にも、音の響きにも、音の長さにもまったく関係せず、シルコンフレックスのように省略された文字を示すか、または単音節のまぎれやすい意味をはっきりさせるだけである。たとえば、いわゆるアクサン・グラーヴは、場所の副詞 où と分離 a 小辞 ou を区別し、また同一性の冠詞である à と動詞である a とを区別する。このアクセント記号は、それらの単音節を眼だけで区別しているのであって、発音ではまったく区別していない。(2)そういったわけで、アクセントについてフランス人が一般に採用している定義は、自分たちの言語のどのアクセントともまったく一致していないのである。

(1) M・デュクロ『普遍的合理的文法についての考察』三〇頁。

(2) 同様の記号でイタリア人は、たとえば動詞の è と接続詞の e を区別しているように見えるが、前者は強い音で、より強調されるので、耳で聞いてもはっきりわかる。つまり音節に付されているアクセントが音声的なものになっているのである。ボンマッティ(一四)はそのことを見過ごしたという点で誤っている。

フランス人の文法家の多くは、アクセントは音声の上がり下がりを記しているものだという先入観を持っているので、ここでもまた私の逆説に対して、抗議の声をあげるだろうと予想される。彼らは自分の経験に十分な注意をはらっていないので、ただたんに口の開きと舌の位置を変えるだけで表現しているだけのアクセントを、声門の変化によって表現しているのだと信じるだろう。だが経験を確認し、私の説を反論の余地なく証明するために、次のことはあえて彼らに言っておかねばならないだろう。

音声に合わせてなんらかの楽器で正確に同音をとってみる。次にその音に合わせて、集められるかぎりのアクセントのついたさまざまなフランス語の単語を、続けて発音してみよう。このばあい雄弁にともなうアクセント〔抑揚〕ではなく、文法的なアクセントだけが問題なのであるから、それらさまざまな単語が一貫した意味を持っていなくても少しもかまわない。そんなふうにして声を出しながら、その同音に合わせたすべてのアクセント音が、いつも声の調子をかえながら気楽に発音しているときと同じように、はっきりと感じとれないかどうか、よく確かめてみるとよい。そこまで事実としてできたとすれば、そしてそれは間違いなくできることだが、それらすべてのアクセント音は同じ音の高さに合わせて表出されているのだから、それらはさまざまに異なる音を示すものではぜったいないわけだ。以上のことに反論できる人はないだろう。

同じ言葉にいくつもの曲をつけることができる言語には、きまった音楽的アクセントがない。それがすでにきまっていたら、曲もまたすでにきまっていることになる。歌が自由につくれるものであれば、もはやアクセントは無意味なものになってしまう。

ヨーロッパ近代の諸言語は、すべて程度の差はあれ同じ事情にある。イタリア語もまた例外ではない。イタリア語はフランス語と同じく、それ自身としてはけっして音楽的な言語ではない。違いはただ、イタリア語は音楽に適し、フランス語は適していないという点だけである。

以上すべてのことから、次のような原理が確認できる。文字を持つすべての言語は、自然の歩みに従って性格を変えざるをえず、明晰さを獲得することで力を失い、文法と論理を完成させようと努力すれば、いっそうその歩みが加速される。一つの言語を冷たく単調なものにしてしまうには、その言葉を話す人々のあいだに、アカデミーを設立しさえすればよいのである。

発音に対して綴りが違うということから派生した言語もいくつかある。言語が古くかつ原初的なものであればあるほど、発音の仕方は任意に行なえることではなく、したがって、その発音の仕方をきめている文字の組み合わせも複雑ではない。デュクロ氏は「古代人の音律記号はすべて、実際には音律のつけ方がはっきり定まっていたからであろうか、常用にされるまでにはなっていなかった」という。もっといえば、それらの記号は実際の音律に取ってかわったのだ。古代ヘブライ人の文字には、句読点もアクセントもなかったし、母音さえもなかった。他の国民がヘブライ語を話そうという気をおこし、またユダヤ人のほうも他の言語を話すようになってから、ヘブライ語は自らのアクセント〔抑揚〕を失った。そこで句読点や記号を使って、用法を規則だてねばならないことになったのだが、これはその言葉の発音よりも、むしろ語の意味を確立するものだったのである。今日のユダヤ人がヘブライ語を話しても、彼らの祖先にはもはや理解されないであろう。

英語ができるようになるためには、二度学ばねばならない。読むためと、話すためである。イギリス人が声を出して読み、外国人がその本を眼で追っているとすると、その外国人は、自分が眼で見ているものと耳で聞いているものとのあいだに、関連があるとは思いもしないだろう。どうしてそういうことになるのか。イギリス人は相ついでさまざまな民族に征服されたので、語の書き方はそのままであるのに、発音の仕方が何度も変わったからである。文字の意味を決定する記号と、発音を規則だてる記号とでは、たいへんな違いがある。子音だけで一つの言語を明確に書きあらわすことはできるが、話すことはできないだろう。代数がそういった言語にいくらか似ている。一つの言語が発音よりも綴り字で明快なとき、それはその言語が、話されるよりも書かれる言語であることのしるしである。エジプト人の学者の言語がそうであったようだし、私たちにとっては死語がそうである。無用な子音がたくさんある言語は、文字のほうが話し言葉よりさきにあったのではないかとさえ思われる。ポーランドの言葉がそうだといっても、信じない者がはたしているだろうか。そのとおりだとすれば、ポーランド語はあらゆる言語のなかで、もっとも冷たい言語ということにならざるをえないだろう。

第八章　諸言語の起源に見られる一般的ならびに地域的な相違

これまで述べてきたことは、原初的な言語の一般的性格と、それにひきつづいて起こった諸変化に関することであって、諸言語の起源や相違についてはまだ説明されていない。諸言語を違ったものにする基本的な原因は、地域性にあり、諸言語を生みだす風土と、そこで言語がどう形成されてくるかという問題にかかわっている。南の諸言語と北の諸言語のあいだに見られる一般的かつ特徴的な差異を認識するためには、そういった原因にまでさかのぼらねばならないのである。ヨーロッパ人はいつも、自分のまわりで起こっていることをもとに、事物の起源について推論してしまうが、これは大きな欠点だ。彼らが必ず私たちに見せてくれるのは、最初の人間たちが収穫のない荒れた土地に住み、寒さと飢えで死にそうで、必死になって住居や衣服をつくっている姿である。彼らはヨーロッパの雪と氷をどこにでも見てしまうのであって、人類が他のすべての生物同様、暖かい土地で生まれ、地球の三分の二では冬がほとんど知られていないということを、考えてみようともしない。人それぞれを研究しようと思えば、自分の近くを見なければならないが、人間を研究するためには、視野を遠くにまでのばすことを学ばねばならない。特性を見出すためには、まず差異を観察しなければならないのである。

人類は暖かい土地で生まれ、そこから寒い土地に広がっていく。寒い土地で人類はふえていき、そして暖かい土地に逆流してくる。そのような動きと反作用が、地球上の諸変革と、住人のたえざる流動をひき起こすのである。私たちの探究においては、自然の命じるところを忠実に追っていくよう努力しよう。このあとしばらく横道にそれ、すでに言い古されているので陳腐とも見える主題に入っていくが、人間の諸制度の起源を見出すためには、どうしてもその点に立ちもどらざるをえないのである。

第九章　南の言語の形成

初めの頃[1]、地表に散在していた人間たちには、家族のほかに社会はなく、自然のほかに法はなく、身ぶりと若干の未分化な音のほかに、言語はなかった[2]。彼らは、共有されたいかなる友愛観念によっても結ばれていず、また力のほかにどんな調停者もいなかったので、たがいに相手を敵だと思っていた。そんなふうに思いこんでしまったのは、彼らの弱さと無知のせいであった。何も知らなかったので、彼らはすべてを恐れ、自分を守るために攻撃した。人類の運命のままに地上に独《ひと》りほうりだされていた人間は、狂暴な動物であらざるをえなかったのだ。自分がやられることを恐れて、そんな危害のすべてを自分のほうから他人に加えようといつも身がまえていた。恐れと弱さは、残忍さの源である。

（1）ここで初めの頃と呼んでいるのは、人々が分散していた頃であり、その時期が人類の何歳ぐらいにあたるかは問題としない。

（2）本物の言語は家庭に起源を持たない。より一般的で、より持続的な約束事があってはじめて、言語は確立される。アメリカの未開人たちは、家の外ではめったに口をきかないし、自分の小屋のなかでも黙っている。家族同士ではサインで話すが、それも頻繁にはつかわない。未開人はヨーロッパ人ほど不安やいらだちがなく、またそんなに多くの欲求を持たず、必要なことは自分で十分まかなっているからである[三五]。

社会的な感情は、知識をともなわないかぎり、私たちのなかで発達しない。憐れみの情は、人間の心に自然にそなわっているものだが、その働きをひきだす想像力がなければ、いつまでたっても活動しないままであるだろう。(二六) 私たちはどんなふうにして憐れみの情に心を動かされるようになるか。自分自身の外に出て、苦しんでいる者と一体化することによってである。その人が苦しんでいると自分にもわかるかぎりにおいてしか、私たちは苦しまない。自分のなかでではなく、その人のなかで苦しむ。この自己移入のためには、まえもってどれほどの知識が必要とされるか考えてみてほしい。自分のまったく知らない苦痛を、どうすれば想像してみることができるだろう。他人が苦しんでいることを知りもせず、また他人と自分とのあいだに共通点があることを知りもしなければ、たとえ他人が苦しんでいるのを見たところで、どうして自分が苦しむことになるだろうか。いちども反省したことのない人間は、寛大にも、憐れみ深くもなりえないし、また意地悪にも、復讐好きにもなりえない。何も想像することのできない人間は、自分自身をしか感じることができず、人類のただなかにありながら独《ひと》りぼっちなのである。

　反省は、観念を比較することから生じる。そして、その比較を可能にしているのは、観念の多様さである。たった一つの事物しか見ないものには、較べるべきものがない。ほんの少しのものしか見たことがなく、子供のときからいつも同じものばかり見ているようでは、これもまた比較することができない。見慣れているということが、あれこれ検討するのに必要な注意力をうばってしまうからである。けれども新しい事物が眼に入ると、私たちはそれを知ろうとして、すでに知っているもののなかに、それとの関係を探し求める。かくして私たちは、自分の眼のまえにあるものについて考えることを覚える。自分の見知らぬものが、すでに慣れ親しんでいるものを検討するように仕向けるのである。

そういった考察を初期の人間の場合に当てはめてみれば、彼らが野蛮であることの理由がよくわかるであろう。自分の身のまわりにあるものしか見たことがないので、彼らはそういったものについてさえも、知ってはいなかった。自分たち自身をさえ、彼らは知らなかった。父とか、息子とか、兄弟とかの観念は持っていたけれど、一人の人間という観念はなかった。自分の小屋にいるのは、すべて自分に似たものであって、見知らぬ人間も野獣も怪物も、彼らにとってはすべて同じものであった。自分と家族を除いては、世界全体が無にひとしいものだったのである。

そこから諸民族の祖先たちに見られる明白な矛盾が起こる。あれほど自然でありながら、非人間的であり、風習はひどく野蛮でありながら、心はとても優しく、自分の家族を強く愛しながら、自分の種には烈しい嫌悪を示す。彼らのすべての感情は、身近なもののなかに集中されていて、それだけにまた強烈であった。自分の知っているものは、すべて彼らにとって大切なものであった。何も見ず、無知のままであった残りの世界に対して敵であったが、彼らはただ知ることのできないものを憎んでいたにすぎないのである。

この野蛮な時代は、黄金の世紀であった。人々が結び合わされていたからではなく、分離されていたからである。みんながそれぞれ、自分をすべてのものの主人だと思っていたと言われるかもしれない。それもそうだ。けれどもだれもが自分のそばにあるものしか知らなかったし、また望みもしなかったので、人々の欲求は自分を同胞に近づけるどころか、逆に遠ざけていた。人間たちは、出会えばたがいに攻撃しあったといってもよいが、出会うということがめったになかった。いたるところに戦争状態があったが、地上はどこも平和であった。

初期の人間は狩人であるか羊飼いであって、農夫ではなく、最初の財産は家畜であって、畑ではなかった。土地を分けて所有しはじめるまで、だれも耕すということを考えなかった。農業は道具を必要とする技術であって、種をまき収穫するためには、将来を見通した配慮がいる。社会をいとなむ人間は広がろうとするけれども、孤立している人間は狭く閉じこもる。自分の眼で見ることのできる距離、自分の手のとどく範囲の外には、もはや権利も所有もない。キュクロプスが石をころがして自分の洞窟の入口をふさいでしまうと、家畜と彼はもう安全なのである。（三七）しかしもし法が番をしてくれないとすれば、いったいだれが畑の収穫を守ってくれるだろう。

カインは農夫であり、ノアはぶどうを栽培したではないかと言われるだろう。（三八）まったくそのとおりである。彼らは独《ひと》りだったのだ。何を恐れねばならなかったろう。それにこれは、私を困らせるようなことではない。ついさきほど、私は初めの頃についての考えを述べた。逃亡者になったカインは、農業を捨てざるをえなかったし、ノアの末裔の流浪の生活も、農業を忘れさせたにちがいない。土地を耕すためには、土地に人が住みつかなくてはならないが、この二つのことは同時には進行しない。人類が最初に分散していくあいだ、家族が移動をやめて人間がきまった住居を持つまで、農業はすでになくなっていた。定住しない人々に土地を耕すことは無理である。かつての遊牧民がそうであったし、テントの下で暮らすアラブ人、車で移動するスキタイ人がそうであった。（三九）また流浪の民である韃靼人やアメリカの未開人たちは、いまでもそうである。

一般的に言って、起源が知られているすべての民族においては、初期の野蛮な人々は、耕作し穀物を食べる者であるよりも、むしろがつがつした肉食者であった。ギリシア人たちは、土地を耕すことを彼らに教えた最初の人の名をあげている。つまり彼らはずっとおそい時期に、ようやくその技術を覚えたようなのである。しかし彼らがそれにつけ加えて、トリプトレモス(四〇)の頃より以前はどんぐりの実だけで暮らしていたというとき、あまり本当と思われぬことを述べているのであって、彼ら自身の歴史がそれを否定している。というのも、トリプトレモスが肉食を禁じたのだから、それまでは彼らは肉を食べていたのである。しかもその禁止は、あまり尊重されたようには見えない。

　ホメロスの饗宴では、今日なら子豚を殺してもてなすような調子で、牛を殺して客にふるまう。アブラハムが子牛一頭を三人の食事に出し(四一)、エウマイオスがユリシーズの夕食のために二匹の子山羊を焼き(四二)、またリベカが夫のために同じようなことをした(四三)というような話を読むと、その頃の人々がどんなに恐ろしい肉食人種であったか推察がつく。古代人の食事を思いうかべたければ、今日では未開人の食事を見さえすればよいのだ。英国人の食事、と私はいまあやうく口をすべらせるところであった(四四)。

　菓子が最初に食べられたとき、それは人類にとっての聖体拝領であった。人々は定住しはじめると、自分の小屋のまわりのほんの少しの土地を開墾した。それは畑というよりは、むしろ庭であった。収穫されたわずかな穀物は、石と石のあいだですりつぶされ、灰のなかやおき火の上、あるいは焼け石の上で焼きあげられて、数個の菓子ができあがる。それを人々は祝祭のときだけ食べるのであった。この古代のしきたりは、ユダヤ人のあいだで復活祭の日に神に捧げられてきたが、今日でもなおペルシアとインドで受けつがれている。それらの地で食べられているのは、無酵母のパンであって、木の葉のように薄いパンが食事のたびごとに焼かれ、その場で食べてしまわれる。人々がパンを発酵させることに気づいたのは、より多くのパンが必要になってからでしかない。量が少ないと発酵はうまくいかないからである。

私は大規模な農業が、族長時代からすでに見られるものであることを知っている。エジプトの近くの民が、早くから農業をパレスチナにもたらしたのであろう。現存するあらゆる書物のなかで、おそらくもっとも古いものである『ヨブ記』(四五)に、畑の耕作についての記述があり、ヨブの富を示すものとして、五百組の牡牛があげられている。この「組」という語は、畑作のために二頭立てになった牡牛を意味しているのであって、事実はっきりと、それらの牡牛は畑を耕していたときに、シバ人に略奪されたのだと述べられている。五百組の牡牛が耕さねばならない土地が、どんなに広いものであるかはだれでも推察がつこう。

以上のことはすべて事実である。だが時代を混同してはいけない。私たちの知っている族長の時期は、最初の時代から遠く離れている。聖書によれば、その二つの時期のあいだ、しかも人々が長生きをしていた時代に、十世代が数えられているのである。その十世代のあいだ、人々が何をしていたか、私たちは何も知らない。散らばって生活し、社会らしいものもなく、話すということもほとんどなかったのだから、どうして書くことができたであろうか。また孤立した生活の単調な繰り返しのなかにあって、どんな事件を私たちに伝えるというのであろうか。

アダムは話をし、ノアも話をした。たしかにそうだ。だがアダムは神自身に教えてもらった。ノアの子供たちはちりぢりになって農業を捨て、共通の言語は最初の社会とともに滅びたのである。バベルの塔がなかったにしても(四六)、そういうことは起こったであろう。無人の島にたどりついた孤独な人々が、自分たちの言語を忘れてしまうことはよく知られている。自分の国を離れて、何世代も過ごした人々は、たとえ共通の仕事をもって彼らのあいだで社会をいとなんでいても、自分たちのもとの言語を忘れずにいることは、きわめてまれなのである。

世界の広大な無人の地に散らばっていった人々は、もし彼らが土から生まれていたら、はじめからそうであったような愚かな野蛮状態のなかに、ふたたび落ちていった。そういったごく自然な見方を追っていけば、聖書の権威と、古代の遺物が語ることを、容易に両立させることができるし、また古い言い伝えを、作り話とみなすようなこともなくなるであろう。言い伝えは、それを今に伝えている民族と同じほど古いものなのである。

そういった動物的な状態のなかで、生きていかなければならなかったのだ。もっとも活動的で頑強な人々、いつも前へ前へ進んでいた者たちは、果実と狩猟で生きていくよりほかになかった。彼らはそこで狩人になり、粗暴で血を好む者になった。そして戦いの時代がくると、征服者になり、簒奪者になる。そういった最初の王たちが犯した罪で、歴史に残った記念物は汚されている。戦争と征服は人間狩りでしかないのだ。ただ征服したあと、むさぼり食うということだけはなかった。そこまでしてしまうのは、ずっとのちの彼らの後継者たちである（四七）。

大多数の人々は、それほど活動的でなく、穏やかな性質で、必要がなくなるとそれ以上進むことをやめた。そして牛や羊などを集めて飼いならし、人間の声によく従うようにして、自分たちの身を養うために守り育て、数をふやしていくことを覚える。そのようにして羊飼いの生活がはじまったのである。

人間の器用さは、それを生みだす欲求とともに拡大する。人間に可能な三つの生き方、つまり狩猟と、家畜の世話と、農業のうち、第一のものは、力と早わざと走ることで身体をきたえ、勇敢さと策略において魂をきたえるので、人間を頑強にもすれば、狂暴にもする。狩人たちの国は、いつまでも狩猟の国でありつづけることはない。(1) 獲物を遠くまで追い求めねばならず、そこで騎馬がはじまる。逃げる獲物につづけて打撃を与えねばならず、そこで軽い武器、石投げ器とか矢とか投槍が必要になる。羊飼いの技術は、休息とひま好きな情熱の生みの親であって、それだけで十分に自給自足していける。それは人間に、ほとんど苦労せずに食べるものと着るものを与え、住居さえも供給する。初期の羊飼いたちのテントは、羊の皮でつくられていたし、ノアの箱舟やモーゼの幕舎の屋根も、それ以外の布地でつくられてはいなかった。農業についていえば、これはもっとゆっくり立ちあらわれてくるものであって、あらゆる技術に結びついている。それらは人類においては、善と悪についての学問と切り離せないものである。そしてしだいに貧困と犯罪をつくりだす。それは所有地とか政府とか法律とかをもたらし、せない。だからギリシア人たちはトリプトレモスのことを、たんに有益な技術の発明者としてではなく、最初の規律と最初の法律を彼らに与えた制定者であり、賢者であるとみなしていた。それと反対にモーゼは、農業に対して好意的でない判断を示しているようだ。下らない男を農業の始祖にし、せっかくの神の贈物を捨てさせてしまったのだから。(四八) 最初に土地を耕した者は、その技術がもたらす悪い結果を、すでにその性格のうちにあらわしていたといえるだろう。『創世記』の作者は、ヘロドトスよりずっと先きまで見通していたのである。

（1） 狩人という職業は、人口にとっては少しも有利ではない。ドミニカ島やトーチュガ島に野牛狩りをする連中が住んでいたときになされたこの観察(四九)は、北アメリカの状態によっても確認される。人口数の多い民族の祖先が、狩人を職としていた例はまったく見られず、すべて農耕者か羊飼いのいずれかであった。したがってそこでは、狩猟は生活の手段とみなされるより、むしろ牧畜に付随的なものとみなされるべきである。

いま述べた分類は、社会の面から考察された人間の三つの状態に関係している。未開人は狩人であり、蛮人は羊飼いで、文明人は農夫である。

それゆえ、技術の起源をたずねても、最初の頃の風俗を考察しても、いずれにせよ原則として、生計を立てていく手段にすべてのことが関係していることがわかる。そしてそれらの手段のうち、人々を集合させるものについていえば、それは気候と、土壌の質によって決定されていることになる。したがってまた、言語の多様さやその対照的な性格を説明するにあたっても、同じ原因にまでさかのぼってみなければならないだろう。

穏やかな気候、肥沃で豊かな土地は、最初に人々が住みはじめ、そして最後に国が形成されたところである。なぜならそこでは、だれもが他人の助けなしに暮らすことができ、社会をつくりだす欲求がいちばんゆっくりと感じはじめられるからである。

この地上に永遠の春を想定してみるとよい。いたるところに水があり、牛や羊が群れをなし、牧場がある。そういったところへ、自然の手から出てきたばかりの人間が散らばっていたとしよう。そんな人間たちが、どうして自分たちの素朴な自由を放棄し、生まれつきの不精[1]にふさわしい孤独な羊飼いの生活をやめて、社会状態にかならずともなう隷属、労働、貧困を、みずから必要もないのに背負いこむことになったのか、私には理由を思いうかべることができない。

（1）　どの程度まで人間が生まれつき怠惰であるか、想像もつかないほどである。人間は、ただ眠り、なにもせずに暮らし、じっとしているためにのみ生きているといえそうだ。飢えで死なないようにするために、やっと人間は自分で努力して動き出す決心をすることができるのである。この心地よい不精ほど、未開人たちに、あれほどまでも自分らの状態を好んで守らせているものはない。人間を不安にし、将来にそなえさせ、活動的にする情念は、社会のなかではじめて生まれる。何もしないということは、自己保存の情念についで、人間の最初のもっとも強い情念である。そのことをよく考えてみれば、私たちのあいだにおいてさえ、人々が働くのは休息を得るためであり、私たちを勤勉にしているのは怠惰であるということがわかるだろう。

人間が社会的であることを望んだ存在が、地球の軸に指を触れ、それを少し傾けて宇宙の軸に合わせたのである。そのわずかなずれで、地球の表面に変化が起こり、人類の使命がきまってくる様子が、私には見えてくる。遠くで無分別な多数の人々が、喜びの叫びをあげているのが聞こえてくる。宮殿や都市が建設されるのが見える。芸術や法律や商業が現われてくるのが見える。諸民族が形成され、広がり、消滅し、海の波のようにまたあいついで起こるのが見える。人々が自分の住まいから出て、いくつかの地点に集まり、そこでたがいに食いあい、世界のそれ以外の土地を恐ろしい荒野と化してしまうのが見える。その荒野こそ、社会的な結合と、技術の効用の記念にふさわしい。

大地は人々を養う。けれども、最初の欲求が彼らを分散させたあと、それとは別の欲求が、彼らを集合させることになる。そのときはじめて人々は言葉を話し、そして自分たちのことをだれかに語らせるようになる。私の言うことが矛盾しないように、ゆっくり説明する時間を与えてほしい。

人類の祖先がどんなところで生まれたか、最初の植民がどこから出てきたか、最初の移民がどこからやって来たかを考えようとすれば、小アジアとかシチリア、アフリカなどの幸福な風土をあげず、エジプトもとうぜん問題にされないで、だれでもカルデアの砂地や、フェニキアの岩地などをあげるだろう。それはいつの時代でも変わりないと考えるだろう。中国に住むのは中国人だけというわけにはいかず、韃靼人もまたそこに住みついている。スキタイ人はヨーロッパとアジアに侵入した。スイスの山岳地帯は現に、私たちの肥沃な地域にたえず植民を流出させているが、これもとうてい終わりそうにない。

不毛な土地の住民がそこを離れて、もっと良い土地に住みつこうとするのは当然であるという。そのとおりだ。けれどもその良い土地が、なぜそこの本来の住民でいっぱいにならず、よその土地の住民にゆずられるのか。不毛な土地から出てくるためには、まずその土地にいなくてはならない。それならどうして、よりによってそんなところで、たくさんの人が生まれてくるのか。不毛な土地には、肥沃な土地からはみだした人間が住むことになるはずだと、だれしも考えるだろうが、そこに見られるのは逆のことである。大部分のラテン民族は自分たちを土着民(1)と言っていたのに、他方それよりははるかに肥沃な大ギリシアには、外国人しか住んでいなかった。ギリシアの民族はすべて、自分たちの起源がさまざまな植民地にあることを認めている。ただし土壌がいちばん悪かった民族、すなわちアッティカ民族は別で、彼らは自分たちを原住民、あるいは自分自身から生まれた者と呼んでいた。またそんなに遠く時間の闇を通さなくても、最近の幾世紀かが決定的な観察を提供してくれる。思うに、人類の製造所と名づけられているところほど、うっとうしい風土(五〇)が、世界のどこに見られるだろうか。

(1) 「土着民」、「原住民」という名称は、もっぱらその土地の最初の住民が、社会も法も伝承も持たない未開人で、

人々が結合することになるのは、たいていの場合、自然の偶発事件のせいである。異常な洪水、溢れかえる海、火山の噴火、大地震、雷がもとで森を焼きつくしてしまう大火災など、土地の未開の住人たちをおびえさせ、ちりぢりにしたにちがいないすべてのことが、その後今度は、共通の損害を共同で元にもどすために、人々を集まらせたにちがいない。古代にはしばしば起きたという大災害の伝説は、無理にでも人間たちを近づけあわせるために、神の摂理がどんな手段を用いたかをよく示している。社会が確立されて以来、そういった大きな偶発事件は起こらなくなり、しだいにまれになった。この状態はこれからもまだつづくと思われる。分散した人々を集合させた災害がまた起これば、今度は結合している人々をちりぢりにするだろうからである。

季節の大変動も、より一般的で、より恒久的なもう一つの原因であって、その移りかわりにさらされている風土においては、災害と同じ結果をもたらすにちがいない。冬のためにどうしても食糧をたくわえておかねばならなくなると、そこで住民は、たがいに助け合う状況においこまれ、彼らどうしでなんらかの取りきめを確立しておかざるをえなくなる。外を歩きまわることが不可能になり、厳しい寒さが彼らの足をとどめるとき、必要と同じく退屈もまた彼らを結びつける。氷のあいだに埋まっているラップ人、あらゆる民族のなかでもっとも未開のエスキモー人は、冬のあいだは彼らの洞穴に集まってくるが、夏になるともうたがいに知り合うこともない。彼らがもう一段階進歩し、知識がふえれば、彼らはずっと結合したままでいることになろう。

人間の胃も腸も、生の肉を消化するようにはできていないし、一般的にいって生肉は人間の口に耐えられるものではない。いま述べたエスキモー人だけをたぶん唯一の例外として、未開人でさえも肉を焼く。焼くために必要な火の使用には、火が燃えるのを見る楽しさと、熱が身体に与える心地よさがつけ加わる。焔を見ると、動物は逃げ去るが、人間はひきつけられる。(1) 共同のたき火のまわりに人々は集まり、そこで宴をはり、踊る。慣れ親しむという心やさしい結びつきは、いつのまにか人間を同類たちに近づける。そしてその粗末なかまどに神聖な火が燃えて、人々の心のなかに、人間らしさの最初の感情をめばえさせるのである。

(1) 人間と同様、動物もまた火を見るのに慣れ、その心地よい温かさを知ると、つよい喜びを感じるものである。動物にとっても人間にとってと同様、火はしばしば役に立つことさえあるらしい。少なくとも子供たちを暖めてやる場合がそうだ。けれども野生であれ家畜であれ、動物が人間にならって、火をつくりだす器用さを獲得したという話は聞いたことがない。そんな動物が、なんと思考する存在で、たとえもろくても人間よりさきに社会をつくっているという。だがその知性は、小石で火花をつくって燃やしたり、あるいは少なくとも何かの残り火を保存しておくといった程度までも、高まることがなかった。まったくの話、哲学者たちは公然と私たちをからかっているのだ。彼らの著作を見れば、じっさい私たちのほうが、けだもの扱いにされていることがよくわかる。(五二)

暖かい地方のあちこちに散らばっている泉や川は、火以上に水なしではすませない人間にとって、いっそう必要なもう一つの集合地である。とりわけ家畜で暮らしている蛮人にとっては、共同の水飲み場が必要であり、もっとも古い時代の歴史によれば、まさしくそこで協定や争いがはじまったということがわかる。(1) 湿潤な地方の住人は水をたやすく手に入れられるので、社会の成立がおくれることもある。反対に、乾燥した地方では、家畜に水をやるために井戸を掘ったり、水路をつけたりするために、協力することが必要であった。そのようなところでは、はるかな太古の昔から協力しあう人間の姿が見られる。そこでは土地を荒れたままにしておくか、人間の労働で住めるようにしていくか、どちらかしかなかったからである。もっとも、私たちにはすべてのものを自分たちの役に立てようとする傾向があるので、その点についてはもう少し考察を加えておく必要があろう。

（1）　協定と争いについては、『創世記』第二一章の誓いの井戸をめぐるアブラハムとアビメレクの例を見よ。(五二)

地上の最初の状態は、人間の手で整えられたり変形されたりしている今日のような状態とは、大いに異なっていた。詩人たちが荒れ狂う天候から想像してみた混沌は、できたばかりの大地を支配していた。はるか遠い昔、大変動が頻発し、さまざまな事態が土壌の質や土地の様相を変えていた頃には、樹木、野菜、灌木、牧草など、すべては混然と成長し、いかなる種といえども、自分に適した土地を独《ひと》りじめにして、他種を絶滅させるほどの余裕はなかった。それらは少しずつゆっくりと分散していき、そしてまた激動が起きると、すべてがふたたび混然一体となってしまうのであった。

人間の欲求と土地が産みだすものとのあいだには、ある関係があって、そこに人が住めば、すべてが存続するようになっている。けれども、人間が集まって協同して働き、産出されるもののあいだに釣り合いをもたらすまで、すべてが存続していくためには、今日人間の手で保たれている均衡を、自然だけで引き受けていなければならなかった。人間は無節操に、均衡を維持したり建てなおしたりしているのだが、自然は相つぐ大変動によって、維持したり建てなおしたりしていたわけだ。戦争はまだ人間のあいだに広まってはいなかったが、自然のなかではどこにでも見られた。人間はまだ町を焼いたり、鉱山を掘りくずしたり、木を切り倒したりしていなかったが、自然は火山を噴火させ、地震をひき起こし、烈しい稲妻で森を焼きつくしていた。当時は雷の一撃や、一度の洪水、旱天だけで、いまなら無数の人間の手が百年もかけてやるようなことを、ほんの数時間のうちにやりとげてしまった。そういうことがなければ、どうして自然の体系が維持され、均衡が保たれることになるのか、わけがわからなくなる。動物の世界でも植物の世界でも、大きな種が小さな種をやがては呑みつくしてしまうことになったであろう。[1] 地球全体がそのうちに、強い木や狂暴なけだものだけでおおわれてしまい、結局はすべてが滅びてしまったであろう。

(1) ある人の主張では、いわば自然な作用と反作用によって、動物界のさまざまな種はつねにバランスをとりもどし、それが均衡のかわりになって、自分たち自身で種を維持しているらしい。つまり、食うほうの種が、食われるほうの種を犠牲にしてふえすぎていくと、やがて餌がなくなってしまうので、今度は食うほうの種が少なくなり、食われる種のほうがまた少しずつふえてくる。そうするうちにまた、食うほうの種に豊かな餌が提供されることになって、食うほうはまた数がふえ、食われるほうは減っていくというわけだ。けれどもそういう振り子のような運動は、少しも本当のようには思えない。この方式では、餌食となる種がふえて、それを食う種が少なくなる時期があることになっているが、そういったことは、私にはおよそ理に反したことのように思える。

大地に生気を与える水の循環は、しだいに悪くなっていったのであろう。山々は風化して低くなり、河川は水を押し流し、海はいっぱいになって広がり、すべてがいつのまにか平らになっていく。人間の手がこの傾向をひきとめ、進行をおくらせる。人間がいなければ、その進行はもっと早くて、大地はおそらくすでに水の下に没していたであろう。人間が働きだすまえは、泉の配置は悪く、流れも片寄っていたし、土地を十分に潤すこともなく、住民たちが飲み水を手に入れるのも難しかったであろう。川岸は険しいか、沼になっていて、ほとんど近寄れなかった。人間の技術によって流れが川床に保たれるということもなかったので、水はしばしばそこから外れて、右や左に溢れだし、方向を変え、流れを変えて、いくつもの支流に分れていく。それらの支流はときには干上がり、ときには流れる砂で近づくこともできず、存在していないも同然で、人々は水の真中にいながら、渇きで死んでいくのであった。

人間が河川から引いた溝と運河で、どれほど多くの乾燥した土地が住めるようになったことだろう。ペルシアのほとんど全土は、ただこの人為の力で存続しており、中国は無数の運河のおかげで人々に満ちあふれ、オランダもまた、堤防がなければ海の水が浸入してくるのと同じように、運河がなければ、河川が氾濫していることだろう。エジプトは地上でもっとも肥沃な地方であるが、住めるようになったのはもっぱら人間の働きによってである。川が流れていなくて、土地にあまり傾斜のない大平原では、井戸のほかに生活の手段がない。したがって、歴史に述べられている初期の民族が、肥沃な土地や楽に暮らせる川辺には住んでいないにしても、それは、そういった幸運な風土が無人の地であったということではなくて、そこに住む数多くの人々が、たがいに助けをかりずにすませ、長いあいだ交際もせず、家族だけで孤立して暮らしていたということなのである。けれども、井戸からしか水を手に入れることができないような乾燥地では、井戸を掘るために力を合わせるか、あるいは少なくとも井戸の使い方でたがいに折れ合う必要があった。これが、暖かい地方における社会と言語の起源であったにちがいない。

そこで初めて家族のきずなが形成され、そこで初めて男と女が出会った。若い娘たちは炊事のために水を求め、若い男たちは家畜に水を飲ませにやって来る。それまで子供の頃から同じものばかり見慣れていた眼が、そこで、もっと心楽しいものに出会うのだ。心は、生まれて初めて見るものにふるえ、いままで知らなかった魅力にひかれて粗野でなくなり、独《ひと》りではない歓《よろこ》びを感じるようになる。水はいつしかもっと必要と思われるようになり、家畜は何度も何度ものどを渇かせる。急いでそこにやって来ては、心を残して立ち去っていく。時刻を記すものは何もないこの幸せな時代にあっては、時間のことなど少しも気にしなくてよい。楽しい時と退屈な時のほかに、時間をはかる尺度はなかった。年月にうちかった古い柏の木の下で、情熱に燃える若者たちはしだいに狂暴さを忘れていった。少しずつたがいに相手に慣れ親しみ、自分をわかってもらおうとして思いを述べることを覚えたのである。そこで初めて祭りがおこる。足は喜びに跳ね、熱心な身ぶりだけではもう十分でなく、情熱にふるえる声がそれにともない、歓びと欲望とが一つにとけあって同時に感じられるのであった。つまりはそこに民族の揺籃の地があり、泉の純粋に澄みきった水のなかから、最初の恋の炎が燃えあがったのである。

なんだって！　それならそれ以前の人間は大地から生まれていたのか。男女は結ばれず、だれも理解しあわない状態で、何世代もつづいたということになるのか。むろんそうではない。家族はあったが、民族がまだなかった。家庭の言語はあったが、民衆の言語がまったくなかった。結婚はあったが、恋愛は少しもなかった。それぞれの家族はそれだけで自足していて、自分たちの血だけでつづいていた。同じ両親から生まれた子供たちがいっしょに成長して、少しずつたがいに了解しあう方法を見出した。男女の性は年とともにはっきりし、自然の成り行きだけで結ばれた。本能が情熱の代わりをし、慣れが選択の代わりになった。兄と妹、弟と姉であるまま夫婦になった。[1]舌をほぐれさせるほどの活気は少しも見られず、情熱的な抑揚をしばしばひきだすほどのものは何もなく、それが言語として確立されることもなかった。同様に、共同の仕事のために人々を協力させる必要もまれであったし、少しも急がれることではなかった。だれかが泉の水を貯めるようにすると、もう一人の男がそれを仕上げた。たいていは何の合意も必要とされず、ときには顔を合わせることさえなかった。要するに、穏やかな風土や、肥沃な土地では、住人たちが話をはじめるためには、快い情熱が活発に現われるような状態にならねばならなかったのである。必要ではなく、歓びの娘である最初の言語は、長いあいだその生みの親のしるしを身につけていた。心を魅するその抑揚が消え失せるのは、それを生みだした感情が消えてしまうときであり、それは新しい欲求が人々のあいだに入りこんできて、だれも自分のことしか考えず、心を自分のなかに閉じこめざるをえなくなってからのことである。

（1）　初期の男たちは、自分の姉妹と結婚しなければならなかった。初期の素朴な風俗のなかでは、そういった習慣も、家族が孤立していたので、たいした不都合もなしに長く続いていた。太古の民族が形成されたあとでさえもそうであった。けれども、そういった習慣を廃止した法は、人間の制度であるとはいえ、やはり神聖なものである。ただし家族どうしのあいだに形成された結びつきという面でのみ、この法を評価している人々は、いちばん大事な点を見落としている。家族のなかで男と女は、必然的に慣れ親しむものだから、もしこの神聖な法が心に語りかけず、感覚にも畏れの念を起こさせなくなれば、そこではもはや人々のあいだに羞恥がなくなり、やがて恐るべき風俗が人類の破滅をひき起こすにいたるであろう。

第一〇章　北の言語の形成

時がたつにつれて人々はすべてよく似た存在になるが、その進展の仕方は異なっている。自然が気前のよい南の風土では、情熱から必要が生じてくるが、自然がけちくさい寒い地方では、必要から情熱が生じる。そしてその言語も、窮乏の悲しい娘であって、そこには苛酷な生誕のあとが感じとられる。

人間は気候の不順や寒気、不安、また飢えさえにも慣れてしまうが、ただ一つ自然のほうが屈服してしまう点がある。その残酷な試練におそわれると、虚弱なものはすべて滅び、それ以外のものは強くなって、強健さと死とのあいだに中間がなくなる。だから北の諸民族はあれほど頑丈であるわけだ。風土が彼らを頑丈にしたのではなくて、頑丈なものしか、この風土は受け入れなかった。その子供たちが父親たちのすぐれた体質を保ちつづけているのは、別に驚くほどのことではない。

言うまでもなく、人間は頑丈であればあるほど神経が繊細でなくなり、声もまた荒々しく大声になるはずである。それに、魂のふるえから来る感動的な声の調子と、物質的欲求から無理にひきだされる叫び声とでは、たいへんな違いがある。一年のうち九か月はすべてが死にたえており、太陽はただ数週間ほど大気を暖めるだけで、それも住人たちにどんなありがたさが奪われているかを生身で覚えさせ、惨めさをひきのばすためにだけしか照らない、そんな恐ろしい風土のなかでは、人々が考えるのは生活の糧を手に入れることだけである。働きつづけないかぎり、大地は何も与えてくれず、生きていくための源泉が、心ではなく腕のなかにしかないような、そんなところで暮らしている人々には、もっと優しい結びつきがあるとは思いもよらなかったであろう。身体的な衝動がすべてであり、偶然の機会が選ぶことの代わりになり、その場しのぎが好みの代わりになっていた。情熱を育てるのどかさは、情熱を抑える労働にとってかわられ、幸せに生きることを考えるまえに、生きつづけることを考えなければならなかった。たがいに必要であることが、感情よりも強く人々を結びつけていたので、社会はただ勤勉さによってのみ形成されていた。またつねに死の危険にさらされていたので、身ぶりの言語だけですますこともできなかった。だから彼らのあいだでの最初の言葉は、「愛して（aimez-moi）」ではなく「手伝って（aidez-moi）」であった。

この二つの言葉はよく似ているけれども、まったく異なった口調で発音される。何かを感じてもらう必要はなく、すべてを理解してもらわねばならなかったのだ。つまり熱意ではなく、明確さが問題であった。心情が声に抑揚を与えなかったので、強くて聞きとりやすい分節音がその代わりをした。言葉の形態に、自然の痕跡がいくらか残っていたにしても、その痕跡は言葉の無情さをさらに強めるのに役立っていたのである。

実際、北国の人々は情熱がないのではなく、別の種類の情熱を持っている。暖かい国の情熱は、官能的な情熱であって、恋やけだるさに結びついている。自然が住人たちのために多くのことをしてくれるので、彼らはほとんど何もしなくていい。アジアの男は、女たちがいて休息がありさえすれば、それで満足なのだ。(五三)けれども住人たちが不毛な土地で力を使いはたしてしまう北の国では、男たちはいろいろと必要にせまられるので、すぐにいらだつ。自分のまわりで人が何かをすると、不安になる。

やっとの思いで生きつづけているのだから、貧しければ貧しいほど自分の持っているわずかなものに執着する。彼らに近づくことは、命をねらうことと同じである。彼らの気難しい性質はそこからきているのであって、自分を傷つけるすべてのものに対して、彼らはすぐに激怒にかられる。というわけで彼らのもっとも自然な声は、怒りと脅しの声であり、それにはつねに強い分節音がともなわれていて、その声を無情で騒々しいものにしているのである。

第一一章　それらの相違についての考察

以上の私の意見によれば、原初の諸言語に見られる特徴的な相違の、もっとも一般的なものは物質的原因である。当然、南の言語はいきいきとして、響きがよく、抑揚があって、雄弁で、しばしば熱意のあまり曖昧なものとなった。当然、北の言語は響きがわるく、耳ざわりで、音節で区切られ、かん高く、単調で、すぐれた構文よりも単語の力で、明確なものになった。現代の諸言語は、いくども混ざりあい溶けあってできたものだが、それでもそういった相違点をなにほどかとどめている。フランス語、英語、ドイツ語は、たがいに助け合い、冷静に議論する人々、あるいは怒りに逆上しやすい人々の、私的な言語である。だが神の司牧が聖なる教えを告げ知らせ、賢者が民衆に法を与え、指導者が群衆をひきいるときには、アラブ語かペルシア語を話さねばならない(1)。私たちの言語は、話すよりも書くのに適していて、耳で聞くよりも眼で読むことに、より楽しみをおぼえる。反対に東洋の言語は書かれてしまうと、その生命も熱もなくしてしまう。語には意味の半分しかなく、その力はすべて抑揚のなかにこめられている。東洋人の真髄を、彼らの書いた本からだけで判断するのは、死骸にもとづいてその人間を描こうとするようなものである。

（1）トルコ語は北の言語の一つである。

人間の行動を正当に評価するためには、それがどういう関係のもとにおかれているのか、よく考えておかねばならないが、それこそ私たちがもっとも不得手とするところである。私たちは他人の立場に立とうとすると、いつも自分を修正しただけの姿をそこに見てしまって、他人がそうであるはずの姿を見ない。理性にもとづいて彼らを判断していると思っているけれど、ほんとうはただ彼らを自分たちの偏見で見ているだけなのである。たとえばアラブ語が少し読めて、コーランの頁をめくりながら笑っているような人間がいたとしよう。その男に、もしマホメット自身が、よく響く説得力のある声で、心よりもさきに耳を魅惑し、抑揚と熱情でその表現をつねに活気づけながら、あの雄弁で格調高い言語でもってコーランを語り聞かせたならば、その男はたちどころに地に伏して、こう叫ぶだろう。「神のつかわされた偉大な預言者よ、われらを光栄へ、殉教へと導きたまえ。われらは敵を打ち破るか、それともあなたのために死ぬのみです。」私たちには、狂信はつねに笑うべきもののように思われる。それを理解させる声が、私たちのなかにはないからである。それに私たちのなかの狂信者は、ほんとうの狂信者ではない。ただのペテン師か狂人なのだ。私たちの言語には、霊感を受けた人々のための声調がなく、その代わり悪魔にとりつかれた者たちのために、ただ叫び声があるにすぎない。

第一二章　音楽の起源

最初の発声とともに、分節のある音か、響きのある音のいずれかが、それをひきだす情熱の種類に応じて、はじめて形成された。怒りは脅迫の叫びをあげさせ、舌と口蓋がその叫びを音節に分ける。だが愛情の声はもっと優しく、声門によって発声が変わり、その発声が一つの響きとなる。抑揚が頻繁に繰り返されるか、めったにないか、また声調の変化が激しいか弱いかは、もっぱらそれに結びついている感情のいかんによる。そんなふうにして格調と響きが音綴《てつ》とともに生まれ、情熱が器官全体を語らせるようにし、その鳴りひびく音のすべてで声が飾られる。だから詩と歌と言葉は、共通の起源を持つわけだ。さきほど述べたような、泉のそばで取りかわされた最初の言葉は、最初の歌でもあった。周期的に繰り返されるリズムの反復、抑揚の調べ豊かな変化が、言語といっしょに詩と音楽を生みだした。というよりむしろ、そのすべてが一つになって、この幸福な風土と幸福な時代のための言語をつくりだしていた。そこでは、他人の協力を必要とするさしせまった欲求は、ただ一つ、心が生みだす欲求だけだったのである。

最初の物語、最初の演説、最初の法律は韻文であった。詩は散文よりさきに見出されたのだ。当然そのはずである。情熱が理性よりさきに語りはじめたのだから。音楽についても同じこと、はじめは旋律のほかに音楽はなく、話し言葉の多様な響きのほかに旋律はなく、抑揚が歌をつくり、長短が拍子をつくっていた。分節と声で話すのと同じように、人々は響きとリズムによって話していたのである。「述べることと歌うことは、かつては同じことであった」とストラボンはいう。[五四] それにつけ加えて彼は「そのことからして、詩は雄弁の源泉であることがわかる」[1]というのだが、ほんとうは詩も雄弁も同じ源泉を持っていて、はじめのうちはまったく同じものだったというべきであった。最初の社会がどう結ばれたかを考えれば、最初の物語が韻文で語られ、最初の法律が歌われたことは、それほど驚くに値しない。また最初の文法家たちが作文を音楽に従属させ、文法と音楽の両方の教師であった[2]ことも、そんなに驚くべきことであっただろうか。

（1）『地理学』第一巻。

（2）「アルキュタスとアリストクセノスの考えによると、文法は音楽に従属し、同じ人が両方を教えていた。……またさらにエウポリスの作品のなかでは、プロダモスが音楽と文芸を教えているし、ヒュペルボレオイ人マリカスは、[五五]音楽家たちが彼に文芸しか教えてくれないと言っている。」（クインティリアヌス『雄弁教育』第一巻第一〇章）

分節と声だけしか持っていない言語は、それゆえ言語の豊かさの半分しか持っていないことになる。それはたしかにさまざまな観念を表現するが、感情や心象を表現するためには、その上にリズムや響き、つまり旋律が必要なのである。それこそがギリシア語にあって、私たちの言語には欠けているものだ。

ギリシア人たちの雄弁、詩、音楽がもたらす卓抜な効果に、私たちはいつも驚かされる。私たちにはそれに似た経験がないので、聞いても頭のなかにうまくおさまらない。その効果が実際にはっきり現われていても、私たちにできることといえば、せいぜい私たちの学者に対する儀礼から、なるほどと信じたふりをしてみせることぐらいである。[1] ビュレット[五六]はギリシア音楽の若干の小品を、フランス音楽の楽譜にできるかぎり移しかえ、ばか正直にもそれを文芸アカデミーで演奏させた。辛抱強くもアカデミー会員はそれに聞き入ったのである。そんな実験が、外国人にはおよそ不可解な音楽を持つ国で行なわれたことに、私は感嘆する。フランス・オペラのモノローグを一つとりあげて、お気に入りの外国の音楽家に演奏させてみるとよい。フランス人にはとうていそれが何であるかわからないだろう。そんなフランス人が、二千年前の音楽であるピンダロスのオードの旋律に、評価を下そうとしたのである！

（1） ギリシアに対するほめ過ぎは、何ごとにつけ割り引いておかねばならないだろうが、割り引きのあまりその違いまで消してしまっては、これは現代の偏見に対する譲りすぎになる。テラッソン神父[五七]はいう。「アンピオンやオルペウスの時代の音楽は、いまなら首都からもっとも遠く離れた町々で演奏されているような段階に、ようやく達していたのであり、その頃だから、それは川の流れを止め、柏の木をひきつけ、岩を動かしていたのである。いまでは音楽はきわめて高い完成度に達し、人々は音楽を大いに愛し、その美しさをよく知っているが、なお音楽にはあらゆることが残されている。ホメロスの詩についても同様であって、この詩人が生まれたのは、あとにつづく詩人たちとくらべれば、まだ人間精神の幼さが感じられるような時代であった。その頃だから彼の詩は人々の心をうっとりさせていたが、いまでは人々は、すぐれた詩人たちの作品を満足して味わい、尊敬している。」テラッソン神父はときとして洞察に富んでいたことは否定できないが、その洞察が示されているのは、たしかにこの一節ではない。

こんな話を読んだことがある。かつてアメリカでインディアンたちが、鉄砲の驚くべき効果を見て、マスケット銃の弾を地面から拾い集め、それから口で大きな音を出しながら手で弾を投げたが、だれも殺せなかったのでたいへんびっくりした。フランスの雄弁家、音楽家、学者たちは、このインディアンに似ている。ギリシア人が彼らの音楽でやっていたことを、私たちが自分たちの音楽でやろうとしてもできないということに、不思議はない。反対に、あんなにも違った楽器で、同じ効果を出せることのほうが、よほど不思議であろう。

第一三章　旋律について

人間は感覚を通して影響をうける。だれもそのことを疑わない。けれどもその影響をはっきり見きわめていないので、原因をとり違えている。私たちは感じることを重視しすぎているか、それとも軽視しすぎているのだ。感じるということは、ただたんに感じているだけではなく、何かの記号、あるいはイメージとして作用が及ぼされているということであり、精神に及ぼされる結果には、精神的な原因がある。そのことが無視されているわけだ。絵画が私たちの内部にひき起こす感情は、色彩によるものではないのと同様、音楽が私たちの魂に及ぼす影響力は、けっして音がつくりだしているものではない。微妙な色彩の美しさは眼に快いが、その快適さは純粋に感覚的なものである。色彩に命と魂を与えたのは、デッサンであり、写生である。色彩に表現されている情念が、私たちの情念をゆさぶり、そこに描きだされている事物が、私たちの心を動かす。興味と感情は、色彩から生じてくるのではない。感動的な絵の線描は、版画でも十分に私たちを感動させる。その絵から線描を取り去ってしまえば、色彩にはもはや何もできないであろう。

絵画においてデッサンがはたしている役割を、音楽においては旋律がはたす。旋律は絵の線描であり像であって、和音や音響は色彩であるにすぎない。しかし旋律は音の連続にしかすぎないという人もあろう。なるほどそうかもしれないが、デッサンもまた色彩の配列であるにすぎない。雄弁家は自分の文章を書きとめるのにインクを使う。そこで、インクはとても雄弁な液体だといえるだろうか。

　デッサンというものをまったく知らず、たいていの人が色を組み合わせたり、混ぜたり、たばねたりして毎日を暮らし、それで絵にすぐれていると思いこんでいるような国があったとしよう。そのような国の人々は、きっと私たちがギリシアの音楽についていろいろ考えているのと同じように、私たちの絵画について考えようとするだろう。私たちが美しい絵に感動し、悲壮な主題に心動かされて涙をうかべるといった話を聞くと、その国の学者たちは、ただちにどんな絵具が使われているか研究し、色彩を自分たちのものと比較し、私たちの緑のほうが柔らかいとか、赤がより鮮やかであるかどうかといったことを検討するだろう。そして色彩のどのような配合が涙を流させ、あるいはどんな配合が人を怒らせることになるか、いろいろ探究してみるだろう。その国のビュレットたち（五八）は、形が見分けられなくなった絵の断片をいくつか布切れの上に集めて、こんな彩色のどこがいったい素晴らしいのか、あきれながら首をひねることだろう。

　もしどこか近くの国で、デッサンのちょっとした線描や下書き、あるいはまだ不完全な具象画などがはじまっても、そんなものはすべて子供のなぐり書きであり、気まぐれな絵、奇妙な絵とみなされるであろう。そして人々は趣味を守ろうとして、自分たちの単純な美にいつまでも満足しているだろう。その美は何かを表現するものではなく、美しい色合い、一面に広がる色彩の豊かさ、輪郭がどこにもなく少しずつ移り変わる色調などで、際立つものであるだろう。

そしてついには、おそらく進歩のおかげでプリズムの実験に到達するだろう。（五九）するとたちまちだれか名高い芸術家が、それについての立派な体系をうち立てるだろう。そこでこんなふうに言うにちがいない。「みなさん、哲学をきわめるためには、物理的な原因にまでさかのぼらねばなりません。これが光の分解です。これが原色のすべてです。これが原色間の関係であり、比率であります。ここにこそ、絵画があなたがたに与える快楽の真の原理があるのです。デッサンとか、描写とか、具象とか、そういったすべて神秘めかした言葉は、フランスの画家たちのまったくのいかさまであります。彼らは写生することで、なんだかしらない動きを魂に与えることができると考えていますが、そんなものはご存じのように、感覚的なものでしかありません。彼らの絵は素晴らしいといわれているようですが、どうか私の色調を見てください。」

彼はつづけてこうも言うだろう。「フランスの画家たちは、おそらく虹を観察したでしょう。色合いについてのいくばくかの趣味を、また色どりについてのいくばくかの直観を、自然から得ることはできました。だが私は、芸術の真の原理、偉大な原理をあなたがたにお見せしたのです。芸術、といいました。だが皆さん、これはありとあらゆる技術、ありとあらゆる科学の原理なのです。色彩の分析、プリズムの屈折の計算が示しているのは、自然のなかに存在するただ一つの正確な関係、あらゆる関係の法則なのです。ところで、この世界ではすべては関係でしかありません。（六〇）したがって絵が描けるとき、人はすべてを知っていることになる。さまざまな色彩を配合できるとき、人はすべてを知っていることになるのであります。」

こんなふうに理屈を立て、絵画が与えてくれる楽しみを、愚かにも自分の芸術の物理的な面にのみ限定してしまう、感情もなければ趣味もない画家について、私たちはどう言えばいいのだろうか。同じような偏見で頭がいっぱいになり、音楽の偉大な効果の源は、ただ和声のなかにしかないと思いこんでいる音楽家について、私たちはどう言えばいいのだろうか。そんな画家には、建具にでも色を塗らせておくのがよかろうし、そんな音楽家には、フランス・オペラでもつくらせておくしか仕方ないであろう。

というわけで絵画とは、視覚に快いように色彩を組み合わせる技術ではないし、音楽もまた、聴覚に快いように音を組み合わせる技術ではない。それだけのことにすぎないならば、どちらも自然科学のなかに入って、芸術ではなくなるだろう。ただ写生のみが、その両者を芸術の位置にまで高める。それでは絵画を写生の芸術にしているのは何か。デッサンである。音楽をもう一つの写生の芸術にしているのは何か。それが旋律なのである。

第一四章　和声について

音の美しさは自然のものである。音の効果はもっぱら物理的なものであり、音を発する物体と、おそらく無限に割り切れていくその部分とによって、運動をはじめた空気のいくつもの分子が協力することから生じてくる。その全体がまとまって心地よい快い感じを与えるわけだ。世界中のすべての人は、美しい音を聞けば快いと感じるだろう。けれどもその快さは、自分たちの親しんでいる旋律豊かな調子によって生気を与えられていなければ、少しも魅力のあるものとはならないだろうし、甘美な楽しみになることもないであろう。私たちの好みに合うどんなに美しい歌も、それに少しもなじみのない人の耳には、ほとんどなんの感動も与えないだろう。それは一つの外国語のようなものであって、辞書が必要なのである。

本来の意味での和声は、それ以上にもっと不利な条件が重なる。和声の美しさは、慣習的なものでしかなく、訓練を受けていない耳には、まったくといっていいほど快く響かない。和声を感じたり、味わったりするためには、長いあいだの慣れが必要なのだ。私たちの協和音も、素朴な耳には雑音としか聞こえない。自然の均斉がこわれたところに、自然の快さが存在しなくても驚くにあたらないだろう。

一つの音には、それに付随する倍音があって、相互のあいだで完全な和声をつくるために保たれていなければならない一定の強度と音程の関係がある。それに3度とか5度とか、あるいは別の協和音をつけ加えてみても、それはつけ加えることにはならず、二重に強めることになる。音程の関係はそのままであっても、強度の関係をそこねる。一つの協和音を強めて、それ以外のをそのままにしておけば、均斉が破られる。自然よりもうまくやろうとしても、もっと下手なことをしてしまうのだ。あなたがたの耳と趣味は、芸術の誤まった理解のために損なわれている。自然には斉音（ユニゾン）以外に和音はないのである。

ラモー氏は、ある種の単純な高音部は自然にその低音部を連想させるので、耳がよければ練習しなくても自然にその低音が出せると主張する。これこそ音楽家の偏見であって、どんな経験にも反している。低音も和声も聞いたことのない人が、自分でその低音や和声を見つけることはないし、そればかりか、たとえそれを聞かせたところで不快になるだけで、ふつうの斉音のほうがずっとよいと思うだろう。

音どうしの関係や和声の法則を、何年かけて計算してみたところで、どうして音楽を写生の芸術にすることができるだろう。いわゆる写生の原理はどこに求めればいいか。和声とは何の記号であり、和音と情念とのあいだにどんな共通点があるのだろう。

同じことを旋律について問うてみれば、答えはおのずから明らかになる。すでに読者の心のなかに答えがあるはずだ。旋律は声の調子を写しだすことで、嘆きとか、苦しみや喜びの叫びとか、脅しとか、うめきとかを表現している。声にあらわれてくる情念のしるしが、旋律の領分なのである。旋律は、諸言語の抑揚を写し、魂の動きに応じて表われる各民族に独自な声調を、写しだす。いやたんに写すのではなく、それ自身が語るのだ。分節されていないが、いきいきとして激しく、情熱的なその言語は、話し言葉よりも百倍も力に満ちている。音楽的写生の力は、そこから生まれ、感じやすい心をとらえる歌の魅力は、そこから生まれてくる。和声は上手に用いれば、それに協力することができる。いくつかの転調の法則によってあとにつづく音を結びつけ、音程の上がり下がりを正確にし、その正確な音程を耳に確かなものとして与え、耳でとらえにくい調子の変化を、連続した協和音程にあわせて固定する。けれども、そのために旋律は拘束され、力強さと表現力が弱まり、和声の音程が幅をきかせて、情熱のこもった抑揚を消してしまう。歌には、雄弁の口調と同じほど多くの旋法《せんぽう》（モード）があるが、和声はそれを、ただ長調と短調のどちらかに従えさせ、自分の体系のなかに入らないしまうので、和声は歌と言葉を分離してしまう。その多様な音や音程を消し去り、破壊してしまう。一言でいえば、和声は歌と言葉を分離してしまう。そのこの二つの表現は競いあい、妨げあい、たがいにどちらからも真実らしさをうばってしまう。そのため感動的な主題のもとでこの二つの表現を結合しようとしても、おかしなことにしかならないのである。烈しくて重い情念を歌で表現するとき、人々がいつも滑稽に思ってしまう原因はそこにある。私たちの言語では、そのような情念には少しも音楽的声調がともなわれず、また北国の人間は白鳥と同じく、歌をうたいながら死ぬものではないと、みんな悟《さと》っているからである。

和声だけでは、ただそれだけに依存しているような表現の場合でも、不十分である。雷、小川のせせらぎ、風、嵐などは、たんなる和音だけではうまく表現できない。どんなにしてみても、騒音だけでは精神に何も訴えない。聞いてもらうためには、事物が話しかけねばならないし、すべて写生においては、ある種の語りかけで、自然の声をつねに補っておかなければならないのである。自然の騒音を、騒音で表わそうとする音楽家は間違っている。その音楽家は、自分の芸術の弱みも強みも知らないのであって、趣味も知識も持たずに判断を下している。騒音は歌で表わさねばならないし、蛙を鳴かせようとするのなら、蛙に歌わせねばならないということを、その音楽家に教えてやりたい。ただ写すだけでは十分ではない。心に触れ、心を動かさねばならないのだ。それがなければ、彼の無愛想な写生は無意味であり、だれの興味もひかず、どんな印象も与えることがないであろう。

第一五章　感覚がもっとも活発に働くのは、精神的な印象による場合がもっとも多いこと

音について考察しようとするとき、神経のなかにひき起こされる震動だけを見ていては、音楽の真の原理も、心に及ぼされるその力の原理も知ることにはならないだろう。旋律のなかにある音は、ただたんに音として私たちに働きかけるのではなくて、私たちの思いや感情の記号として働きかける。つまり音は、そこに表現されていて、イメージとして感知される心の動きを、私たちのなかによび起こすのだ。そういった精神的な効果のいくらかは、動物のなかにまで認められる。犬の吠え声は、他の犬の注意をよぶ。私が猫の鳴き声をまねると、それを聞いた猫はその瞬間、注意深くなり、不安そうな、動揺した様子を示す。だが仲間の声をまねているのが私だとわかると、その猫はまた坐りなおし、安心して休息する。神経の震動にはなんの違いもなく、実際はじめ猫は聞き違えていたのに、どうしてそんなに印象が違うのか。

感覚が私たちに及ぼす強い影響力が、精神的な原因によるのではないとすれば、どうして私たちは、野蛮人にはなんの意味もない印象に、深く動かされてしまうのだろうか。私たちにとってはとても感動的な音楽が、どうしてカリブ人の耳には意味のない騒音と聞こえるのだろうか。彼らの神経と私たちの神経とは、別種のものであるのか。なぜ彼らの神経は同じように震動しないのか。あるいは震動は同じであるのに、どうしてそれは私たちの心を動かし、彼らの心を動かさないのか。

ある人は音の物理的な力を証明するものとして、タランチュラに刺された者を治療する例をあげている。（六一）だがこの例は、まったく反対のことを証明しているのだ。この毒ぐもに刺されたすべての人をなおすのに、絶対必要な音があるわけでもなく、同じ曲が必要なわけでもない。それぞれがよく知っている旋律と、それぞれに理解できる楽節のついた曲が必要なのである。イタリア人にはイタリアの曲が必要であり、トルコ人にはトルコの曲が必要であるだろう。それぞれ自分が親しんでいる抑揚によってしか動かされない。それぞれの神経は、精神がその抑揚を待ち受けているかぎりにおいてしか、それに応じようとはしないのである。口で人を動かそうとするのなら、話している言語を、まず相手が理解しなければならない。ベルニエのカンタータは、あるフランスの音楽家が病気のとき熱を下げたといわれる。別の国の音楽家であったら、熱は上がったかもしれないのである。

他の感覚についても、たとえもっとも粗野な感覚であれ、同じような違いが観察できる。ある対象に男が手を置き、そこから眼を離さないでいると、そのままでそれは生きているようにも、死んでいるようにも思うことができる。感覚は同じ刺激を受けているのに、どうして印象に変化が生じるのか。円《まる》み、白さ、確かさ、穏やかなぬくもり、柔らかな弾力、少しずつ変わるふくらみなどは、その下で命にみちた心臓がおののき、脈打っていると思わなければ、ただたんに気持がいいだけで、なんの意味もない感触を男に与えるだけだろう。

感覚の働きに、精神的なものが少しも加わらないものが、一つだけある。それは味覚である。だから食道楽は、なにも感じることのない人々だけに見られる悪徳なのである。

したがって、感じることの力について思索を深めようとする者は、純粋に感覚的な印象と、感覚を通じて受けとるけれども、それはただの誘因にしかすぎない知的、精神的な印象とを、はっきり区別することからはじめなければならない。また、知覚される事物にはありもしない力、あるいは、事物に表われている魂の働きから出てくる力を、間違ってその事物のほうにあるかのように思いこんではならない。色彩と音は、何ごとかの表現や記号として大きな力を持つが、たんなる感覚の対象としてはほとんど何もできない。一続きの音と和音は、しばらくは私を楽しませるだろうが、私の心をひきつけ、感動させるためには、その一続きがたんなる音と和音の連続ではない何ごとか、私自身の意志にかかわらず心を動かしてしまうような何ごとかを、私に与えてくれなければならない。歌でさえも、ただ楽しいだけで何ごとも語らなければ、すぐに退屈させるだろう。つまり、耳が心に快さをもたらすというより、むしろ心が耳に快さをもたらすというべきなのだ。そういった考えをうまく展開しておれば、古代の音楽についてのばかげた議論も避けられたであろう。しかしいま人々は、魂の働きのすべてを物質的なものにしてしまい、人間の感情からあらゆる精神性を取り除こうとばかり努めている。そんな時代の新しい哲学が、徳にとってと同様、趣味にとっても不吉なものとならなければ、私が間違っている。

第一六章　色彩と音響との偽の類似

芸術の考察において、物理的な見方はありとあらゆる非常識をひき起こさずにはおかなかった。人々は音を分析して、そこに光の場合と同じ関係を見出した。するとたちまち、人々は経験も理性もそっちのけにして、この類似にとびついた。体系好きの精神はすべてをごた混ぜにし、耳にむかって描いてみせることはできないので、眼にむかって歌うことを思いついた。色彩でもって音楽をつくると喧伝された、かの有名なクラヴサン（六二）を、私も見た。自然の働きをよく認識していなかったから、色彩の効果はそれ自身の永続性においてあらわれ、音響の効果はそれが継起することにあらわれるという点に、気がつかなかったのである。

豊かな色どりは、すべてが一時に地表に繰り広げられる。最初の一目で、すべてが見える。だがつづけてもっとよく見れば、さらに強く魅せられてくる。あとはもうただ感嘆し、それに見入るばかりである。

音の場合はそうはいかない。自然はけっして音を分解しないし、倍音を分離しない。反対に自然は斉音で表われ、そのなかに倍音を隠している。あるいはときに、転調のある歌とか、また鳥のさえずりのなかでは、自然は倍音を分離するが、これは同時にではなく一つずつ続けてである。自然は歌にはずみを与えるが、和音には与えない。旋律を暗に示すけれども、和音は示さない。色彩は生命のない存在の装いであり、どんな物質にも色彩がある。だが音は動きのあることを知らせ、声は感じやすい存在がいることを知らせる。歌うのは、生命を持つ身体だけである。自動人形の笛吹きが、フリュートを吹くのではない。息の強さを加減したり、指を動かしたりしているのは、うしろにいる技師である。

そのように、どの感覚にもそれ独自の領分がある。音楽の領分は時間であり、絵画の領分は空間である。同時に鳴る音をふやしたり、色彩を次々に見せたりすることは、それぞれの独自性を無駄にしてしまうことであり、眼に耳の役をおしつけ、耳に眼の役をおしつけることになる。

　こういう人もいるだろう。どの色も、それぞれ光線の屈折の角度によって決定されているが、それと同じようにどの音も、与えられた時間における発音物体のそれぞれの震動数によって決定されている。ところで角度の関係と震動数の関係はどちらも量的で同じであるのだから、両者の類似は明らかである。なるほどそうかもしれない。けれどもこの類似は、理性に属するものであって、感覚に属するものではなく、そしていま問題になっているのは、理性ではないのである。まず第一に、屈折角度は知覚されるものであって、測定することができるが、震動数はそうではない。発音物体は空気の状態に応じてたえず広がりかたを変え、響きを変える。色彩は持続するが、音響は消える。いま消えた音とふたたびあらわれた音とが、確実に同じであるとはけっしていえない。そのうえ、色はそれぞれ絶対的で、独立しているが、音はいずれも私たちにとっては相対的なものにすぎず、比較によってしか識別することができない。一つの音は、それ自体でそれとわかるような絶対的な性質を持たず、他の音との関係で低くも高くもなり、また強くも弱くもなる。それ自体では、そのどれでもないわけだ。和声の組み合わせにおいても、そのどれか一つの音はそのままでは何ものでもない。主音でもなければ属和音でもなく、基底音でもなければ倍音でもない。そういった特性は、関係のなかでしかあらわれず、和音全体が低音から高音へさまざまに変化するので、一つ一つの音は全体の高低に応じて、そのなかでの順序と位置がきまってくる。それに反して色彩の特性は、関係にあるのではない。黄色は、赤や青から独立して黄色であり、どこにあっても黄色として知覚され、見分けがつく。その色が出るように屈折角度を一定にすれば、どんなときでもすぐに同じ黄色を確実に手に入れることができる。

色彩は、色のついた物体のなかではなく、光のなかにある。一つの対象を見るためには、光に照らされていなければならない。音響にもまた動機が必要であり、それがあらわれるためには、発音物体が震動を起こさねばならない。だがその点でも、視覚のほうが有利である。天体から永遠に発しつづけられている光が、視覚に働きかける自然の手段であるからだ。それに対して音は、自然からはほとんど何も発されてこない。天空に和声があるとでも考えないかぎり（六二）、和声をつくるためには人間がいなければならないのである。

以上のことから、絵画のほうが自然に近く、音楽はより人間の技術にもとづいていることがわかる。また、音楽は人間を人間に近づけ、同類がいるという何らかの思いをつねにいだかせるので、それだけに音楽のほうが強く人々の関心をひくということができる。絵画はしばしば死んでいるように生気がなく見える。見る人を砂漠の奥まで連れていくかのようである。けれども音声記号が耳に達すると、それは自分に似た存在がいることを告げてくれる。その記号は、いわば魂を表わす器官なのだ。聞き手に孤独を描いてみせても、その声があなたは独《ひと》りではないという。小鳥は鳴くが、人間だけが歌をうたう。歌を聞き、あるいは交響楽を聞くと、だれでもすぐに、ああここには感じることのできる者がもう一人いると思わずにはいられないのである。

ふつうなら聞くことのできないものを描きだすことができるということも、音楽家の特権の一つである。画家には、見ることのできないものは表現できない。ただ動きによってのみ働きかける芸術のいちばん不思議なところは、休息のイメージをさえもつくりだせることにある。眠り、夜の静けさ、孤独、そして沈黙でさえも、音楽の表現のなかに入ってくる。たとえば単調で変化にとぼしい朗読を聞いていると眠りに落ちこみ、その朗読が終わった瞬間、目が覚めるように、ざわめきが沈黙の効果を生み、沈黙がざわめきの効果を生みだすことは、よく知られている。だが音楽は、さらに深く私たちの心に、他の感覚がひき起こすのと同種の情感を、聴覚を通じてよびさます。その関連は、心に強い印象が与えられないと感じられない。絵画にはその強さがないので、音楽が絵画からひきだすような描写を、音楽からひきだして表現することができないわけだ。たとえ自然の全体が眠っているようなときでも、それを見つめている人は眠っておらず、そして音楽家の技術は、対象の眠ったようなイメージを、その光景を見ている者の心にひき起こされた動きのイメージにおきかえ、表現するところにある。音楽家は、海を波立たせ、火災の炎を燃えあがらせ、小川の水を流れさせ、雨を降らせ、激流を溢れかえさせるだけではない。荒れはてた砂漠の恐ろしさを描きだし、地下の牢獄の壁の陰惨な感じを深め、嵐をしずめ、大気を静かな澄みきったものにし、そしてオーケストラで、小さな森にすがすがしい風を送り、よみがえらせるであろう。むろん音楽家はそういったことを直接表現するのではない。そのような状景を見れば感ずるにちがいない情感を、魂のなかによびさますのである。(六四)

第一七章　音楽芸術に有害な、音楽家たちの間違い

どの点から考えてもすべてが、これまで述べてきた精神的な効果に結びついていることに、注目していただきたい。音の力を、ただ空気の運動や神経繊維の震動にのみ見ようとしている音楽家たちは、この芸術の力の源泉を認識することから、どんなに遠くにいることか。彼らが音楽を純粋に物理的な

効果に近づけようとすればするほど、彼らはその源から遠ざかっていき、原初の生命力をこの芸術から取り去ってしまうのだ。声の抑揚からひき離され、ただつくられた和声の体系にしがみついている音楽は、ますます耳ざわりなものになり、心に訴える優しさをなくしていく。それはすでに語ることをやめたのであり、やがてそれは歌うことさえも忘れるだろう。そうなれば音楽は、あらゆる和音と和声をもってしても、もはや私たちの心にはいかなる効果もおよぼさなくなるであろう。

第一八章　ギリシア人の音楽観と私たちの音楽観とのあいだには、いかなる関係もないこと

どうしてそのような変化が起こったのか。言語の性格がおのずから変化したからである。私たちの和声が中世の産物であることはよく知られている。私たちの音楽観のなかにギリシアの音楽観が見出されるなどと主張する者は、私たちを愚弄しているのである。ギリシアの音楽には、私たちのいう意味での和声はまったく存在せず、ただ楽器の調子を完全協和音に合わせるために必要なものでしかなかった。弦楽器を持つ民族は、協和音によって楽器の調子を合わさざるをえない。弦楽器がないと、その民族の歌の音調は、ただ私たちの楽譜に書きうつすことができず私たちの音楽観のなかに組みこみようがないために、偽の音調と名づけてしまったものになる。これは、アメリカの未開人の歌（六五）について指摘されたものであり、また私たちの音楽をえこひいきせずにギリシア音楽を研究していたならば、この音楽のさまざまな音程についても、当然すでに指摘されていたはずのものである。

私たちは音域をオクターヴで分割しているが、ギリシア人たちは音階をテトラコルド（六六）で分割していた。また私たちの場合は一オクターヴごとに分割が繰り返されるが、彼らの場合は一テトラコルドごとに正確に分割が繰り返されていた。よく似てはいるけれども、これは和声法の体系とはどうしても合わないものであり、考えてみることさえできないようなものなのである。けれども、言葉を話すときの音程は、歌うときの音程よりずっと狭いものであるから、私たちの和声的な旋律にとってオクターヴの繰り返しがふさわしいのと同じようように、ギリシア人の語りかける旋律にとって、テトラコルドの繰り返しは、彼らの音楽にふさわしいものとみなされていたのである。

ギリシア人は、私たちが完全協和音と呼んでいるものしか、協和音であるとは認めなかった。3度や6度のものは、協和音のうちに入らなかったのである。どうしてなのか。彼らは短調の音程を知らなかったか、あるいは少なくとも実際に用いることが禁じられていたようであり、また彼らの協和音は平均律で分けられていなかったので、彼らの長3度は一コンマ（六七）上がりすぎ、短3度はその分下がりすぎていたし、また長6度と短6度も同じように、少しずつ音程がずれていた。そこで、3度や6度を協和音からしめだしてしまえば、ほかにどんな和声概念がありうるか、どんな和声法を立てることができるか、考えてみるとよい。ギリシア人のいう協和音が、本当に和声という意識でもって認識されていたのであれば、少なくとも彼らの歌は、それにもとづいていることがわかる仕組みになっていたであろうし、また基本的な音律のなかに協和音が暗にふくまれているということなら、彼らが用いていた全音階律（六八）に、その名称が与えられていたであろう。つまり、協和音が少ないどころか、ギリシア人は私たち以上にたくさんの協和音を持っていたことになるであろうし、たとえばド・ソをベースにして、ド・レの2度音程にも協和音という名を与えていたであろう。

それではなぜ、ギリシアは全音階律なのかという人があるだろう。というのは、一方では、抑揚のある歌うような言語においては、本能的により快適な音調を選ぼうとする傾向がある。というのは、協和音の広い音程をつづけて歌いあげるためには、強すぎる変化を声門に与えねばならず、他方では、最少限の音程で微妙につくられている高低を歌いこなすのはたいへん難しく、そのため声の器官はその中間のところをとろうとして、協和音よりは小さい音程で、コンマ音よりも単純な音程のところに、自然に落ち着こうとするからである。むろんそれでもやはり最少限の音程が、より激情的な主題の音楽のなかでは用いられていたのである。

第一九章　音楽はいかにして堕落したか

言語が完成されていくにつれて、旋律に新たな規則がいくつも課されることになり、いつのまにか昔の生命力が失われていった。そして音程の計算が、声調の繊細さにとってかわった。かくしてたとえば、細分律による歌い方(六九)がしだいにすたれてしまった。劇場がどこでも同じような形をとりだしたので、きまった流儀でしか、そこでは歌えなくなった。そして摸倣による規則がふえていくにつれて、自然を模倣する言語は衰弱していったのである。

哲学の研究と理性の進歩は、文法を完成させ、はじめのうち言語を歌うようなものにしていた、あのいきいきとした情熱的な調子を、言語からうばい去ってしまった。はじめは詩人に仕え、詩人のもとで、いわばその意向に従って演奏していた音楽家たちは、メナリピデスやフィロクセノス(七〇)の時代以後、詩人から独立するようになった。プルタルコスの一節に見られるように、フェクレテス(七一)の喜劇のなかで音楽の女神は、この身勝手を苦々しく嘆いている(七二)。旋律はもはや話し方に密着したものでなくなり、音楽は言葉からしだいに独立したものになっていった。それとともに、音楽が詩の抑揚であり詩の調べでしかなかった頃、そして音楽によって詩が情念に強く働きかけていた頃の、音楽のあの不思議な力が少しずつ消えていった。それ以来、言葉はただ理性にのみ強く働きかけることになってしまった。そのため、ギリシアがソフィストや哲学者ばかりになってからは、有名な詩人も音楽家ももはや見られなくなった。説得する技術はうまくなったが、感動させる技術は失われた。プラトンはホメロスとエウリピデスをねたみ、前者をけなして、後者のまねをしようとしたがそれもできなかった(七三)。

やがて隷従は、哲学の上にも及んでいった。鉄鎖につながれたギリシアは、自由な魂をしか燃やすことのないあの情熱の火を失い、専制君主を讃えようとしても、かつて英雄たちを歌っていたときの調子を、もはや見出すことはできなかった。ローマ人が混ざってくると、まだ調べと抑揚のある言語に残されていたものまで、衰えてしまった。ラテン語は、より重苦しくて音楽的でなく、音楽を自分のものにしようとして、かえってそれを損ねてしまった。首都でもてはやされた歌が、地方の歌を少しずつ変質させた。ローマの劇場はアテナイの劇場に害をもたらした。ネロが賞をさらったとき、ギリシアはすでに賞に値するものを失っていたのであり、二つの言語で同じように歌われる旋律は、どちらの言語にも合うものではなかった。

最後に破滅がやってくる。それは人間精神の進歩を破壊し、人間精神が生みだした悪習を取り除きもしなかった。ヨーロッパは蛮族に侵入され、無知な人間たちのもとに従属することになって、学問と芸術、そしてその両方の普遍的な道具である言語、すなわち調和のとれた完成された言語を、同時に失ってしまった。北国が生みだしたこの粗野な人たちは、いつしかすべての人の耳を彼らの荒れた器官に慣れさせてしまった。彼らのざらざらした抑揚のない声は、よく響かず騒々しいだけであった。ユリアヌス皇帝は、ゴール人の話し声を蛙の鳴き声にたとえていたほどである(七四)。彼らの声は鼻にかかった鈍い音であり、そのぶん分節音が耳ざわりに聞こえたので、彼らは歌を、いわば派手に響かせるよりほかなかった。固くてしかもたくさんある子音を消そうとして母音に力をこめることが、彼らの歌であったのだ。

この騒々しい歌は、器官の硬さに結びついていたので、この新参の民族と、彼らに征服されてそのまねをした民族は、人々に聞かせるために、すべての音を長くひきのばさなければならなかった。聞きづらい分節音と、力の入りすぎた音との両方で、旋律から拍子とリズムの感覚が追いだされてしまった。いちばん発音しにくかったのは、一つの音からもう一つの音へのなめらかな移行であったが、彼らにとっては、一つの音にできるかぎり長いあいだとどまっておいて、その音を十分にふくらませ、できるだけ派手に響きわたらせるよりほかに、うまい方法がなかった。そのため歌はやがて、退屈で間のびのした音の連続でしかなくなり、引きずるような、叫ぶような音、心地よさも、慎みも、優しさもない音がつづくのであった。ある学者たちは、ラテン語の歌では長格と短格を守らねばならないと述べたが、そのことからしても、詩句が散文のように歌われており、詩の脚も、リズムも、いかなる種類の歌の調べも、もはや問題ではなくなっていたということが、はっきりしている。

そのように旋律をいっさい奪われ、ただ音の力と持続だけで成り立っている歌は、響きをもっと良くする手段として、協和音の助けを借りることを思いついたにちがいない。いくつかの声が集まって、同じ音をいつまでもつづけて引きのばしているうちに、偶然にいくつかの協和音が見つかり、それが音響を強めてくれるので、彼らの耳には快いものと思われたのであろう。かくしてデスカント(七五)や対位法が用いられはじめたのである。

効果はわかっているのに原理が知られていないので悩みの種となっていた問題をめぐって、音楽家たちがいったい幾世紀のあいだ空しい努力をしてきたか、私は知らない。ジャン・ド・ミュリス(七六)の著書のなかで、オクターヴの音程が二つの協和音に分かれるとき、低音にすべきなのは5度であるか4度であるかを知るために、八章か一〇章にも及ぶ長いおしゃべりが繰り広げられているが、これにはどんな我慢強い読者も耐えられないだろう。そして四百年ものちのボンテンピ(七七)の著作のなかに、5度ではなく6度でなければならない低音のすべての種類が、またしても延々と数えあげられているのである。とはいえ和声は、分析が命じた道をいつのまにかたどることになり、ついには短調と不協和音の発見にいたって、独断がもちこまれた。そこに数多く見られる独断は、もっぱら偏見のために、だれにも気づかれないでいるだけなのである(1)。

（1）ラモー氏は、弦は整分割された部分において共鳴するというきわめて単純な原理に、すべての和声を関連づけて、短調や不協和音は、彼のいわゆる実験によって説明できるものであるとしている。その実験とは、音を発して運動状態にある弦は、それより長いほかの弦を、低音の長12度と長17度で震動させるというものである。彼によればその場合長い弦は、その全長にわたって震動し、震えつづけるが、共鳴はしないという。これはまた、まったく風変りな物理学ではないか。太陽は輝いているが、何も見えないと言っているようなものである。

　それらの長い弦は、斉音で分割されて震動し、共鳴するので、高音でしか音を出さず、その音とはじめの音とが混ざりあって、何も音を出していないように聞こえる。弦の全長が震動していると思いこみ、震動の節《ふし》を観察しそこねたために、間違ったのだ。なんらかの和声の音程をつくる二本の弦の音は、第三の弦がなくても、両方の基礎音を低音で響かせることがある。これはタルチーニ（七八）が確認した有名な実験である。しかし一本だけの弦は、それ自身以外の基礎音を持たず、その倍音を共鳴させることも震動させることもなく、ただ斉音と整分割音を響かせるだけである。音の原因は発音物体の震動以外にはないのだし、また原因が自由に働くところでは結果はつねにともなうものだから、震動と共鳴を別にしてしまうのは、ばかげたことである。


旋律が忘れられ、和声のほうにばかり音楽家の注意が向けられてしまったので、すべてのことがこの新しい対象を中心に考えられるようになった。様式も旋法も音階も、すべてこの新しい面を受け入れた。各パートの進行を調整するのは、和声の連続性になった。そしてその進行が旋律という名称を独占してしまい、やがて人々は、この新しい旋律に、それを生みだした親の特徴を認めないわけにはいかなくなった。かくして私たちの音楽は、しだいに全体として和声的なものだけになってきたのであって、それゆえ声の抑揚までがその影響を受け、音楽がその生命力のほとんどを失ってしまったとしても、いまさら驚くほどのことはないのである。

　以上は、いかにして歌が、言葉を起源とするものでありながら、しだいに言葉から切り離された芸術となってしまったか、いかにして和声的な音の組み合わせが、声の抑揚を忘れさせてしまったか、また最後に、いかにして音楽が、震動の和合という純粋に物理的な効果にしばられ、かつて二重の意味で自然の声であった頃に生みだしていた精神的な効果を、自分自身から取り除いてしまったか、その経過を示すものである。

第二〇章　言語と政体との関係

以上の展開は、偶然や気まぐれによるものではなく、ものごとの移りかわりに起因している。諸言語は、人間の欲求をもとにして自然に形成されてくる。その欲求が変化すれば、言語も変わり、変質する。説得することが公共の力であった古代においては、雄弁は欠くことのできないものであった。だが公権力が説得の代わりをしている今日、雄弁はいったい何の役に立つであろう。「これが私の楽しみだ」というだけのためなら、技術も表象も必要ではない。それでは、集まった民衆に語るべきどんな話が残っているのか。説教がある。だが聖職につかせるのは民衆ではないのだから、説教をする者にとっては、民衆を説得することなど、本当はどうでもいいことなのだ。だから民衆の言葉も、雄弁と同様、まったく不要なものになってしまった。社会はその最終段階に達したのだ。大砲と金銭に頼らなければ、もはや何ごとも変わらず、民衆に向かってはただ「金を出せ」という以外に言うべきことがないのだから、街角に掲示を出すか、家のなかに兵士を立ち入らせて、そう告げるだけですむ。これは告げるために人を集めてはならないのだ。反対に、国民はばらばらにしておかねばならない。これは現代政治学の第一の格率である。

自由のためにふさわしい言語がある。それは響きのよい、音律のある、調和のとれた言語であって、それを話す声は非常に遠くからでも聞きわけられる。私たちの言語は、長椅子での低いささやき声に向いている。この国の説教師は、聖堂のなかで大いに苦労し、汗びっしょりになるのだが、何を語っているのかは少しもわからない。一時間ほど叫びつづけて疲れ果て、なかば死人のような状態で説教壇から降りる。もっとも、そんなに疲れていただく必要は少しもなかったのであるが。

古代人の場合には、公共の広場に集まった民衆に、話を聞かせるのは簡単なことであった。そこでまる一日話をつづけていても、気分が悪くなったりしなかった。将軍たちは自分の部隊に演説をしたが、話はよく聞かれたし、将軍たちも疲れることがなかった。現代の歴史家で、自分のたちの歴史に演説の場面を入れた者がいるが、馬鹿にされただけである。ヴァンドーム広場でパリの民衆にフランス語で演説をしている男を考えてみたまえ。声を思い切り張りあげて叫ぶことになろうが、その叫びは聞こえても、一言だって聞きわけることはできないだろう。ヘロドトスは、戸外に集まっているギリシアの民衆に自分の歴史を読んで聞かせたが、称讃の声が響きわたった。(七九)今日ではアカデミー会員が公開の会場で論文を読みあげても、部屋の後方ではほとんど聞きとれない。フランスではイタリアほど市場に山師は見られないが、それは、フランスでは山師の言うことなどにだれも耳を傾けないということではなくて、ただたんに彼らの声がよく聞きとれないだけのことなのである。ダランベール氏は、フランス音楽の叙唱をイタリア風に語ることができるという。なるほど耳にあわせて騙《かた》ればよい。そうでもしないかぎり、まったく何も聞きとれないだろう。ところで私は、集まっている民衆に聞いてもらうことができない言語は、すべて奴隷の言語であると言いたい。民衆が自由であるのに、そんな言語を話すということは、およそありえないことなのである。

以上の考察は表面的なものであるけれども、ここからより深い考察を生みだすことはできるだろう。

終わりにあたって、私に多くの示唆を与えてくれた一節をあげておきたい。

「ある民族の性格、風習、関心がどれほどその言語に影響を与えるか、そのことを事実において観察し、実例によって示すならば、これは十分に哲学的な検討の主題となろう。(1)」

(1) M・デュクロ『一般的合理的文法についての考察』一一頁。

訳注

（一）「造型芸術の最初の作品は、コリントスの陶工、シキュオン生まれのディブタデスにより、自分の娘の思いつきをきっかけにして、粘土で作られた。娘は一人の青年に夢中になっていて、青年が町を離れねばならなかったとき、恋人の横顔を線で描きとめた。その線描の上に、父親である陶工は粘土を押しあてて浮彫をつくり、その粘土を他の陶器と一緒に焼き固めたのである。」（大プリニウス『博物史』第三五巻）（C・ポルセ校訂のテキスト（A. G. Nizet, Paris, 1968）より。以下P）

（二）ティトゥス・リヴィウス『ローマ史』第一巻。同じ話がヴォルテールにもある。「壮帝タルクイニウスは庭で息子に、ガビイ人に対してどう振舞うべきかとたずねられ、口で答えるかわりに、他の花よりも高く伸びていたけしの頭を叩き落とした。その意味は明らかに、要人はほうむり、民衆は助けよということであった。」（ヴォルテール『風俗論』）（P）

トラシュブロスはミトレスの独裁者。コリントスの使者とともに麦畑を通りながら、長く伸びた穂をちぎり捨てる。有力者を殺せという意味であった（松平千秋訳『ヘロドトス』筑摩世界古典文学全集10、二五六頁）

（三）「アレクサンドロスはその手紙を誰にも見せずに蔵って置いたのに、一度だけヘーファイスティオンがいつものように封の開けてある手紙を大王と一緒に読むのを禁じなかった代わりに、指環を外してこの人の口に封印を捺した。」（河野与一訳、『プルターク英雄伝』岩波文庫、九、五九頁）

（四）ゼノンは古代ギリシアのエレア学派の哲学者。「アキレウスは亀を追い越せない」、「飛ぶ矢は静止している」という逆説で有名。ディオゲネスは同じくキニク学派の哲学者。「樽のなかの哲人」として有名。ゼノンの論理を行動で破ってみせたわけである。

（五）ダレイオスは古代ペルシアの王。遠征を繰り返す。スキタイは黒海北岸の遊牧民族。この話もヘロドトスの『歴史』にあり、ダレイオスの重臣が贈物の意味を次のように推理する。「ペルシア人どもよ、お前たちは鳥となって天に舞い上るか、鼠となって地中に潜《くぐ》るか、さてはまた蛙となって湖中に跳び込むかせぬかぎり、必ずやこの矢に当り、無事帰国することはかなうまいぞ。」（松平千秋訳、前掲書二一〇頁）

（六）『士師記』一九以下。イスラエルの民は十二支族である。ルソーはこの挿話にもとづいて『エフライムのレヴィ人』を書いている。（白水社版ルソー全集第二巻一三七頁）

（七）「サウルは一軛《ひとくびき》の牛を取って、これを引き裂き、使いの手を通じてイスラエルの総ての領域に送って言わせた、『誰でもサウルのあとに従って出陣しない者は、その牛がこのようにされるであろう』。」（関根正雄訳『サムエル記』岩波文庫、三七頁）

（八）「フリュネーも、もしも着ていた着物の前をひろげて輝くばかりの美しさで裁判官たちを買収しなかったら、いかにすぐれた弁護士をかかえていても、訴訟に負けたであろう。」（モンテーニュ『エセー』第三巻第一二章、原二郎訳、筑摩世界古典文学大系38、三四四頁）

（九）ホラチウスは前一世紀のローマの詩人。その『詩論』は後世に大きな影響を与えた。

（一〇）『ダランベール氏への手紙』（白水社版ルソー全集第八巻三七頁）参照。

（一一）ジャコブ・ロドリグ・ペレール（一七一五―八〇）。聾唖者の教育に関する著作で当時高く評価されていた。

（一二）ジャン・シャルダン（一六四三―一七一三）。『騎士シャルダン氏のペルシアならびに東方諸国旅行記』は、十八世紀に版を重ね、よく読まれていた。

（一三）たとえばラ・メトリは次のように述べている。「その（動物の言葉の器官の）欠陥は先天的なもので、どうにも治しようのないものだろうか。簡単にいえば、猿に言語を教えることは絶対に不可能だろうか。私はそうは思わない。……聾者の欧氏管を開くのと同じ機械で、猿の欧氏管を通すことはできないだろうか。」（ラ・メトリ『人間機械論』一七四八年）（P）

（一四）ベルナール・ラミ『修辞学または話す技術』。改訂増補版が一七四一年に出ている。その序文に、「ある有能な著者は最近次のように主張したが、私はその意見に同意する。すなわち、もし神が最初の人間に、声を音節に分けることを教えていなければ、人間は明確な言葉をつくりあげることはけっしてできなかったであろう」と述べられている。（P）

（一五）　プラトン『クラチュロス』。この対話では言語の起源について、自然説のクラチュロスと人為説のヘルモゲネスが争う。すべての言語は自然の模写だとするクラチュロスの議論は、結局は戯画的になってしまう。

（一六）「この言語（アラブ語）について述べた書物によれば、語の数がたいへん豊かであり、ラクダを意味する千の同義語があった。ということはラクダのあらゆる状態、あらゆる姿態を表現することができるということである。またペルシアの著作家フィルファバブによれば、劔をあらわすアラブ語がこれも千あるという。」（シャルダン、前掲書第二巻）（P）

（一七）　この一文はあとから加えられたもので、ルソーが何を言いたかったのか、訳者にはよくわからない。「歴史と既知の事実にたよっているだけでは、民族の古さは判断できない」ということだろうか。

（一八）　楔形文字のこと。ペルセポリスの碑文は、楔形文字としては後期のものだが、もちろんルソーの時代には、まだ解読されていない。

（一九）　シャルダン前掲書第二巻。（P）

（二〇）　同前。シャルダンが写した碑文は有名になり、楔形文字解読のきっかけになった。

（二一）　ヘロドトスによれば、カドモスは紀元前一五〇〇年頃の人。「カドモスとともに渡来したフェニキア人たちは、この地方に定住して、ギリシア人にいろいろな知識をもたらした。中でも文字の伝来は最も重要なもので、私の考えるところでは、これまでギリシア人は文字を知らなかったのである。フェニキアの移住民たちは、はじめは他のすべてのフェニキア人の使うのと同じ文字を使用していたが、時代の進むとともにその言葉を（ギリシア語に）変え、同時に文字の形も変えたのである。」（ヘロドトス『歴史』巻五、五八、松平訳、前掲書二四四頁）

（二二）　パウサニアスはギリシアの歴史家。「パウサニアスによれば、ギリシア人は右から左へ書いていた。これは彼らが書き方をヘブライ人から学んだ証拠である。パウサニアスは、ある古い像にアガメムノンの名前が右から左へ書かれていたと述べている。したがってこの古い書き方は、トロイアの奪取以後になってようやく変わったのである。彼はまた、ある寺院のなかに注意深く保存されていた古い櫃、もしくは箱に銘が刻まれているのを見たが、その文字は畝のように、右から左へ、左から右へと、行の終わったところから次の行がはじまる

ように書き並べられていたという。」（ラミ、前掲書第一巻、一九）（P）

（二三） versus は、もと「畝」を意味し、転じて文の「一行」や詩の「一句」を意味するようになった。

（二四） 大プリニウス『博物誌』第七巻（P）。パラメデスはトロイア攻囲のときのギリシア側の首領の一人。シモニデスは前五世紀前半に活躍したギリシアの抒情詩人。

（二五） デュクロ『ポール＝ロワイヤル文法についての評注』（一七五四）。これはアルノー－ランスロ『普遍的合理的文法』にデュクロが評注をつけたものである。（P）

（二六） マルティアヌス・カペルラは五世紀カルタゴの著述家。ラテン語で百科全書的な著作を書いた。原注の引用はラテン語。ポルセのフランス語訳による。

（二七） アルゴス王プロイトスの妻アンティアはベレロポンテースに恋慕し、拒否されたのを恨んで王に讒訴する。王は「リュキアへと彼（ベレロポンテース）を送りつかわし、たたみ重ねた木の板に、凶々《まがまが》しい符徴《しるし》を刻み込んだものを渡して持ってゆかせた。命を害《そこな》うたくらみを、いろいろ記したものだったが、それを王の舅《しゅうと》に見せるよう、命じてやった、彼が命をおとすようにと。」（『イーリアス』第六巻、呉茂一訳、筑摩世界古典文学全集1、七六頁）

（二八） ジャン・アルドゥアン神父。十八世紀の逆説家として有名。

（二九） 原稿のこの頁の上に、次のようなルソーの注記がある。「注意。これは軽率であり削除しなければならない。『イリアス』のベレロポンテースの物語は、その著者の時代に書く技術が行なわれていたことを証明している。だがそれでも、その著作が書かれたものであるよりも、歌われたものであることに変わりはない。」（P）

（三〇） 十六世紀イタリアの詩人。

（三一） 前四世紀ギリシアの修辞家。

（三二） 六世紀後半から七世紀前半に活躍したスペインの大司教。なお原注のキケロとイシドールの引用はラテン語。ポルセのフランス語訳による。

（三三） 前一世紀ローマの修辞家。小アジアのハリカルナッソスの人。

（三四） 十七世紀イタリアの文法家。

（三五）これはコンディヤックの『人間知識起源論』に対する反論である。『人間不平等起源論』の第一部に、より詳細な反論がある。

（三六）「憐れみの情」については、『人間不平等起源論』第一部と『エミール』第四巻でも詳しく述べられていて、その関連がよく問題にされている。

（三七）キュクロプスはギリシア神話の一つ目の巨人。「かれ（キュクロープス）のほうは、いつも乳をしぼっている肥えた家畜はみんな広い岩屋の中へと追いこんだ……それから重い大石を高く持ち上げて入口を塞いだ。それは四つの輪のついた二十二輛のしっかりした車でも地面から動かすことができないほどで、それほどすごい大岩で岩屋の入口を塞いだのだ。」（ホメロス『オデュッセイア』第九巻、高津春繁訳、筑摩世界古典文学大系1、三七四頁）

（三八）「カインは農夫になった。」（『創世記』第四章、関根正雄訳、岩波文庫、一七頁）。「ノアは農夫として始めて葡萄を植えた。」（『創世記』第九章、前掲書二九頁）

（三九）「スキュティア（スキタイ）民族は……その一人残らずが家を運んでは移動してゆく騎馬の弓使いで、生活は農耕によらず家畜に頼り、住む家は獣に曳かせる車である。」（ヘロドトス『歴史』巻四、松平訳、前掲書一八九頁）

（四〇）ギリシア神話によれば、トリプトレモスはデーメーテール（農業の神）に鋤の使い方や種子のまき方を教えられ、デーメーテールの二輪車で、地上のあらゆる国の人々に農業の知識を授けてまわった。

（四一）『創世記』第一八章、関根訳、前掲書四七頁。

（四二）ユリシーズはオデュッセウスのラテン名。エウマイオスは豚飼いで、オデュッセウスの昔の召使。この話は、『オデュッセイア』第一四巻にある。（高澤訳、前掲書四一一頁）

（四三）リベカは、イサクの妻。『創世記』、第二七章、関根訳、前掲書七六頁。

（四四）「一般的にいって、肉をたくさん食べる者はそうでない人々より残酷で兇暴である。これはあらゆる場所と時代を通じて観察されることだ。イギリス人の野蛮なことはよく知られている。」（『エミール』第二巻）

（四五）十八世紀には、『ヨブ記』はヘブライ文学の最初の作品の一つとみなされていた。（P）

（四六）　ノアの大洪水のあと、人々は天に達するような塔を建てはじめる。神はそれを怒り、人々の言葉を混乱させる。バベルとは「乱れ」の意。『創世記』第一一章、関根訳、前掲書三二頁。

（四七）　『エミール』第五篇、「旅について」の章に、「社会生活が必要となっており、人間を食べなくてはすまなくなっている私たち……」という一節がある。

（四八）　「下らない男」は禁断の木の実を食べたアダムを、「神の贈物」はエデンの園をさす。「（神はアダムに言われた）……君のために土地は呪われる。そこから君は一生の間労しつつ食を獲《え》ねばならない。……君は顔に汗してパンを食《くら》い、ついに土に帰るであろう。君はそこから取られたのだから、君は塵だから塵に帰るのだ。」（『創世記』第三章、関根訳、前掲書一六頁）

（四九）　ザビエル・ド・シャルルボワ『スペイン島またはドミニカ島の歴史』（一七三二）第三巻。（P）

（五〇）　スキタイのこと。ジャン・モレリ『自然の法典』（一七五五）。（P）

（五一）　ここで問題にされているのは、明らかにエルヴェシウスの『精神論』（一七五八）である。（P）

（五二）　「アブラハムはアビメレクの僕《しもべ》たちに奪われた井戸のことについてアビメレクを責めたが、アビメレクは答えた、『わたしは誰がこのことをしたかを知らない。君もわたしに言わなかったし、わたしも今日まで聞かなかった』。アブラハムは羊と牛をとってアビメレクに与え、彼ら二人は契約を結んだ。」（『創世記』第二一章、関根訳、前掲書五八頁）

（五三）　シャルダンはペルシアの風土に触れて、次のように述べている。「この風土はいつも暑くて乾燥していて、恋に心を動かされる機会が多く、またそれに容易に応じてくれるほどなので、そこでは女性に対する情熱が極度にはげしい。」（シャルダン、前掲書第二巻）。またモンテスキューにも次のような記述がある。「北の風土では、恋は肉体に目立つほどの力をもたない。……もっと暑い国土では、人びとは恋を、恋そのもののために愛する。恋は、幸福の唯一の源であり、命である。」（『法の精神』第一四巻）（P）

（五四）　前一世紀のギリシアの歴史学者。ストラボンを参照することは、十八世紀にはよく行なわれていた。（P）

（五五）　一世紀のローマの修辞家。なお原注はラテン語。ポルセのフランス語訳による。

（五六）　十八世紀フランスの医者。古代への関心が深く、歴史、体育、音楽などを研究した。『古代音楽の朗詠歌に

ついての研究』（一七二〇）に、ギリシア音楽の作品が編曲されて紹介されている。（P）

（五七）十八世紀フランスの文学者。ギリシア・ラテン哲学の教授であったが、古代派と近代派の論争では近代派の立場をとった。（P）なおアンピオンは古代ギリシアの音楽家、オルペウス（オルフェウス）はギリシア神話の詩人、竪琴の名手。

（五八）フランスの美学者への皮肉。訳注（五六）参照。

（五九）プリズムの実験（ニュートン、一六六二）は、一七二〇年にニュートンの著者がフランス語に訳されて、にわかに脚光を浴びた。ヴォルテールも『ニュートン哲学の原理』第一四章で紹介している。（P）

（六〇）明らかにディドロの学説である。「一般に快楽は、さまざまな関係を知覚することにある。この原理は、詩、絵画、建築、道徳、その他すべての芸術、すべての学問において成立する。」（ディドロ『音響学の一般原理』、一七四八）（P）

（六一）タランチュラは南欧の毒ぐも。これに刺されたら高熱を発するが、音楽を聞かせると治るという伝説がある。イタリアの舞踏曲タランテラはその伝説に由来している。

（六二）ルイ・ベルナール・カステル神父の着想。ヴォルテールがそれを『ニュートン哲学の原理』で紹介し、またディドロもその着想に強い印象を受けたらしく、何度かそれについて言及している。なおこの章全体は、カステル神父の主張した色彩と音との相似論に対する反論である。（P）

（六三）ピュタゴラスの説。物体の早い運動で音が出るように、星の運動も音を出す。星の速度の変化に応じて音が変わり、これは弦の長さによって震動速度が変わるのと同じである。したがって天の体系にも、竪琴のように協和音が見出される。（P）

（六四）「ルソーがこのくだりを書いたとき、具体的な例を思い浮かべていたかどうかはわからない。われわれとしても、そのような実例を彼の同時代に見出すことはできない。けれどもそのかわり、そのような例は、彼以後に作られた数多くの楽曲のなかに、はっきりと姿をあらわし、そのなかには現代の真の傑作をいくつも見出すことができる。……ベートーベンの交響楽における小川のほとり、嵐、感謝の祈りの場面の、感動的で崇高なポエジー。ベルリオーズの戦場の重苦しい雰囲気と、苦悩への歩みという固定観念。サン＝サーンスの作品にみられるワルハラの火事の衝迫と、「大洪水」の力強い描写。そしてドビュッシーの海の輝きと透明さにいたるまで、それらはすべて、独特な正確さでもってすでにジャン＝ジャック・ルソーによって告知され、明確に示されていたようである。」（ティエルソ『音楽家ジャン＝ジャック・ルソー』一九二〇）（P）

（六五）ルソーの『音楽辞典』には「カナダの未開人の歌」が楽譜つきで紹介されている。

（六六）四音音階。たとえばドからファまでの全音階より成る。

（六七）半音のなかでさらに区別される音程。四分音に近い。

（六八）『音楽辞典』には「音階の自然な分割に従って、全音と半音で進行するもの。すなわち、その最小の音程は連続である」と説明されている。

（六九）四分音（エンハーモニック）をふくんで進行する歌い方。

（七〇）いずれも前五世紀のギリシアの詩人で、ディオニュソス讃歌をつくった。

（七一）前五世紀のギリシアの喜劇作家。

（七二）プルタルコス『音楽について』二四。（P）

（七三）エウリピデスは古代ギリシアの大悲劇作家。プラトンは若い頃、悲劇作家になろうとしていたといわれる。なおホメロスについてのプラトンの意見は、『国家』第一〇巻に見られる。（藤沢令夫他訳、筑摩世界古典文学大系15、二六七頁）

（七四）ヴォルテールも同じような言い伝えを書いている。「ユリアヌス帝の言うところでは、けものの吠え声にも似た変な言葉（野蛮な時代のフランスの言葉）を、知る必要など少しもない。」（『哲学辞典』「フランス」）（P）

（七五）対位法の初期の形式。

（七六）十四世紀フランスの音楽史家。

（七七）十七世紀イタリアの作曲家、音楽理論家。

（七八）十八世紀イタリアの演奏家、音楽理論家。

（七九）「……ヘロドトスが各地において自作の歴史を朗読して好評を博したこと、中でもアテナイで彼の朗読をきいた若き日のトゥキュディデスが強い感銘をうけたこと、……などを古資料は伝えている。」（『ヘロドト

ス』松平訳、前掲書「解説」による）

発音について

できるかぎり大声を出さず、あまり声の調子を変えたりしないで、明確に聞きとらせることができればよい。そんなふうにして明確に聞かせるためには、声の大きさや声調の変化の代わりとして、音律とアクセント〔抑揚〕を使うほかない。

だから、調子を変えたり声を張りあげたりせずに、同じ音と同じ音調の声で、もっとも明確に、かつ遠くまで聞かせることのできる者が、異論の余地なく、もっとも良く発音する者であるといえよう。

フランス語には、話し手の好みがあらわれる。発音の仕方にまで、流行があり、気取りがあるわけだ。

ください、私にこれを。(Donne-me le.)(一)

アクセント。定義の間違い。(二)

たしかに声音は変わるが、音調はぜったいに同一である。

当世風の青年を見ていると、彼らは話す代わりに、ただ口のなかでもぐもぐするだけである。彼らの言うことを理解するために聞き手は注意をはらわねばならないが、彼らはそれで、聞いてもらうための配慮などしなくてもよいと思いこんでいるようだ。

ドゥグタン（degoutant）とデグタン（dégoutant）。ド・クレビヨン氏の逸話。[三]

私が気づいた発音の変化の例。
シャロロワ――シャロレー（Charolois―Charolès）[四]
スクレ――スグレ（secret―segret）[五]
ペルセキュテ――ペルゼキュテ（persecuter―perzecuter）[六]
レジストル――レジートル（registre―regître）[七]
レ・ゾム――ル・ゾム（Les hommes―le shommes）
ケルヴュ――セルヴュ（Cervus―Servus）

器官またはアクセントまたは習慣における発音の悪例。rを喉で発音することなど。

思考は話すことにおいて分析され、話すことは書くことにおいて分析される。話すことでは、約束事としての記号によって思考が表現され、書くことでは、同じく記号によって言葉が表現される。したがって書く技術は、思考を間接的に表現するものでしかない。少なくとも声による言語、私たちが用いている唯一の言語形態においてはそうである。「あなたの言っていることを理解したいので、書いていただけませんか。」こんなことを言わなければならないようでは、まったく滑稽ではないか。

それと同じ曖昧さが、ラテン語の発音に初めからあったかどうか疑わしい。ラテン語は、とりわけ初期の頃は書かれるより多く話されていたので、綴りによってしか起こりようのない曖昧さが、話し言葉のなかにもそのままあったというのは、きわめて不自然である。

諸言語は、話されるためにつくられているのであって、書くことは話すことの補助としてしか役立たない。たとえ書かれるだけで、話すことのできない言語があるにしても、それはただ学問にのみ適する言語であり、市民生活にはなんの役にも立たないだろう。代数がそういう言語で、またライプニッツが求めていた普遍的言語（八）も、たぶんそういうものであったのだろう。おそらくそれは職人よりも形而上学者にとって、より便利な言語であっただろう。というわけで、言語がいちばんよく用いられるのは話すことにおいてなのだから、文法家は、そこでの言葉のさまざまな使われ方を、適切に定義するよう努めねばならないはずである。ところが彼らは反対に、もっぱら書かれたものにしか注目していない。書く技術が磨かれれば磨かれるほど、話す技術はおろそかにされる。綴りについてはしょっちゅう議論されるが、発音については規則らしいものもほとんどない。その結果、言語は書物のなかで完成しながら、話し言葉のなかではくずれている。書くと明晰だが、話すと不明瞭になる。文章の構成は洗練されるが、諧調は失われる。フランス語は日ごとに哲学的になり、感動的な調子をなくしている。このままではやがて、読むためにのみよくできた言語になり、その値打ちは図書館のなかにしかないというようなことになろう。

　こうした弊害の原因は、すでにほかのところで述べたように[九]、統治の形態のなかにある。つまり、民衆にはなんの縁もなく、民衆が聞く気にもならないさまざまな事柄、説教やアカデミーの講演のほかに、語りかけるものが何もない統治形態が問題なのだ。その場合だれにも何も聞きとれなくても、民衆にとってはたいして損にならないが、弁士のほうはたいていそれで大いに得をしているのである。もうずっと以前から、書物によってしかだれも民衆に語りかけようとせず、人々の興味をひく何ごとかを、いまでも生《なま》の声で語っているのは、劇場でしかない。だから俳優たちは、世間に通用している発音の仕方を変えるわけにもいかず、閉ざされた場所とはいえ、みんなに聞いてもらうためには歌うように語らざるをえない。もしだれかが広場で話をはじめ、その重要なところで、俳優が劇場でやるのと同じような調子で本気で語ったりすれば、人々は納得するどころか、大笑いするだろう。それは舞台の板の上でしか通用していない約束事としての調子なのである。

　適切に書かれた本は、いたるところに出まわっている。地方の町にも村々にも、そして外国にも。どんな辺鄙なところでも、言語の規則については、それに関する著作で勉強できるし、その規則の応用例は、すぐれた著者が書いた文章のなかに求めることができる。だが発音の規則については、同じようにはいかない。それを伝えるのは書物ではなく、人間である。そして適切な話し方をする人は、どこの国でも数が少なく、適切な発音をする人となると、さらに少ない。首都から遠ざかるにつれて、どれほど音律やアクセントが形を変え、失われていくか、驚くほどである。声と調子とアクセントを調整するための確かなモデルがないので、人々はもっぱらその地方のくずれた話し方に安んじている。パリについたばかりで、フランス語は完全に知っていながら、話をしてもほとんど理解されず、口を開くと笑いを誘うような人がいるのも、そのせいである。そのうえ発音の仕方は、文法ほど規則が広く知られていないので、勝手なものになりがちである。それぞれが自分独特の発音の仕方を適切だと信じ、自分のアクセントこそ唯一の自然なやり方で、それから外れたアクセントはすべて気取りだと非難され、適切な話し方のほうが悪い癖ということになってしまうほどである。そのため、それぞれの地方や県に独特な発音の仕方があらわれ、書かれた共通の言語も、自分たちが話すのに適当な言葉づかいにしてしまう。その結果、話し言葉においてはガスコーニュ地方のフランス語とピカルディ地方のフランス語は、二つの独自な言語だと思われるほどであり、たがいに了解できず、真のフランス語を話す者にもほとんど理解できないほどなのである。

奇妙なことに、教養が高くなり、芸術が広がり、社会全体の結びつきが密になるにつれて、言語は書くことにおいては完成されていくが、話すことにおいては少しも良くならない。どうして人々はたがいに近づきあうと、上手に話すことができず、遠くの人に語りかける技術、生き生きとした声で話しかける技術に心を配ろうとしないのか。口頭の演説はたくさんの話し手のなかでは目立たず、書物によってしか名声が得られないからである。

書かれる言語と話される言語とのあいだにあまり必然的な関係がないと、両者は知らず知らずのうちにかけ離れていき、たがいに別々になってしまって、やがてはラテン語とイタリア語の場合と同じように、まったく別種の二つの言語になってしまうであろう。というのも発音はつねに変化し、綴りはいつも同一なので、一つのきまったやり方で書いていても、別の仕方で発音するようになり、ついには一つの言葉の代わりに二つの言葉を持つようになるだろうからである。そんなことが広く起こらないようにするためには、話し方のくずれをそのまま書きあらわしていくよりほかにない。規則どおりに書く人より、話すように書く人のほうがずっと多いので、発音の仕方に限らず話し癖のなかにもあらわれる変化が、多くの人々によって書き方にまでとり入れられ、少しずつ習慣の勢いがついて、やがては以前の書き方が消滅してしまうだろう。そのようにして、しだいに一つの言語は精神と性格を変えていく。フランス語は発音の仕方があまり固まっていず、規則にそれほどしばられてもいないので、それだけにくずれやすい。そのため他の言語にくらべて変化が激しく、目立ってくるのも当然である。この百年間、変化がそれほど目立たなくなっているにしても、それはただたんにルイ十四世時代のすぐれた書物が、のちの時代のいわば古典になっているからだけではなくて、統治の形態に変化が起こり、パリが他のすべての地方に対して強い影響力をもちはじめ、いうならば王の法令と同じほど速やかに、言葉の規則を地方におしつけたからであり、パリの慣用に地方全体を従えさせ、地方の言葉が優勢にならないよう、自分たちの言葉で伝えあうことをおさえてしまっているからである。

フランス人がラテン語をしゃべっても、ほかの国の人々にほとんど理解されない。

書くことは話すことの再現でしかない。現実の対象よりも、その画像のほうで、ことを決めるのは滑稽である。

ある場合には逆向きの方向をとらねばならない。発音はつねに綴りを規制するものであらねばならないだろうが、綴りにたずねてみる必要もしばしば生じる。

文法家たちにとっては、話す技術はほとんど書く技術でしかない。それはまたアクセントの用法についても見られる。アクセントの多くは、耳ではなく眼に対してのみ、なんらかの区別をつけたり、曖昧さを除いたりするだけのものである。

訳注

（一）ふつうはDonne-le-moiという。
（二）この点については、『言語起源論』第七章で説明されている。
（三）ド・クレビヨンはフランスの劇作家（本名、プロスペル・ジョリオ、一七〇七―七八）のことであろう。デグタンをドゥグタンと発音する癖があったのだろうか。逸話については未詳。
（四）現在ではシャロレーと発音するが、当時は下品な発音とみなされていた。（C・ギュイヨ校訂、以下G）
（五）「昔の発音はスグレであり、いまでも多くの人、とりわけ老人がそう発音している。」（リトレ）（G）
（六）「十七世紀にペルゼキュテという間違った発音があった。」（リトレ）（G）
（七）「多くの人がレジートルと言う。」（リトレ）（G）
（八）ライプニッツはドイツの数学者、哲学者（一六四六―一七一六）。『単子論《モナド》』で有名。今日の記号論理学のような独特な文字による論理表現を考えていた。
（九）『言語起源論』第二〇章。

解説　人間の共同性の起源をめぐる根源的問いかけ

川出　良枝

人間と人間が相互に関係を結び、多くの労苦と我慢を重ね、しがらみに縛られ、ときには大きな犠牲を払いながらもなおも共同体を形成し、また形成し続けることに、一体どのような意味があるのであろうか。人間の共同性についてのこのような問いかけは、今もなお繰り返し論じられる政治思想の中心問題である。『人間不平等起源論』（一七五三―五四年執筆、一七五五年刊行）と『言語起源論』（一七五四年頃―一七六一年執筆、一七八一年刊行）は、なるほど、起源を探るという共通の手法をとるにせよ、基本的には、それぞれ別の関心の下で書かれた作品である。にもかかわらず、二つの作品には、人間の共同性についてのルソーの根底的な問いかけが通底している。この問いかけに答えるため、ルソーは、人間と人間は自然に（生まれながらに）絆を結び、言葉を用いて交流し、人間的なつながりの中で幸福を覚えるものなのだといった了解を、いったん徹底的に疑ってかかるところから始める。

『人間不平等起源論』のインパクト

まず、社会における不平等の由来を追究した『不平等論』からみていくことにしたい。この論考は、ディジョンのアカデミーが一七五三年に募集をかけた懸賞論文に応募するために執筆されたものである。与えられた課題は、「人間の間の不平等の起源は何か、それは自然法によって認められるか」というものであった。ルソーには、同じアカデミーが一七四九年に公募した課題（「学問と技芸の復興は習俗を純化することに寄与したか」）に応じ、最優秀賞を獲得したという実績があった。課題の問いかけに対し、「否」の立場から華麗なレトリックを駆使して論陣をはった『学問芸術（技芸）論』（一七五〇年）がそれである。受賞を契機に無名に近い音楽家であったルソーは、思想家としてまたたく間に認知され、貴族のサロンを中心に形成された当時の知識人サークルの寵児となった。ルソーの主張は、文明の進歩によって、近代人は根源的な自由の感情を失い、安逸な生活の中で自らが隷従していることに気づくことすらないという、挑発的なものであったため、当時の名だたる文筆家・思想家、またポーランド王（スタニスラス王）が反論を寄せた。ルソーもこれに応じ、批判と再批判の活発な応酬の中で、ますますルソーの声望は高まっていく。

だが、『不平等論』の場合はそれとは異なる経過をたどった。同論文はあっけなく落選し、四九年の懸賞論文で二位に甘んじたタルベールが受賞した。『不平等論』が刊行されると、正面からの批判というよりは、誤解にもとづく嘲りや敵意の対象となる。ルソーから本を贈呈されたヴォルテールは、「あなたの著作を読むと四本の足で歩きたくなります」との毒に満ちた礼状を送る。文壇に君臨する老ヴォルテールの影響力を危惧したのか、ルソーは、遠慮がちに、野生に戻るのは「神だけがそれを可能とし、悪魔だけがそれを望むような、偉大かつ有害な奇跡」なのだから、無駄なことはおやめなさいと返信する（ヴォルテール宛書簡、一七五五年九月十日付）。ヴォルテールにとって同書はよほど許し難いものであったようだ。「ある土地に囲いをして、「これはおれのものだ」と最初に思いつき」で始まる、ルソーの私的所有批判の一節（本書七五頁）を読んだヴォルテールは、本の欄外に、労働の成果に対する正当な権利を否定する「物乞いの哲学」と書き込むほどに、怒りを露わにしたことが知られている。

もっとも、ヴォルテールの反応はルソーの真意の誤解からきている部分もある。『不平等論』の主眼は、私的所有の廃絶を訴えるというよりは、私的所有に限らず、法律や国家、貨幣や市場、それどころか家族や言語ですら、人間の自然本性に根ざすものではなく、あるきっかけによって人為的に成立した制度であることを示すところにあったからである。別の言い方をすれば、人間と人間が関係を結び、言語を用いて交流するという人間の共同性（ルソーおよび当時の言葉では「社会性」（sociabilité））は、自然ではなく人為の産物であるということを示すことがルソーの関心事であった。こうした『不平等論』の方向性は、人間の間の不平等は自然法によって認められるか否か、というアカデミーの問いそのものを根本的に組み替える力をもっていた。

ルソーの答え方の特徴を際立たせるために、試みに懸賞論文で受賞したタルベールの議論を紹介しよう。タルベールによると、神がこの世界を創造する際の原初の計画では、不平等は神の意志（自然法）に反するが、人間が原罪を犯した後、状況は一変した。堕落した人間は、徳ではなく、野心と貪欲と利己愛（amour propre）を動機として行動する。このような人間には、競争心・勤勉さ・労働・業績の違いに応じた報酬による動機づけを与えなければ、学問や技芸は発展せず、怠惰と乱脈が横行する。したがって、不平等は堕落後の人間とその社会にとっては自然法に適合する。堕落前と堕落後で自然法を二つに分けて考えなければならないというわけである。既存の議論のご都合主義的な組み合わせという性格をもつこうした議論と並べると、ルソーがもはや要求された問い（正か否か）のどちらかに立って議論を立てるという次元から大きく離脱したことがよく分かる。

不平等の成立過程

では、『不平等論』はいかなる論理で不平等の基礎とその起源を解き明かしたのであろうか。

ルソーによれば、文明化し、社会を成立させる以前の人間は、決してホッブズが想定したような存在、すなわち相互に戦うことのみを求める攻撃的な存在ではなかった。かといって、プーフェンドルフやモンテスキューが示唆したような、その弱さゆえに相互に依存しあう存在かといえば、そうでもない。自然人（または未開人）は、自然の恵みだけで自らを養うことのできる頑健かつ充足した存在で、他者と関わることなく孤立して生活する。肉体を維持するための自然な欲求としての「自己愛」と、自分と似た存在が苦痛を覚えるのをみるのが辛いため自己保存の欲求を緩和する「憐れみの情」をもつだけで、人間は本能のみに従って行動する他の動物と大差のないものである。

しかしながら、自然人は「完成能力」をもつという一点で動物とは異なる。この言葉はルソーの作った造語であり、自己を完成させる能力、「環境の助けを借りて、次々とあらゆる別の能力を発展させ」る能力と定義されている（四七頁）。人間はこの能力をもつため、自然的な本能に支配される段階から脱し、自然に働きかけ、世界を変化させることができる。人間精神の進歩の原動力として賞賛されても不思議ではない観念だが（実際、十八世紀後半から十九世紀にかけて、そうした議論が輩出する）、ルソーにとって、この能力はあらゆる不幸の源であった。この能力が偶然の力によって、休眠状態から解き放たれ、作動してしまったがために、自然人は理性を発達させ、共同性を身につけ、社会を形成し、抑圧と不平等で特徴づけられる文明化への道に踏み出すことになる。

狩猟・採集を始めた自然人は、他人と協同することを覚え、さらに生産技術を発展させる。心情も発達し、情愛（夫婦愛や父性愛）で結ばれる家族が形成され、言語による交流も始まる。興味深いことにこの段階に対するルソーの評価はきわめて高いが、文明化の勢いはそこでとどまることはなかった。

やがて冶金と農業が発明され、分業と私的所有が認められるようになると、人間の間にじわじわと不平等が広がる。ついに貨幣が発明され、貧富の差は加速度的に拡大する。富者と貧者の間には、支配と隷従、暴力と略奪が生まれる。ホッブズが描き出した戦争状態に相当するこの無秩序状態は、所有の安全を脅かすもので、富者にとってはなはだ都合の悪い状態である。そこで富者は貧者に言葉巧みに国家の設立を呼びかけ、支配する者に有利になる形で政治社会と法律が形成される。ひとたび国家ができあがると、富者と貧者の関係は、強者と弱者の、さらには支配者と奴隷の関係となり、ついに一人の専制君主の下で、他のすべての者は奴隷として「無であるからふたたび平等」(一〇九頁)になるという転倒した事態に至るのである。

悪そのものから治療薬を

『不平等論』はこのような徹底的な社会批判・国家批判で終わる。逃げ場のない社会の堕落ぶりを突きつけられた読者としては、それならばどうすればよいのかと反問せずにはいられない。そうした反問に対してルソーの用意した答えは、「悪(病)そのものからそれを癒す治療薬を引き出す」(『社会契約論(ジュネーヴ草稿)』)というものであった(この発想が、ルソーのあらゆるジャンルの作品に登場する重要なものである点は、スタロバンスキー『病のうちなる治療薬』(法政大学出版局)の同名論文を参照)。悪が極まった段階において、いわば、危険な賭に打って出ることを求めるかのような大胆な解答である。よく知られているように、それがすなわち、『社会契約論』で示されたような、新たに契約を結び、新しい社会を作り直すことで、既存の社会の悪を正すという道筋であった。人間と人間の結合は、決して自然に根ざすものではない。人為的に形成された社会や自然にもとづかない人間の共同性が人間を不幸にしたことが判明したとき、それを正すのは自然に復帰することによってではなく、人為を別の形で完成させることによってである。不完全な形で作動してしまった「完成能力」を、正しく完成させる以外に道はない。まさに、「最初の人為が自然に加えた悪を、完成された人為が矯正する」（右同）ことをルソーは求めたのである。

もっとも、『社会契約論』を待たずとも、『不平等論』にはルソーが考える完成された人為の具体例が既に提示されていることにも着目すべきである。冒頭に掲げられた献辞で、「これほど賢明にこれほど仕合わせに構成された共和国が永久につづきますように」（一五頁）と賛美されるジュネーヴ共和国がそれである。それは、「人民と主権者が唯一の利害のみを持っていて」、「人民と主権者が同一の人」であり、「だれもが法律に服従して尊敬すべき拘束を揺るがすことができない」共和国であるとされるなど、後の『社会契約論』の主要なテーマを思い起こさせる特徴を付与されている。ジュネーヴは古代ギリシアやローマと比較しても、それらより優れた制度をもつといった、やや過剰な美辞麗句もみられ、ルソーの執筆意図が何か、ルソーのジュネーヴ理解の度合いがどの程度であったかは解釈が分かれる部分であろう。だが、少なくとも、この時期のルソーにとって、病を内部から癒す治療薬は、たとえ特効薬とまでいえないものであったとしても、同時代のヨーロッパに十分探しうるものであった。

『言語起源論』の特徴

しかしながら、自然における人間には、他者と何らかの関わりをもとうという動機がまったくないのか、といえば、『不平等論』の注意深い読者は必ずしもそうではないのではないか、と考えるかもしれない。先にも述べたが、『不平等論』におけるルソーは、「憐れみの情」を自然人に生まれつきそなわった「唯一自然の美徳」(六二頁)とするが、こうした生来の美徳などという観念は、人間が自然的な社会性をもつという主張をルソー以前に既に徹底的に否定したホッブズならば一顧だにしないものであろう。

この憐れみの情について、『言語起源論』の第九章は『不平等論』とはやや異なる説明をする。すなわち、「憐れみの情は、人間の心に自然にそなわっているものだが、その働きをひきだす想像力がなければ、いつまでたっても活動しないまま」(一七九—一八〇頁)とされているのである。『不平等論』では、動物と大差ない、自然人にそなわったものとされた憐れみの情は、『言語起源論』では、「社会的な感情」であり、知識が開けてきてはじめて発達するとされる。二つの作品の間の記述の違いについては様々な解釈があるが、大筋においては、両者に矛盾があるというよりは、『言語起源論』において、自然と人為を切断するルソーの論理がより深められたとみるべきであろう。

同じことが言語の起源をめぐる議論にもあてはまる。既に『不平等論』においてルソーは言語の起源についてひとしきり説明を試みていたが、そこでは、言語の原型は、緊急時に本能的に発せられる「自然の叫び声」とされた(五四頁)。この原初的な自然言語が、人間の観念が拡大し、相互の交流が活発化するにつれ、声の抑揚や身振りによる言語を経て、音声の分節化へと発展していく。言語は、動物としての人間の欲求に由来するもので、当初は動物の言語と大差のないものであったという見方は、十八世紀の唯物論者に広くみられた言語観である。それは、言語は動物と人間とを分かつ決定的差異であると考える言語論（アリストテレスから神学者による言語神授説、また、心身二元論にもとづくデカルトの言語論にいたるまで広範に共有されてきた立場）への挑戦という性格をもつものであった。ルソーはこうした言語自然起源説、とりわけコンディヤックのそれを、コンディヤックの名前をあげて批判をしているとはいえ、基本的には踏襲している（ルソーの言語論が当時の議論のなかで占める位置については、増田真「ルソーにおける言語の起源と人間の本性」（『仏語仏文学研究』第七号、一九九一年を参照）。

ところが、『言語起源論』において、ルソーはこうした言語自然起源説とは異なる方向を打ち出す。自然起源説から完全に離脱したとまではいえないが、ルソーは人間の言語は、動物とは決定的に異なる人間に固有の能力に根ざすものだという立場を明確にしたからである。『言語起源論』は、視覚に訴える身振りの言語と聴覚に訴える声の言語とを区別する。どちらも自然に生まれたものであるが、前者は人間の身体的欲求に由来するもので動物にもみられるもの、後者は約束事としての言語で、精神的（moralというフランス語の訳。道徳的・社会的とも訳されるが、ここでは精神的の訳語が最適であろう）欲求、すなわち情念に由来する人間に独自のものである。身体的欲求と精神的欲求の違いとは、典型的には、男女が自然的本能で場当たり的に結合するか、恋愛感情によって結ばれるか、というところに明確にあらわれる。「欲求が最初の身ぶりをかたどり、情念が最初の声を引き出した」（一五七頁）。身体的な欲求はルソーのみるところ、人びとを離ればなれにし、精神的な欲求は人びとを近づけ、結びあわす。人間の言語は、身体的欲求ではなく、精神的欲求をその起源とする。それは人間が社会を形成しはじめるのと同時に成立したのである。

言語もまた、憐れみの情と同様、自然に根ざすとはいえ、自然人の間に存在したものではない。それは、人間の完成能力が作動し、人間が社会を形成し、精神的な欲求をもつようになった後に初めて姿をあらわした。人間同士がお互いを意識し、関係を切り結びたいという欲求をもつに至ってはじめて、相互の交流を実現し、促進する言語が発達する。また、「自分自身の外に出て、苦しんでいる者と一体化する」(一八〇頁)という高度に知的な能力である憐れみの情が発達し、人間の共同性を支えていく。このように、『言語起源論』は、『不平等論』では曖昧なまま残されていた部分をより周到な説明によって補強していくのである。

言語と社会の多様性

『言語起源論』の議論は、前作の補強という点にとどまるのではない。冒頭の文章、すなわち「言葉は、動物のなかで人間を特徴づけ、発話は、諸国民をたがいに特徴づける」が如実に示すように、ルソーの関心は、人間の精神的欲求をもとに形成された言語は、欲求の種類が異なるのに応じてその性格を異にし、また欲求が変化するのに応じて変質することを証明するところに向かう。言語はその国の自然状況や社会や文化のあり方によって規定され、また逆に社会や文化のあり方を支え、促進するものなのである。過酷な風土に生きる北の国の人びとの最初の言語は「手伝って」であり、穏やかな南の国では「愛して」である。フランス語・英語・ドイツ語は、互いに助け合う者、冷静に議論する者、または頭に血が上った者の私的な言語であるが、アラブ語やペルシア語は神に仕える者が民衆を導くときに用いる言語で、基本的には書き言葉ではなく話言葉である。

いや言語だけではない。音楽も同じである。『言語起源論』は、音楽家でもあったルソーがイタリア・オペラと比較した場合のフランス音楽の貧しさを批判し、それが以前からルソーを嫌っていた当時の大作曲家ラモーの逆鱗に触れ、強烈な反論を加えられたのに対し、さらにそれに一矢を報いるという意図の下で書かれた著作でもある。ルソーとラモーの対立点の一つが、ラモーが重視する和声に対し、ルソーが旋律（メロディ）を上位におくというところにあった。こうした長年の確執を背景に、『言語起源論』は、旋律の音楽の優位性をあらためて強調するものになっている。ルソーによれば、情念に由来する旋律こそが音楽の起源であり、だからこそ旋律は人の心を動かす。だが、旋律を失い、かわって和声が重視されるようになった近代の音楽（特にフランス音楽）は、物理的効果のみにしばられ、精神的効果を喪失してしまったというのである。

自由のためにふさわしい言語

ルソーのこういった議論は、堅実な裏付けのあるものではなく、やや皮肉な言い方をすれば、その縦横無尽な想像力を楽しむべき類のものであろう。ルソーがここでモンテスキューのアプローチ、すなわち、社会や文化の多様性を風土や政体の構造や経済状況、宗教などの複合的な関係から理解しようという方法を取り入れているのは明らかであるが、ルソーの関心は、社会の多様なあり方のメカニズムを学問的に考察するというよりは、あるべき社会、あるべき言語、あるべき音楽をそうではないものとの間で二者択一的に決定する方向に収斂していく。『言語起源論』の短い最終章において、ルソーは、言語と政体に密接な関係が存在するという大胆な仮説を提示する。そこでは、古代と近代、旋律と和声、雄弁と説教、公的言語と私的言語という対比に、自由な政体と奴隷の政体の違いを重ね合わすという展開になる。

ルソーのみるところ、相互に説得しあうことで社会を維持していた古代の民主政においては、雄弁は不可欠であった。だが、近代においては、公権力が秩序を形成するのだから、聖職者が一方的に民衆に教えを垂れる説教か、長椅子にくつろぎつつ小さな声でささやく私的言語に特化し、同胞を説得するために雄弁に語る能力はすたれてしまった。一方的な支配服従関係で特徴づけられる社会では、一方的に告げるだけでよい。そして、告げるために人を集める必要はないし、それどころかそれは危険である。国民をばらばらにし、人間同士の関係を一方的な命令と服従からなるものにするか、個々人が私的なサークルの内に閉じこもるように仕向ける。これがルソーのみるところ、近代の抑圧的政治にとっての統治の秘訣である。

孤立の中で素朴な自由を満喫していた自然人にとって、人間と人間が関係を構築するようになり、精神的欲求を満たすための言語を生み出し、原初的自由を喪失したことは一つの大きな犠牲である。社会状態には隷属や労苦や貧困が必然的にともなうというのがルソーの冷徹な診断でもある。しかし、支配と隷従の最終段階において、ルソーが見出したものは、社会の中でばらばらに孤立し、相互の関係を遮断され、一人の暴君以外は隷従する者として平等な人間である。こうした分断を克服するためには、ここでもまた悪そのものから治療薬をという、ぎりぎりの選択をしなければならない。人間を隷従させるに至った言語を自由のための言語に転換すること、人びとが寄り集う場を復興し、説得し、説得されるための響きのよい、力強い言語を回復すること、雄弁の力を再確認し、その技能を磨くこと。新しい国家を設立し直すという『社会契約論』ほどの派手な試みではないにせよ、これもまた、ルソーが用意したもう一つの解答であった。

「自由のためにふさわしい言語がある。それは響きのよい、音律のある、調和のとれた言語である」(二二五頁)。『不平等論』と『言語起源論』という二つの著作を通して人間の共同性の起源は自然には存在しないことを誰よりも明確に宣言したルソーは、国家と言語という人為の産物の中に、自然的なものではない別種の自由、すなわち精神的(道徳的)自由の可能性を求める道を選び取ったのである。

白水iクラシックス発刊にあたって

「この現にあるがままの世界が最善のものであるとすれば、さらに幸福な将来を望むことはできない」。

一七五五年十一月一日、巨大な地震が西ヨーロッパを襲いました。とりわけ、当時繁栄を極めたポルトガルの港湾都市リスボンでは、数次にわたる激震と、それに伴う津波と火災で多くの犠牲者を出しました。

冒頭の言葉は、リスボンの被害に衝撃を受けたヴォルテールの所感です。かれの悲痛な叫びによって、この地震の評価は論争の焦点となり、ここに次なる時代を導く新たな萌芽が顕在化してきました。

白水iクラシックスは、哲学・思想の古典をアーカイブしてゆく叢書です。収録される古典はどれも、ある社会の岐路に可能性として萌し、世代を越え時代を越え、思いがけない枝を伸ばしながら実を結び、そして幾たびも蘇ってきた、いわば思惟の結晶といえるものです。

いま「幸福」と「希望」の根源的再考が求められています。〈i＝わたし〉を取り巻く世界を恢復する一助として、この叢書が資することを願っています。

二〇一二年三月十一日　白水社

川出良枝（かわで・よしえ）
東京大学大学院法学政治学研究科博士課程修了。博士（法学）。放送大学教養学部、東京都立大学法学部を経て、現在、東京大学大学院法学政治学研究科教授。専門は政治思想史・政治理論。『貴族の徳、商業の精神――モンテスキューと専制批判の系譜』（東京大学出版会）で渋沢・クローデル賞。主な著書に『西洋政治思想史――視座と論点』（共著、岩波書店）がある。

原好男（はら・よしお）
一九四〇年生まれ。東京大学大学院人文科学研究科博士課程中退。現在、立教大学名誉教授。専門は十八世紀フランス文学。

竹内成明（たけうち・しげあき）
一九三三年生まれ。京都大学大学院文学研究科博士課程中退。現在、同志社大学名誉教授。専門は新聞学。

〈白水iクラシックス〉
ルソー・コレクション

起源

二〇一二年四月一〇日印刷
二〇一二年四月三〇日発行

著者　ジャン＝ジャック・ルソー
選者　©川出良枝
訳者　©原好男＋竹内成明
装丁　緒方修一
発行者　及川直志
発行所　株式会社白水社
電話　〇三-三二九一-七八一一（営業部）七八二一（編集部）
住所　〒一〇一-〇〇五二　東京都千代田区神田小川町三-二四
http://www.hakusuisha.co.jp
振替　〇〇一九〇-五-三三二二八
印刷所　株式会社三秀舎
製本所　加瀬製本

乱丁・落丁本は送料小社負担にてお取り替えいたします。

Printed in Japan

ISBN978-4-560-09601-7